THÉORIES FOLLES DE L'HISTOIRE

Philippe Delorme

# THÉORIES FOLLES DE L'HISTOIRE

DOCUMENTS

l'express

PRESSES DE LA CITÉ

ISBN 978-2-258-13404-1

Presses de la Cité | un département **place des éditeurs**

place des éditeurs

Ce qui fait le fou, c'est qu'il a perdu le contact
avec la chose telle qu'elle est ;
c'est qu'il ne sait plus la voir ;
c'est qu'il ne veut pas la voir.
Et, tout au contraire, il invente les faits
d'après des raisonnements.

ALAIN, *Minerve ou de la Sagesse*, 1939

# Sommaire

# Avant-propos

« L'Histoire est une suite de mensonges sur lesquels on est d'accord », déclarait Napoléon I^er^, désabusé, au soir de la défaite de Waterloo. L'Aigle avait perdu de sa perspicacité, car il énonçait là une sottise monumentale. Pourtant, cette opinion erronée semble partagée par beaucoup de nos contemporains. Le XX^e^ siècle a fait un si mauvais usage de l'Histoire comme outil de propagande qu'un scepticisme généralisé, un relativisme absolu, un anticonformisme mal compris règnent désormais en ce domaine. L'étude du passé ne serait qu'une question de conviction personnelle, de croyances intuitives nourries de vagues lectures et de sentiments diffus.

Si l'art du doute – la zététique – apparaît constructif quand il s'adosse à la rigueur scientifique, il devient pernicieux s'il se mue en une incertitude intégrale, telle que l'enseignait le philosophe Pyrrhon d'Elis. Toutes les opinions se valent, toutes sont également respectables : tel est le credo antipositiviste en vogue. Ce nihilisme du « tout est égal » que dénonce justement le philosophe Alain.

C'est ainsi que, sur un site discutant de la théorie éminemment absurde de la « Terre plate », un internaute postait cette profession de tolérance résumant bien ce subjectivisme mal compris :

« N'ayons jamais peur de poser des questions, c'est la seule voie pour pouvoir apprendre et être sûr des choses. Qu'importe ce que sera la réponse, l'idée que la Terre sur laquelle nous vivons tous est réellement plate a allumé un regain de curiosité et de salubre débat – et a d'ores et déjà secoué les gens de leur apathie en générant une réflexion critique. Cela paraît fou, mais ouvrez votre esprit… »

Certes, l'Histoire a naguère été instrumentalisée à des fins politiques, et particulièrement par les totalitarismes nazi et soviétique. Elle l'est encore, en diverses parties du monde. Dans son célèbre roman *1984*, George Orwell traite ainsi de la « mutabilité du passé ». Et il cite en exergue ce slogan du Parti de Big Brother : « Qui commande le passé commande l'avenir ; qui commande le présent commande le passé. »

En France, Jules Michelet et ses épigones ont composé un « roman national » qui a servi de socle mythologique à la IIIe République, inscrivant la construction de l'Hexagone dans l'éternité des temps. Aujourd'hui, certains semblent tentés par le retour à de semblables pratiques, relevées à la sauce médiatique. Le battage fait en 2010 au sujet d'une prétendue « tête de Henri IV », comme les récentes célébrations, tenant davantage du folklore, orchestrées au Puy-du-Fou autour d'un très incertain « anneau de Jeanne d'Arc », en offrent d'excellents exemples.

Il faut s'opposer avec détermination à une telle dérive, à cette « disneyisation » de l'Histoire qui la réduit au rôle de hochet de notre « société du spectacle ». Ce champ de la connaissance ne saurait être un simple divertissement, ni même un outil au service de la cohésion sociale, si noble soit l'ambition. Et Edmond Rostand s'exprime en dramaturge, non en historien, lorsqu'il déclame, en point d'orgue de *L'Aiglon* : « Ce n'est pas toujours la Légende qui ment. /Un rêve est moins trompeur, parfois, qu'un document. »

Car l'histoire est une discipline rigoureuse visant à établir la réalité des faits écoulés, à étudier les mécanismes de leur enchaînement, à en tirer les leçons. Elle est utile pour mieux comprendre le présent et préparer l'avenir, non pour formater les consciences dans un moule idéologique. Plutôt qu'un nouveau « roman national », employons-nous donc à écrire un authentique « récit national » sans fard ni fausse repentance.

L'Histoire est un art – Clio était une muse –, en ce sens qu'elle participe de la création littéraire et joue sur les ressorts intimes de l'auteur. C'est aussi une science dans la mesure où elle doit mettre en œuvre une méthodologie apprise et appliquée avec soin. L'historien – c'est-à-dire « l'enquêteur », en grec – part des données brutes qu'il collecte – documents, archives, témoignages écrits ou oraux, fouilles archéologiques, apports des sciences auxiliaires, comme la diplomatique, la sigillographie, la génétique, la numismatique, etc.

L'ensemble de ces éléments sera analysé avec une exigence d'érudition, soumis à une critique interne et externe, comparé, mis en perspective. Cette heuristique aride et contraignante aboutira à l'établissement de faits irréfutables. Le médiéviste Jacques Le Goff se plaisait à rappeler que la profession d'historien est un « métier de vérité ». Une date est vraie ou fausse. Un événement a eu lieu ou non. Ainsi, on peut affirmer de manière définitive qu'un homme nommé Napoléon Bonaparte a été sacré empereur des Français à Notre-Dame de Paris le 2 décembre 1804. Aucune place ici pour la contestation ou le relativisme. Le métier d'historien est donc astreignant, et laisse peu de marge à l'imagination.

Déjà Thucydide, au V^e^ siècle avant J.-C., déplorait « la négligence que l'on apporte en général à la quête de la vérité, tant on prend de plaisir à se laisser porter à l'opinion commune ». La déontologie de l'historien l'oblige à une ascèse intellectuelle d'où fantaisie et laxisme sont bannis, même s'il est impossible de parvenir à une objectivité parfaite dans l'analyse des faits. Dans un récent article paru sur le site de l'Association des Professeurs d'Histoire et de Géographie – aphg.fr –, Dominique Barthélemy reconnaît : « Nous ne pouvons que tendre à des parts de vérité, proposer des modèles sans les imposer. Nous savons que la démarche historienne est complexe, requérant un certain sens du dosage et une certaine acceptation de l'incertitude [...]. »

« *Ad narrandum non ad probandum* » – autrement dit : narrer et non prouver. C'est ainsi que Quintilien, rhéteur latin du Ier siècle, définissait la tâche de l'historien. L'humilité doit être également l'une de ses qualités, car le passé gardera toujours ses zones d'ombre, et l'on ne saurait trouver réponse à tout.

Dès lors, on peut être surpris d'entendre énoncer des avis péremptoires sur tel ou tel point d'Histoire par des personnes qui ne possèdent aucune formation réelle dans cette discipline. Les mêmes oseraient-ils argumenter avec autant d'assurance sur tel ou tel sujet de physique quantique ou de géométrie non euclidienne ? « Bref, très peu de gens savent réfléchir, mais tous veulent avoir des opinions », écrivait déjà Pierre Bayle au XVIIe siècle...

Au fil des vingt-trois chapitres de ce livre, vous allez découvrir des théories étranges ou incongrues, inquiétantes ou loufoques, qui font peu de cas des impératifs de la méthode historique. On les retrouve abondamment dans la blogosphère, espace de liberté sans précédent, mais aussi sans garde-fou. Au-delà de leur diversité apparente, elles partagent la même pétition de principe selon laquelle existerait un complot universel destiné à masquer une vérité qui, paradoxalement, serait ici dévoilée au grand jour. Ce type de « réinformation », qui n'est qu'une forme subtile de désinformation, incite à douter systématiquement des enseignements et des médias officiels. Aux yeux des complotistes, tout avis émanant, *a contrario*, d'une source qu'ils prétendent « indépendante » – terme qui cache le plus souvent des présupposés idéologiques – est nécessairement recevable, surtout s'il alimente notre scepticisme insatiable.

Les errements de cette « pseudo-histoire » – ou « para-histoire » – sont aisés à repérer. Ils peuvent presque tous se classer dans la catégorie des sophismes et des paralogismes. Peu de leurs tenants développent cependant les symptômes extrêmes de cette affection que Charles-Victor Langlois et Charles Seignobos ont baptisée plaisamment, dans leur célèbre *Introduction aux études historiques*, parue en 1898. La « maladie de l'inexactitude ou maladie de Froude », du nom de l'historien James A. Froude, pathologiquement incapable, paraît-il, de rendre compte du réel. La plupart ne souffrent que de fourvoiement fractal. Leur raisonnement est faussé à tous les niveaux par des idées préconçues. Ils se montrent ainsi inaccessibles à la critique et toute objection est immédiatement recyclée dans leur système de pensée.

Les uns supposent des événements à la réalité discutable – civilisations disparues comme l'Atlantide, intervention d'extraterrestres dans la Haute Antiquité... D'autres déforment, nient ou interprètent des faits historiques, en fonction des impératifs de leur thèse, quand ils n'imposent pas un « sens de l'Histoire ». Car, ainsi que le souligne Pierre Vidal-Naquet dans *Les Assassins de la mémoire*, « il est tentant, mais redoutable, d'écrire l'Histoire comme une tragédie classique dont le dénouement est connu d'avance ».

Généralisation hâtive, argument *ad hominem*, argument d'autorité, argument *ad misericordiam*, pétition de principe, argument du nombre – « tout le monde sait bien que... » –, intimidation, fausse analogie, mensonge par omission, prémisse cachée, hypercriticisme... nos apprentis historiens font flèche de tout bois. Leur arme la plus éhontée reste peut-être l'argument *ad ignorantiam* qu'on peut résumer ainsi : « Une proposition est vraie parce que rien ne prouve qu'elle est fausse. »

Si débattre avec de tels interlocuteurs est généralement improductif puisque chaque réfutation sera noyée dans un flot d'illogismes, étudier leurs échafaudages intellectuels peut se révéler intéressant à plusieurs titres. D'abord parce que certaines de ces bizarreries de l'esprit sont fort distrayantes. Ensuite, parce qu'elles démontrent par l'absurde la pertinence et la grandeur de la méthodologie historique.

Enfin, parce que cet effort de compréhension et d'analyse – et en ce cas il revêt une tout autre ampleur – forge des armes contre les « assassins de la mémoire », pour reprendre le titre du livre de Pierre Vidal-Naquet, à savoir ceux qui nient jusqu'à la réalité du génocide perpétré par les nazis durant la Seconde Guerre mondiale. Nous les évoquerons dans l'épilogue de ce livre. L'étude préalable de formes plus anodines de « pseudo-histoire » prend alors tout son sens. Elle nous permet en effet de ravaler les négationnistes de la Shoah au rang qui est le leur, celui de vulgaires charlatans de l'Histoire. Non pas en dialoguant avec eux – il n'y a pas d'échange valide entre la vérité et le mensonge – mais en disséquant le comment et le pourquoi de leur imposture.

Philippe DELORME

# Le monde a été créé il y a six mille ans

*Les astronomes, avec leur Big Bang de 13,8 milliards d'années, sont priés de retourner à leurs télescopes. La Terre et tout l'univers ont été tirés du néant en une semaine, il y a à peine plus de six mille ans. C'est écrit noir sur blanc dans la Bible, au livre de la Genèse... disent les créationnistes.*

Dans ses *Annales Veteris Testamenti, a prima mundi origine deducti* – « Annales de l'Ancien Testament, décomptées depuis les premières origines du monde » – publiées en 1650, James Ussher, archevêque d'Armagh et primat protestant d'Irlande, arrivait à la conclusion que Dieu a créé le cosmos « au début de la soirée précédant le vingt-troisième jour d'octobre [...] l'année 4004 avant le Christ ». Quelque temps auparavant, le vice-chancelier de l'université de Cambridge, John Lightfoot, avait lui aussi proposé une date proche de l'équinoxe, mais de l'automne de 3929...

Ces deux savants exégètes fondaient leurs déductions sur un comput minutieux des généalogies de la Bible corrélées aux dates connues de l'histoire des peuples de l'Antiquité. Usant d'une méthode similaire, d'autres biblistes ont obtenu des résultats relativement différents. Bède le Vénérable situait le *Fiat Lux* en – 3952, Joseph-Juste Scaliger en – 3949, Johannes Kepler en – 3992, et Isaac Newton le placera aux alentours de – 4000. Enfin, l'actuel calendrier hébraïque, établi par le patriarche Hillel le Nassi au IVe siècle de notre ère, fixe la Genèse au 7 octobre de l'année – 3761 du calendrier grégorien.

Cependant, la chronologie de James Ussher va longtemps s'imposer. Ainsi, elle est reprise par Louis-Isaac Le Maistre de Sacy dans sa célèbre traduction de la Bible en français. Elle figure également en marge de plusieurs éditions de la Bible du roi Jacques – une référence chez les réformés anglophones. C'est pourquoi les chrétiens fondamentalistes, principalement aux Etats-Unis, la tiennent encore pour un dogme de foi. On surnomme ces créationnistes « Jeune Terre » – *Young Earth* –, pour les distinguer de tendances moins radicales qui admettent certains éléments de l'évolutionnisme.

Leur étrange conviction serait partagée, selon un récent sondage, par 46 % des Américains. En 1981, l'auteur de science-fiction et biochimiste

Isaac Asimov tirait déjà la sonnette d'alarme, dans les pages du *New York Times Magazine* :

« Certains Américains pensent que la Terre est âgée de six mille ans seulement, que les êtres humains et toutes les autres espèces ont été engendrés par un Créateur divin en tant que groupes d'êtres éternellement différents et qu'il n'y a jamais eu de processus évolutif. Ce sont des créationnistes – ils se nomment eux-mêmes créationnistes scientifiques – et ils possèdent un grand pouvoir dans le pays, exigeant que les écoles soient contraintes d'enseigner leurs idées. Les autorités représentatives des Etats [des Etats-Unis], soucieuses des votes, commencent à fléchir. Dans peut-être quinze Etats, des lois ont été promulguées pour imposer le point de vue créationniste tandis que, dans d'autres, de puissants mouvements se renforcent. »

Une telle situation est d'autant plus stupéfiante que la plupart des théologiens, depuis le XIX$^{e}$ siècle, ont accepté les acquis des sciences modernes, qui raisonnent en millions et en milliards d'années. Ainsi, dès 1890, un pasteur presbytérien tel que William Henry Green, hébraïsant renommé, reconnaissait dans un article de la revue savante *Bibliotheca Sacra* que « les Ecritures ne fournissent aucune donnée pour un comput chronologique avant la vie d'Abraham, et que les documents mosaïques ne fixent pas et ne sont pas conçus pour fixer la date précise du Déluge ni de la Création du monde ».

Pour leur part, les créationnistes « Jeune Terre » rejettent en bloc les théories jugées contraires à la lettre de la Bible, dont ils proclament l'« inerrance », c'est-à-dire l'impossibilité de se tromper. Augustin Calmet exposait cet axiome dans sa *Dissertation sur la Chronologie*, en 1715. En cas de divergence entre la connaissance humaine et le texte révélé, il l'affirme : « Tout l'inconvénient en retomberait sur l'Histoire profane qui, n'ayant d'elle-même qu'une autorité humaine, ne pourrait porter aucun préjudice à l'autorité divine de l'Ecriture ; et si l'on trouvait dans ces deux Histoires des contradictions qu'on ne pût accorder, il n'y aurait pas à balancer pour rejeter la faute de l'incompatibilité des récits sur l'Histoire profane, en faveur de l'Histoire sacrée, à laquelle on doit un respect inviolable. »

C'est ainsi que les visiteurs du Creation Museum de Petersburg, dans le Kentucky, peuvent croiser Adam et Eve au Jardin d'Eden en compagnie de leur allosaure favori, admirer les chevaux ailés de la tour de Babel ou encore se perdre dans les coursives de l'arche de Noé. Ce parc d'attractions à prétention éducative a coûté 27 millions de dollars. Il a ouvert ses portes en 2007, à l'initiative de l'association Answers in Genesis – Réponses dans la Genèse. Pour ses promoteurs, l'univers a été créé par Dieu en six jours de vingt-quatre heures, et le Déluge est un fait historique. En conséquence, les fossiles ne seraient que des artefacts déposés par l'Eternel – ou par le diable – pour mettre à l'épreuve l'âme humaine. A moins qu'il ne s'agisse des reliques du cataclysme universel... Ou plus simplement encore d'une tromperie élaborée par des savants impies.

Le site de l'Association de science créationniste du Québec – creationnisme.com – met en ligne « 101 preuves de la jeunesse de la Terre et de l'univers ». Pêle-mêle, on y trouve des arguments relevant de la géologie, de la physique, de la génétique ou de la paléontologie, sans oublier la démographie, la radiométrie et l'astronomie. Ainsi, les vallées fluviales seraient trop larges pour les cours d'eau qu'elles contiennent. « Cela signifie que les vallées où coulent des rivières ont été creusées très rapidement et non pas lentement au cours de temps immémoriaux. »

Il y a aussi la question de la salinité de la mer : « Même en ignorant l'effet du déluge biblique et en faisant l'hypothèse d'une salinité nulle au départ et de vitesses d'apport et d'élimination du sel propres à maximaliser le temps nécessaire pour accumuler la totalité du sel, l'âge maximal des océans, soixante-deux millions d'années, est inférieur à 1/50e de l'âge déclaré par les évolutionnistes. Cela suggère que l'âge de la Terre est lui aussi radicalement moindre. »

L'érosion des continents, l'ADN des fossiles, le carbone 14 des bois anciens, la vitesse de croissance des stalactites, le taux d'augmentation de la population, la présence de méthane sur Titan, l'une des lunes de Saturne... Autant de notions disparates qui, convoquées au tribunal d'une rhétorique spécieuse, « suggèrent des âges beaucoup plus jeunes que ceux qui sont généralement acceptés aujourd'hui ».

Il n'est pas question ici de réfuter point par point les allégations des supporters de la « Jeune Terre ». Depuis longtemps d'éminents spécialistes s'y sont attachés, non sans succès. Il suffit de souligner que la plupart de ces « preuves » mettent sous le boisseau toute explication rationnelle contredisant leurs préjugés métaphysiques. Le résultat est ce que les logiciens qualifient de « raisonnement circulaire », qui prétend prouver ce qu'il a déjà admis au départ comme irréfutable, et dont le site des créationnistes québécois donne ici un exemple caractéristique :

« La science est fondée sur l'observation, et le seul moyen fiable de dire l'âge de quoi que ce soit est le témoignage d'un témoin digne de foi qui a observé les événements. La Bible affirme être la communication du seul témoin des événements de la Création : le Créateur lui-même. En tant que telle, la Bible est le seul moyen fiable de connaître l'âge de la Terre et du cosmos. »

Le livre d'Isaïe évoque Dieu « assis au-dessus du cercle de la Terre, et ceux qui l'habitent sont comme des sauterelles. Il étend les cieux comme une étoffe légère. Il les déploie comme une tente, pour en faire sa demeure ». Ces versets, à l'instar d'autres passages des Ecritures, pris littéralement, décrivent une Terre immobile, non sphérique, plane sous la voûte céleste – image qu'on trouve également dans le Coran. C'est cette représentation archaïque que continue à présenter comme exacte la Flat Earth Society – la Société de la Terre plate –, basée à Londres, et dont les thèses aussi loufoques qu'aberrantes se taillent pourtant un réel succès sur la Toile.

A lire ses propagandistes, notre planète aurait la forme d'une gigantesque soucoupe, centrée sur le pôle Nord, et dont la circonférence serait délimitée par un haut mur fait des glaces de l'Antarctique. Au-dessus de ce disque se déploie un dôme géant où sont accrochés les luminaires célestes. Le Soleil se situe à moins de quatre mille kilomètres d'altitude. « La Lune est une sphère tournante. D'un diamètre de cinquante et un kilomètres, elle est placée approximativement à quatre mille huit cents kilomètres de la surface de la Terre. »

Pour les *flatearthers* – les « terreplatistes » –, cette vérité est occultée par les agences spatiales, les compagnies aériennes et, bien entendu, tous les gouvernements de la planète, complices d'une conspiration généralisée. La preuve : le drapeau de l'ONU ne figure-t-il pas un planisphère ?

En France, le CESHE – Cercle d'étude scientifique et historique – poursuit des buts similaires. Cette association défend en effet « une vision de la Création et du monde antique conforme aux Livres saints ». Elle se place dans la filiation d'un certain Fernand Crombette, mort en 1970. Autodidacte catholique, fonctionnaire des Postes, ce véritable « facteur Cheval » de la recherche tous azimuts a employé sa retraite à noircir quarante et un volumes et deux atlas sur des sujets aussi divers que la géographie, la géologie, l'astronomie ou l'égyptologie. Sans barguigner, il contredit Champollion sur les hiéroglyphes, déchiffre l'écriture crétoise, retraduit la Bible à partir du copte, dessine une carte du continent primitif sous l'aspect d'une fleur harmonieuse à huit pétales, avec Jérusalem en son cœur géométrique.

Fernand Crombette suggère que l'existence d'une unique masse de terres avant le Déluge – ce que les géologues nomment la Pangée, mais dans une tout autre perspective – expliquerait comment les animaux des antipodes comme les manchots, les kangourous ou les lamas auraient pu gagner l'arche salvatrice... Car l'épisode de Noé tient une place éminente dans les travaux de ce polygraphe effréné. Sa véridicité ne fait pour lui aucun doute, et il se range résolument dans le camp des « catastrophistes », représenté jadis par Georges Cuvier et Alcide d'Orbigny.

Revenons aux chapitres VI à VIII de la Genèse. Environ un millénaire et demi après la Création, Yahvé, s'apercevant de la « malice extrême des hommes », prend cette résolution terrible :

« J'exterminerai de la surface de la terre l'homme que j'ai créé. Je les exterminerai tous depuis l'homme jusqu'aux animaux, depuis tout ce qui rampe sur la terre jusqu'aux oiseaux du ciel, car je me repens de les avoir faits. »

Cependant, Dieu distingue un juste, le patriarche Noé, de la lignée de Seth, le troisième fils d'Adam. Il lui intime donc l'ordre de construire un vaste navire « de pièces de bois de *gopher* » :

« Tu feras des compartiments dans cette arche, et tu l'enduiras de bitume dedans et dehors. Voici la forme que tu lui donneras. Sa longueur sera de trois cents coudées, sa largeur de cinquante, et sa hauteur de trente. »

L'Eternel prescrit également à Noé de n'accueillir dans cette arche d'autres humains que son épouse, leurs trois fils, Sem, Cham et Japhet, et leurs femmes. Ainsi que « deux de chaque espèce de tous les animaux, mâle et femelle, afin de les conserver en vie [...]. Tu prendras aussi avec toi de tous les aliments, et tu les porteras dans l'arche pour servir à ta nourriture et à celle de tous les animaux ».

Survient le châtiment. Selon la chronologie de James Ussher, le Déluge universel commence mille six cent soixante-cinq ans après la création d'Adam, soit en l'an 2348 avant J.-C. L'événement est consigné dans la Bible en ces termes :

« L'année 600 de la vie de Noé, le dix-septième jour du second mois de la même année, les digues du grand abîme des eaux furent rompues, et les cataractes du ciel furent ouvertes. Et la pluie tomba sur la terre pendant quarante jours et quarante nuits. [...] Elles inondèrent tout, et couvrirent toute la surface de la terre, mais l'arche était portée sur les eaux. »

Enfin, après cent cinquante jours de cette navigation à la grâce de Dieu, sans boussole ni gouvernail, « le vingt-septième jour du septième mois, l'arche se reposa sur les montagnes d'Ararat ». Dès lors, les eaux commencent à baisser. Noé lâche d'abord un corbeau, puis une colombe, qui revient avec un rameau d'olivier dans le bec.

Cet épisode est d'un symbolisme puissant. Les chrétiens voient dans le bois de l'arche une préfiguration de la Croix rédemptrice, voire une allégorie de l'Eglise, unique nef du Salut. Le récit puise d'ailleurs son inspiration dans des épopées plus anciennes, en particulier celle d'Utnapishtim roi de Shurrupak, retrouvée sur des tablettes cunéiformes. Les grands dieux, ennuyés par le vacarme des hommes, veulent dépeupler la terre. Mais

Ea, dieu des eaux souterraines, avertit en songe son ami Utnapishtim... La suite de l'histoire est presque identique à celle de Noé. L'Avesta des zoroastriens, la mythologie grecque, les Védas hindous et même le Popol-Vuh des Mayas sont pleins de telles calamités météorologiques. Il semble qu'il s'agisse de ce que le psychiatre Carl Gustav Jung désignait comme un archétype de l'inconscient collectif. A moins qu'il ne s'agisse de l'écho lointain de la fin de la glaciation de Würm, survenue il y a dix mille ans, accompagnée de pluies torrentielles et de dramatiques inondations.

Rien de tel, bien sûr, selon les créationnistes qui, à l'image d'Yves Nourissat durant une conférence du CESHE, établissent, calculette en main, les dimensions de l'arche et son tonnage exact :

« En supposant que la longueur de la coudée était de 44,5 centimètres au moins, l'espace du plancher disponible de ce bateau à trois étages était de 8 900 mètres carrés et son volume total de 39 535 mètres cubes, ce qui correspond à la capacité de dix trains de cinquante-deux wagons et était largement suffisant pour recueillir un couple d'animaux de chaque espèce. »

Armés du bouclier d'un credo infrangible, les créationnistes ont réponse à tout. « *God did it* – Dieu l'a fait », tel est leur leitmotiv. D'où provenaient les cinq milliards de kilomètres cubes d'eau nécessaires pour que soient submergés les plus hauts sommets du globe – l'Everest, l'Aconcagua ou le Kilimandjaro ? Les uns supposent que ces reliefs ne sont apparus que plus tard. D'autres ont inventé la « théorie hydroplate », selon laquelle d'immenses réserves d'eau souterraine auraient été emprisonnées entre la croûte terrestre et le manteau, puis libérées par quelque bouleversement chthonien. Une partie de cette eau sous pression aurait été projetée vers l'espace. Elle serait à l'origine des comètes et des cratères de la Lune. La théorie de Fernand Crombette est plus poétique. Avant Noé, explique-t-il, il ne pleuvait jamais sur terre et la moitié des océans actuels étaient satellisés sous la forme d'un anneau de gouttelettes, à la manière de Saturne. C'est ainsi que la Terre primordiale était nimbée d'un arc-en-ciel permanent...

Dans un autre domaine, les ingénieurs navals arguent qu'un vaisseau de la taille de l'arche décrite dans la Genèse – environ cent trente-trois mètres, la moitié du *Titanic* – serait irréalisable. La plus grande goélette en bois de tous les temps, le six-mâts *Wyoming*, lancé en 1909, ne mesurait qu'un peu plus de cent mètres. Encore sa coque était-elle bardée de fer, et des pompes mécaniques fonctionnaient en permanence pour en étancher les cales. Soumis aux aléas de la mer, il subissait des torsions et déformations qui l'obligeaient à se limiter à un prudent cabotage.

Les fondamentalistes prêtent alors au mystérieux « bois de *gopher* » – du cyprès ou du cèdre, selon les traductions – des propriétés merveilleuses, proches de celle de l'acier. Mais où trouver une telle quantité d'arbres en Mésopotamie, une région qui n'est pas réputée pour ses forêts luxuriantes ? Encore une fois, Dieu y a pourvu. D'ailleurs, la Terre antédiluvienne jouissait uniformément d'un climat subtropical.

Les bêtes féroces, elles aussi, ont répondu à l'appel du Très-Haut, comme l'expose Yves Nourissat :

« Quiconque observe les animaux sauvages se rend compte que ceux-ci sont guidés par une Intelligence invisible, autrement dit par Dieu. Il ne Lui fut donc pas difficile d'en diriger un couple de chaque espèce vers l'arche. »

Le problème du volume habitable et des conditions de transport est aisément résolu, lui aussi. Plutôt que chaque espèce particulière, Noé n'a sauvé qu'un couple de chaque « genre » : félins, ruminants, marsupiaux, etc. Lesquels se diversifieront par la suite. En cas de besoin, les créationnistes admettent une pincée d'évolutionnisme… Du point de vue logistique, comment nourrir, abreuver, entretenir une telle ménagerie ? Comment faire cohabiter la panthère et le mouton, la poule et le renard ? Rien de plus simple. Dieu a plongé tous ces animaux dans un état d'hibernation comparable au sommeil cryogénique des romans d'anticipation ! Au reste, avant le Déluge, toute la faune était soumise à un régime herbivore. L'homme lui-même ne se nourrissait que de plantes, de graines et de fruits. L'Italien Angelo Palego, qui a consacré une partie de sa vie à la recherche de l'arche, proposait quant à lui une solution ingénieuse, en 2001, au micro de Radio Courtoisie : « Il existait un double fond pour les réserves d'eau [...], avec un système de canalisations réalisé avec des boyaux de dinosaures. » Car, évidemment, les grands reptiles sauriens n'ont pas disparu à la fin du Crétacé, il y a soixante-cinq millions d'années, puisqu'ils ont péri dans les flots du Déluge...

Depuis l'Antiquité, nombre d'explorateurs de l'impossible ont rêvé de mettre au jour les vestiges de la mythique embarcation de Noé, quelque part sur les pentes du Grand Ararat, un massif volcanique qui culmine à 5165 mètres, aux confins de la Turquie et de l'Arménie actuelles. Flavius Josèphe les évoque déjà dans ses *Antiquités juives*. Au IVe siècle, le prêtre chaldéen Bérose assure que les pèlerins grattent le bitume de l'arche pour en faire des talismans. Envoyé de Saint Louis auprès du khan des Mongols, le franciscain flamand Guillaume de Rubrouck, de même que Marco Polo, affirmaient que le sommet du massif était inaccessible. Plusieurs téméraires essaieront de les faire mentir. Le Balte Friedrich Parrot, qui réalise en 1829 la première ascension, atteste que « tous les Arméniens sont fermement convaincus que l'arche de Noé reste à ce jour au sommet d'Ararat et que, à des fins de préservation, aucun être humain n'est autorisé à s'en approcher ».

Certains s'entêteront néanmoins, tel le Français Fernand Navarra entre 1952 et 1969, y retournant encore et encore pour arracher aux neiges éternelles quelques débris de bois dans lesquels ils verront de précieuses reliques. Ne raconte-t-on pas que l'évêque Jacob de Nisibe, mort en odeur de sainteté en 337, après avoir échoué à gravir la sainte montagne, avait reçu la visite d'un ange qui lui avait apporté en récompense de ses efforts un fragment de l'arche ? On pourrait le vénérer encore, dans une certaine église d'Etchmiadzine, si celle-ci n'avait pas été détruite lors d'un tremblement de terre au XIX$^{e}$ siècle…

### *Références et bibliographie*

Paul Clavier, *Qu'est-ce-que le créationnisme ?*, Paris, Librairie philosophique J. Vrin, 2012

Fernand Crombette, *La Genèse à redécouvrir*, Lille, CESHE, s.d.

Fernand Navarra, *L'Arche de Noé retrouvée*, Paris, Editions Téqui, 2000

Jacques Vauthier, *Créationnisme, Dessein intelligent, Darwinisme... Et la science dans tout ça ?*, Paris, François-Xavier de Guibert, 2010

# L'Evangile selon Joseph Smith

*Selon le Livre de Mormon, que le « prophète » Joseph Smith Junior – fondateur de l'Eglise des Saints des Derniers Jours – aurait découvert miraculeusement, plusieurs groupes de Juifs se seraient installés outre-Atlantique durant l'Antiquité. Certains, reniant leurs origines, seraient devenus les Amérindiens...*

Jeudi 27 septembre 1827. Sur la colline de Cumorah, entre Palmyra et Manchester, dans l'Etat de New York, Joseph Smith déterre un trésor, dissimulé sous une lourde pierre. Des plaques dorées couvertes de caractères inconnus, reliées par des anneaux métalliques. Telle est la croyance des fidèles de l'Eglise de Jésus-Christ des Saints des Derniers Jours, plus connus sous le surnom de « mormons ». L'aventure de cette foi nouvelle a commencé humblement, en 1805, dans une ferme du Vermont, avec la naissance de Joseph Smith « Junior », l'un des neuf enfants d'un couple de *seekers*, des protestants en quête de Dieu.

Ruinée par de mauvaises récoltes, la famille part s'installer dans l'ouest de l'Etat de New York, près du lac Ontario. A dix-huit ans, l'adolescent a sa première vision de Dieu et de Jésus-Christ. Puis, le 21 septembre 1823, un être de lumière, l'ange Moroni, lui révèle l'emplacement d'un « livre oublié », relatant l'histoire des anciens habitants du continent américain. Mais le futur prophète devra encore patienter quatre années avant d'être enfin autorisé à le retirer de sa cachette.

Plus tard, Joseph Smith décrira ainsi sa précieuse découverte, dans un article paru en 1842 dans le journal mormon *Times and Seasons* :

« Ces annales étaient gravées sur des plaques qui avaient l'apparence de l'or, chacune d'elles mesurant quinze centimètres de large sur vingt de long, et n'étaient pas tout à fait aussi épaisses que le fer-blanc commun. Elles étaient couvertes de caractères égyptiens gravés, et liées ensemble en un volume comme les pages d'un livre tenu par trois anneaux qui traversaient le tout. Ce volume avait environ quinze centimètres d'épaisseur et une partie en était scellée. Sur la partie qui n'était pas scellée, les caractères étaient petits et finement gravés. Le livre entier présentait de nombreuses marques d'ancienneté dans sa structure et la gravure en était habile. Avec les annales se trouvait un instrument curieux que les anciens appelaient “Ourim et Thoummim”. Cet instrument se composait de deux pierres transparentes montées sur un arc et fixées sur un pectoral. »

Pour asseoir ces assertions, nous n'avons que les témoignages du principal intéressé et de ses onze premiers disciples. Car, aussitôt après leur « traduction » par Joseph Smith Junior – sous l'inspiration du Saint-Esprit –, ces plaques mystérieuses sont remportées par l'ange Moroni.

Le 6 avril 1830, Joseph Smith, « voyant, traducteur, prophète et apôtre de Jésus-Christ, ancien de l'Eglise par la volonté de Dieu le Père et par la grâce du Seigneur Jésus-Christ », dépose officiellement les statuts de son Eglise, avec cinq convertis, dont ses deux frères. Le développement de la nouvelle religion est fulgurant. Le Livre de Mormon, traduction » en anglais par Joseph Smith des textes révélés par l'ange Moroni et sous-titré Un autre témoignage de Jésus-Christ, se répand comme une traînée de poudre, de l'Atlantique au Midwest. En dépit de ses invraisemblances, ce récit mythologique sait cristalliser l'attente de milliers de chrétiens insatisfaits ou marginaux. Les « saints », comme ils se nomment eux-mêmes, s'installeront successivement à Kirtland, dans l'Ohio, puis à Independence, dans le Missouri. Ils fondent enfin Nauvoo, dans l'Illinois, modèle de cité idéale, à la manière des socialistes utopiques, préfiguration de la Nouvelle-Sion, du Royaume de Dieu à venir.

Cependant, très vite, la tension monte entre les mormons et les « gentils », les autres colons, exaspérés par l'intolérance des « saints » et par leur pratique, très controversée, du « mariage plural », c'est-à-dire de la polygamie. C'est ainsi qu'accusé de sédition Joseph Smith finit par être incarcéré à Carthage. Le 27 juin 1844, il est lynché par un groupe d'émeutiers qui a pris sa prison d'assaut.

Le mormonisme saura survivre à son prophète. Durant l'hiver de 1845-1846, les « saints » fuient Nauvoo, pour s'installer au-delà des Rocheuses, dans la vallée du Grand Lac salé. Territoire de l'Union dès 1850, l'Utah accédera tardivement au statut d'Etat à part entière. Auparavant, l'« Eglise de Jésus-Christ » aura dû renoncer à la polygamie.

Aujourd'hui, les mormons restent à peine majoritaires dans l'Utah et ne comptent que cinq millions et demi de fidèles aux Etats-Unis. En revanche, le zèle de leurs missionnaires a permis à leurs croyances de se diffuser largement en Amérique du Sud et surtout en Océanie. En France métropolitaine, où ils sont moins de trente-cinq mille, les « saints » sont surtout connus des généalogistes. En effet, selon leurs dogmes, ils peuvent faire baptiser leurs aïeux décédés afin de leur permettre d'accéder à la gloire céleste. A cette fin, ils font microfilmer les registres d'état civil et diverses sources archivistiques du monde entier.

Aux yeux des « saints », comme l'explique l'un de leurs dirigeants, l'apôtre Jeffrey R. Holland, sur le site Internet de l'Eglise – lds.org : « Le Livre de Mormon est la parole de Dieu. Il est le compte rendu des relations de Dieu avec les anciens habitants de l'Amérique, et il contient la plénitude de l'Evangile éternel. » Joseph Smith n'avait-il pas consigné dans son Journal :

« J'ai dit aux frères que le Livre de Mormon était le plus correct de tous les livres de la terre et la clef de voûte de notre religion, et qu'un homme se rapprocherait davantage de Dieu en en suivant les préceptes que par n'importe quel autre livre » ? Hormis leur dimension spirituelle, les chroniques transmises par l'ange Moroni sont tenues par les croyants comme étant d'une historicité inattaquable. C'est du moins ce que s'emploie à soutenir l'apologétique officielle, à grand renfort d'arguments « scientifiques ».

Que contient donc cette nouvelle Bible ? Son récit central s'ouvre sur les tribulations d'un certain Léhi. Sous le règne de Sédécias, au VIe siècle avant J.-C., il aurait traversé l'océan avec les siens afin d'échapper à la destruction de Jérusalem. Le Premier Livre de Néphi – l'un des fils de Léhi – relate leur arrivée sur les rivages de l'Amérique : « Et il se trouva que, lorsque nous eûmes navigué pendant de nombreux jours, nous arrivâmes à la terre promise, et nous allâmes sur le pays et dressâmes nos tentes, et nous l'appelâmes la terre promise. »

La discorde ne tarde pas à s'installer entre les descendants de Léhi, qui vont se scinder en deux nations antagonistes : les Néphites et les Lamanites, du nom de deux de ses fils. Tandis que les innocents Néphites, respectueux des commandements divins, demeurent d'une blancheur immaculée, les cruels Lamanites, frappés par la malédiction divine, voient leur teint se basaner. Devenus barbares, ils seraient les ancêtres des actuels Amérindiens.

« Car voici [peut-on lire au Deuxième Livre de Néphi], ils s'étaient endurci le cœur contre lui, de sorte qu'il était devenu semblable à un caillou. C'est pourquoi, comme ils étaient blancs et extrêmement beaux et agréables, afin qu'ils ne fussent pas séduisants pour mon peuple, le Seigneur Dieu fit venir sur eux une peau sombre. Et ainsi dit le Seigneur Dieu : Je les rendrai repoussants pour ton peuple, à moins qu'ils ne se repentent de leurs iniquités. [...] Et à cause de la malédiction qui était sur eux, ils devinrent un peuple indolent, plein de malfaisance et d'astuce, et cherchèrent des bêtes de proie dans le désert. »

De leur côté, les Néphites – auxquels se joignent les Mulékites, d'autres Juifs exilés – fondent une civilisation prospère, aux cités florissantes. A l'instar d'Israël, ils seront dirigés par des rois, puis par des juges. Plus tard, le Christ ressuscité se manifestera également à eux, comme le raconte le Troisième Livre de Néphi :

« Ils levèrent de nouveau les yeux vers le ciel ; et voici, ils virent un homme descendre du ciel ; et il était vêtu d'une robe blanche ; et il descendit et se tint au milieu d'eux ; et les yeux de toute la multitude étaient tournés vers lui, et ils n'osaient pas ouvrir la bouche pour se parler, et ne savaient pas ce que cela voulait dire, car ils pensaient que c'était un ange qui leur était apparu. Et il arriva qu'il étendit la main et parla au peuple, disant : Voici, je suis Jésus-Christ, dont les prophètes ont témoigné qu'il viendrait au monde. »

Comme à Jérusalem, le Ressuscité institue le baptême et la cène, désigne douze apôtres pour répandre sa bonne parole. Marqués par cette théophanie, Néphites et Lamanites vont se réconcilier et vivre en paix durant quelques siècles. Pourtant, les luttes fratricides finissent par se rallumer, jusqu'à conduire à l'extermination complète des Néphites, vers l'an 400 de notre ère. Leur dernier général en chef, Mormon, est tué avec un ultime carré de résistants sur la colline de Cumorah. Son fils Moroni achèvera de rédiger la chronique de leurs ancêtres, avant de l'enterrer, scellée pour la postérité. C'est ce même Moroni, « ressuscité dans la chair », qui se serait manifesté à Joseph Smith.

A la saga des descendants de Léhi, Moroni a annexé un abrégé commenté de celle des Jarédites, arrivés d'Asie à l'époque de la tour de Babel, bien des siècles auparavant. Ce Livre d'Ether dépeint les frêles embarcations, « comparables à la légèreté d'un oiseau de mer, extrêmement closes », qu'ils ont utilisées pour traverser l'océan :

« Quand ils eurent préparé toutes sortes de provisions pour leur subsistance sur les eaux, ainsi que pour le bétail et tous les animaux et volatiles qu'ils emportaient avec eux, ils montèrent à bord de leurs barques et se mirent en mer, se confiant au Seigneur leur Dieu. Et le Seigneur fit souffler un vent furieux sur la surface des eaux, vers la terre de promission… »

Préfigurant les Néphites, la civilisation jarédite se développera jusqu'à compter plusieurs millions d'âmes, avant de se détruire entièrement dans une guerre civile causée par son idolâtrie et ses iniquités : « Et maintenant, s'il s'y trouve des fautes, elles sont des hommes. C'est pourquoi ne condamnez pas les choses de Dieu, afin de paraître sans taches au siège du jugement du Christ. »

Bien que l'exergue du Livre de Mormon invite à lui accorder une foi aveugle, Joseph Smith se préoccupe très vite d'obtenir des autorités universitaires la validation de ses enseignements. N'a-t-il pas prétendu que les plaques dorées étaient rédigées en « égyptien réformé » ? Jean-François Champollion vient de publier, en 1824, son premier *Précis du système hiéroglyphique des anciens Egyptiens*, et tout ce qui concerne le pays des pharaons reste enveloppé d'un halo de magie... Le prophète du mormonisme n'a pu avoir connaissance des travaux du savant français – qu'il aurait d'ailleurs été incapable de comprendre. Cependant, l'un de ses fidèles, Martin Harris, s'avise de consulter le meilleur spécialiste américain de la question, le professeur Charles Anthon, de New York. Non seulement celui-ci aurait avalisé la « traduction » de Joseph Smith, mais il aurait aussi constaté que certains caractères du document présenté « étaient égyptiens, chaldéens, assyriens et arabes, et [...] que c'étaient des caractères authentiques ».

Telle est du moins la version canonique, soutenue aujourd'hui encore par les « saints »... et démentie avec véhémence par le professeur Anthon lui-même dans une lettre du 17 février 1834, adressée au journaliste Eber D. Howe, qui vient de publier la même année *Mormonism Unvailed* – « Le mormonisme dévoilé » :

« En examinant ce papier, j'arrivai tout de suite à la conclusion que ce n'était autre chose qu'une supercherie, peut-être une mystification. [...] Au fait, le papier en question était un singulier assemblage de caractères crochus en tout genre, disposés en colonnes. Il avait été évidemment composé par quelqu'un qui avait devant soi un livre contenant différents alphabets : du grec, de l'hébreu, des caractères en croix et des ornements. Des lettres romaines renversées, ou écrites horizontalement, étaient disposées en colonnes perpendiculaires. Le tout finissait par un cercle grossièrement tracé, divisé en divers compartiments et couvert de signes particuliers, copiés évidemment du calendrier mexicain, donné par Humboldt, mais copié de manière à ne pas en trahir l'origine. »

Joseph Smith n'en abandonne pas pour autant ses prétentions à décrypter les langages oubliés. Après avoir composé sa propre « grammaire des hiéroglyphes », il achète, en 1835, plusieurs rouleaux poussiéreux à un certain Michael H. Chandler, bonimenteur de foire qui parcourt les Etats-Unis avec quatre momies et un bric-à-brac d'antiquités égyptiennes. Smith se persuade d'avoir déniché l'autobiographie du fondateur du monothéisme ! Dès 1842, il publie la « traduction de [ces] textes anciens qui, des catacombes d'Egypte, sont tombés entre [ses] mains. Ecrits d'Abraham du temps où il était en Egypte, appelés Livre d'Abraham, écrits de sa propre main, sur papyrus ».

De nos jours, les théologiens mormons continuent de défendre l'authenticité de ce Livre d'Abraham. Il constitue d'ailleurs, avec les extraits d'un hypothétique Livre de Moïse, la majeure partie de La Perle de grand prix – le deuxième ouvrage sacré de la religion des Saints des Derniers Jours. Quant aux manuscrits de Chandler, après bien des pérégrinations, ils sont entrés dans les collections du Metropolitan Museum de New York. Tous les spécialistes s'accordent pour n'y voir qu'un banal exemplaire du Livre des Morts, trouvé dans le tombeau de Ta-Sherit-Min, noble fille de Neskhons...

Outre ces évidences philologiques, le Livre de Mormon apparaît à bien des égards comme un maladroit pastiche de l'Ancien Testament, avec son style heurté, abondant en répétitions. Ni les patronymes – Hagath, Gadianton, Kishunen, Coriantor, Riplaskhi, Giddianih... –, ni les toponymes – Antionum, Morianton, Gadionmah, Jagibugath... – ne correspondent à une quelconque racine chamito-sémitique. Des passages entiers sont recopiés servilement dans la Bible anglaise du roi Jacques. Jésus-Christ déclare ainsi être « l'Alpha et l'Oméga »... devant un auditoire qui ne connaissait certes pas un traître mot de grec !

Au reste, les Hébreux n'ont jamais fait usage de plaques d'airain ou d'or pour consigner leurs annales. Et les archéologues ont beau jeu de faire remarquer l'absence complète de traces laissées par de prétendus immigrants proche-orientaux dans les cultures précolombiennes. De leur côté, les anthropologues n'ont aucun mal à infirmer la théorie de l'ascendance « lamanite » des Peaux-Rouges, en particulier grâce aux enquêtes génétiques.

Les erreurs manifestes pullulent au fil des pages du Livre de Mormon. Ainsi, évoquant le règne d'Emer, l'un des souverains jarédites, le Livre d'Ether rapporte que « les habitants [...] élevaient toutes sortes de bétail, des bœufs, des vaches, des brebis, des boucs, des porcs, et beaucoup d'autres animaux utiles pour la nourriture des hommes. Ils avaient aussi des chevaux, des ânes, ainsi que des éléphants, des cureloms et des cumons [?], tous animaux utiles à l'homme, spécialement ces derniers ».

A l'évidence, les paléontologues ne manqueront pas de s'étonner que des annales écrites au VIe siècle recensent autant d'espèces restées inconnues sur le continent américain jusqu'à l'arrivée des conquistadors. De même pour le blé ou l'orge, également importés par les Espagnols.

Dans le Livre d'Alma, Lamoni, roi des Lamanites, commande « à ses serviteurs, avant le moment où ils devaient abreuver leurs troupeaux, de préparer ses chevaux et ses chars, et de le conduire au pays de Néphi ». Quant au Livre de Mosiah, il parle d'« épées dont la poignée a péri et dont la lame était rongée par la rouille ». Ou encore, au Premier Livre de Néphi : « Et je vis son épée, et je la tirai de son fourreau ; et sa poignée était d'or pur, et son exécution était extrêmement fine, et je vis que sa lame était de l'acier le plus précieux. »

Or, l'on sait pertinemment que les Amérindiens ignoraient l'usage de la roue et ne disposaient d'aucune bête de somme, hormis le lama, domestiqué par les Incas. Quant à des lames de fer ou d'acier, on n'en a retrouvé nulle part, à l'exception du site viking de l'Anse-aux-Meadows, sur l'île de Terre-Neuve, datant des alentours de l'an mille. Les Aztèques eux-mêmes n'utilisaient que des couteaux d'obsidienne, mais aucune épée, ni bouclier métallique. Enfin, pas de pièces de monnaie avant la colonisation européenne, ni « sénine d'or », ni « amnor », ni « ezrom d'argent »...

On pourrait multiplier à l'envi les exemples où l'ouvrage « traduit » par Joseph Smith est pris en flagrant délit d'anachronisme. Afin de conserver quelque crédibilité à leurs écritures saintes, certains exégètes mormons s'efforcent de réduire la zone habitée par les Jarédites puis les Néphites. Ainsi, ces hypothétiques immigrants hébreux n'auraient occupé que la région des Grands Lacs, ou encore la Méso-Amérique. Or, ni les mound builders – bâtisseurs de tumulus –, ni les cultures sylvicoles de l'Ohio, ni les Olmèques ou les Mayas de la période préclassique ne correspondent de près ou de loin à ce que décrit le Livre de Mormon.

Si le caractère apocryphe des « révélations » de Joseph Smith ne fait guère de doute pour les historiens indépendants, reste à déterminer leurs origines véritables. Il semble que le prophète s'est largement inspiré d'écrits antérieurs. En particulier, ceux d'un certain Solomon Spalding, prédicateur congrégationaliste de Conneaut, près du lac Erié, mort en 1816. Ce Spalding est l'auteur de deux fictions historiques dont la trame rappelle singulièrement les annales de l'ange Moroni. La première raconte l'odyssée d'un bateau romain qui aurait échoué en Amérique au IVe siècle de notre ère. Les naufragés auraient consigné le récit de leurs mésaventures « en latin, sur vingt-quatre rouleaux de parchemin, découverts dans une grotte, sur les rives du Conneaut Creek ».

Le second roman de Spalding, intitulé *Le Manuscrit retrouvé*, se veut également des mémoires « retrouvés dans la terre », ceux du dernier survivant d'une race éteinte. L'ouvrage ne sera jamais publié, mais selon John Spalding, frère de Solomon, il s'agissait de l'histoire « des premiers colons d'Amérique, cherchant à démontrer que les Indiens d'Amérique sont les descendants des Juifs, ou des tribus perdues... ». Celles-ci se seraient ensuite querellées et séparées en deux nations distinctes. L'œuvre de Spalding, déposée chez un imprimeur de Pittsburg, y aurait été oubliée, avant d'être recopiée plus tard par Sidney Rigdon, l'un des premiers disciples de Smith...

Une autre influence paraît évidente : celle d'un pasteur protestant et bibliste distingué, Ethan Smith – sans parenté avec le prophète du mormonisme. Dans *View of the Hebrews or the Tribes of Israel in America* – « Aperçu sur les Hébreux ou les tribus d'Israël en Amérique » –, édité en 1825, Ethan Smith expose une théorie suivant laquelle les Amérindiens descendraient des tribus juives réduites en captivité par les Assyriens au VIII$^{e}$ siècle avant J.-C. Ici encore, les parallèles avec les conflits entre Néphites et Lamanites – au cœur du Livre de Mormon – sont frappants :

« Les Israélites apportèrent dans ce nouveau continent un degré considérable de civilisation, et la meilleure part d'entre eux peinèrent longtemps afin de la maintenir. Mais d'autres s'adonnèrent à la chasse et, par conséquent, tombèrent dans l'état sauvage. Ces hordes barbares envahirent leurs frères plus civilisés, et finalement ils anéantirent la plupart d'entre eux... »

Malgré ses invraisemblances, quinze millions de fidèles à travers le monde considèrent aujourd'hui le Livre de Mormon comme la parole de Dieu. Parmi eux, Mitt Romney, ancien gouverneur du Massachusetts, « évêque » et président du diocèse de Boston, s'est fait connaître comme challenger malheureux du président Barack Obama en 2012...

### *Références et bibliographie*

Philippe Delorme, *Les Aventuriers de Dieu*, Paris, Editions Jean Picollec, 2002

Massimo Introvigne, *Les Mormons*, Turnhout, Editions Brepols, 1991

Bernadette Rigal-Cellard, *La Religion des mormons*, Paris, Albin Michel, 2012

# Si la Grande Pyramide m'était comptée

*Si l'on relève avec soin les dimensions extérieures et intérieures de la Grande Pyramide, n'y découvre-t-on pas des mesures sacrées, inspirées par Dieu en personne ? Elles cacheraient même les dates essentielles de l'histoire de l'humanité, prédites par les prêtres d'Osiris...*

Des Sept Merveilles de l'Antiquité classique ne subsiste aujourd'hui que la pyramide de Khéops, plantée avec ses petites sœurs de Khéphren et de Mykérinos sur le plateau désertique de Gizeh, qui domine Le Caire. Voilà plus de quarante-cinq siècles que cet immense polyèdre repose sur son carré presque parfait de deux cent trente mètres de côté, ses quatre faces triangulaires se rejoignant en un sommet unique qui culmine à près de cent cinquante mètres de hauteur. Selon les estimations, il serait constitué de six cent mille à quatre millions de blocs de granit rose et de pierre calcaire, pour un volume actuel de deux millions trois cent cinquante-deux mille mètres cubes et une masse totale de quelque cinq millions de tonnes.

Hérodote d'Halicarnasse, le Père de l'Histoire, au Ve siècle avant notre ère, est le premier à évoquer la figure du bâtisseur de la Grande Pyramide, Khéops – ou Khoufou –, fils de Snéfrou et de Hétep-Hérès, deuxième pharaon de la IVe dynastie, qui régnait aux alentours de – 2550 :

« Khéops [...] fit d'abord fermer les temples, il défendit sur toutes choses aux Egyptiens de sacrifier. Il leur commanda ensuite de ne travailler que pour lui. Il employa les uns à fouiller les carrières du mont d'Arabie, et à traîner de là jusqu'au Nil les pierres qu'ils en tiraient. Il occupa les autres à les faire passer de l'autre côté du fleuve, et à les traîner jusqu'à la montagne de Libye. Il y avait ordinairement cent mille hommes qui étaient employés à une besogne si fâcheuse. Et on les changeait tous les trois mois. [...] La pyramide elle-même coûta vingt années de travail. »

Bien qu'il ait enquêté auprès du clergé égyptien, Hérodote se perd en conjectures quant à la technique de construction employée. Pour sa part, l'ingénieur Philon de Byzance se contente d'affirmer qu'édifier une pyramide est « une tâche impossible » :

« Ce sont des montagnes amoncelées sur des montagnes, et la taille des blocs quadrangulaires est telle qu'il est difficile de concevoir leur transport, et personne ne sait par quels leviers des masses aussi importantes ont pu être déplacées. [...] par de telles œuvres, les hommes montent jusqu'aux dieux, ou ce sont les dieux qui descendent jusqu'aux hommes. »

Au Ier siècle, le Romain Pline l'Ancien – le très docte auteur de l'*Histoire naturelle* – avouera lui aussi sa perplexité devant ces témoignages de cette « sotte et inutile ostentation de la richesse des rois » :

« Le plus difficile à expliquer, c'est de quelle manière on porta les pierres à une telle hauteur. Les uns disent que ce fut par le moyen de monceaux de nitre et de sel qu'on élevait en même temps que l'ouvrage, et que, lorsque tout fut achevé, on les fit fondre en amenant les eaux du Nil. Les autres prétendent qu'on se servit de briques de terre, qui furent distribuées ensuite aux particuliers pour leurs maisons. »

Durant le Moyen Age, les origines de la civilisation égyptienne se drapent des voiles de la légende. Après la conquête musulmane, en 832, le calife al-Mamoun, fils du fameux Haroun al-Rachid, ordonne des fouilles qui s'apparentent à un vulgaire pillage. « On pratiqua pour lui la brèche qui est encore béante aujourd'hui, on employa pour cela le feu, le vinaigre, les leviers, rapporte le géographe Maçoudi. L'épaisseur du mur était d'environ vingt coudées. Etant parvenus à la fin de ce mur, ils trouvèrent au fond du trou un bassin vert rempli d'or monnayé. Il s'y trouvait mille dinars, chaque dinar pesant une once. Ce bassin était, dit-on, d'émeraude. »

Au XIIe siècle, l'écrivain Ibn Djaber Kaïsi composera une version qui ressemble davantage encore à un épisode des *Mille et Une Nuits* :

« On raconte qu'un homme y ayant pénétré arriva à une petite chambre où se trouvait la statue d'un homme en pierre verte comme la malachite. [...] Elle avait un couvercle que l'on retira et l'on trouva le corps d'un homme revêtu d'une cuirasse d'or, incrustée de toutes sortes de pierreries. Sur sa poitrine était posée une épée d'un prix inestimable, et près de la tête se trouvait un rubis rouge. »

Ces récits se font l'écho d'une réalité très enjolivée. Les ouvriers du calife ont peut-être profané la chambre royale, découvrant une momie dans son sarcophage précieux, entourée de son trésor rituel, mais ils n'ont assurément emporté aucun « dinar ». Les Egyptiens de l'époque pharaonique ignoraient en effet l'usage de la monnaie...

Aux yeux des chrétiens et des juifs, les pyramides passent alors pour les greniers à blé que Joseph, fils de Jacob, aurait fait bâtir en vue des sept années de disette dont parle la Genèse. C'est seulement vers le milieu du XVIIe siècle que l'Anglais

John Greaves, professeur d'astronomie à Oxford, de retour d'Orient, s'essaie à une approche scientifique, avec sa *Pyramidographia ou Description des pyramides d'Egypte*, publiée à Londres en 1646.

Charles Rollin, ancien recteur de l'université de Paris, aura une démarche similaire dans son *Histoire ancienne des Egyptiens*, publiée à Paris entre 1730 et 1735. Ecartant d'emblée toute spéculation oiseuse, il définit une pyramide comme « un corps solide ou creux, qui a une base large et ordinairement carrée, qui se termine en pointe ». Puis il en indique la taille assez exacte, exprimée en toises, telle que rapportée par Jean Mathieu de Chazelles, membre associé de l'Académie des Sciences, en 1693. Avant d'en tirer cette leçon philosophique :

« Ces pyramides étaient des tombeaux et l'on voit encore aujourd'hui, au milieu de celle qui était la plus grande, un sépulcre vide, taillé tout entier d'une seule pierre [...]. Voilà à quoi se terminaient tant de mouvements, tant de dépenses, tant de travaux imposés à des milliers d'hommes pendant plusieurs années : à procurer à un prince, dans cette vaste étendue et cette masse énorme de bâtiments, un petit caveau de six pieds. »

Cartographe, Chazelles a noté que « les quatre côtés de la pyramide étaient exposés précisément aux quatre régions du monde, et par conséquent marquaient la véritable méridienne de ce lieu ». En d'autres termes, la pyramide de Khéops est orientée selon les points cardinaux. En savant rationnel, Rollin n'en tire nulle conclusion ésotérique. Ses successeurs n'auront pas tous la même retenue...

Déjà, en 1781, le mathématicien français Alexis-Jean-Pierre Paucton voit dans les monuments de Gizeh « le hiéroglyphe du grand principe de la nature » :

« Dans la construction des pyramides, on mit une attention scrupuleuse à ce qu'elles fixassent pour toujours ce qu'il était nécessaire aux hommes de savoir touchant l'astronomie, les dimensions de la Terre et les mesures usuelles dans le commerce et la société. »

Lors de sa campagne d'Egypte, en 1798, le général Bonaparte s'adjoint une commission de cent soixante experts dans tous les domaines des beaux-arts et des sciences. Les résultats de leurs observations et de leurs recherches sont consignés dans une *Description de l'Egypte*, ouvrage encyclopédique comportant dix volumes de textes et treize de planches. Le succès de cette somme renforce l'engouement du public pour l'Orient antique et ses mystères, alors que Jean-François Champollion s'apprête à déchiffrer l'écriture hiéroglyphique. Certains francs-maçons, séduits par l'exotisme, créent les rites de Memphis et de Misraïm, tandis que les spéculations les plus échevelées commencent à courir alentour de l'étrange cénotaphe du roi Khéops.

Certains voudraient y voir un temple du Soleil ou de la Lune, un gigantesque pylône dédié au feu sacré, un observatoire astronomique ou encore quelque abri ménagé pour les survivants du Déluge. Certes, la Grande Pyramide, sans ornements ni inscriptions, se montre peu bavarde. Il faut donc la faire parler ! D'abord en la scrutant sur tous ses angles. La clef du « message » des pharaons ne se cacherait-elle pas dans ses proportions ? Ainsi est née la « pyramidologie »...

En son temps, au XVII^e siècle, l'astronome John Greaves avait déjà tenté de démontrer l'antiquité des poids et mesures anglais « par leur similitude avec des étalons retrouvés dans l'une des pyramides d'Egypte ». Au début du XIX^e siècle, son compatriote John Taylor développe les mêmes intuitions et détermine une unité hypothétique : le « pouce pyramidal ». Celui-ci équivaut à 1,00106 pouce impérial britannique, soit 2,5427 centimètres. Ainsi, 25 pouces pyramidaux forment une « coudée sacrée », c'est-à-dire 25,0265 pouces modernes, ou encore 63,5675 centimètres. Le principal argument pour justifier le choix arbitraire de cette mesure est que le périmètre de l'édifice donne 36 524 « pouces pyramidaux », exactement cent fois le nombre de jours dans une année solaire.

Charles Piazzi Smyth, astronome royal d'Ecosse, poursuit dans la même direction, avec son livre

*Our Inheritance in the Great Pyramid* – « Notre héritage dans la Grande Pyramide » –, dont la première édition date de 1864. Il y souligne de nombreuses coïncidences apparentes entre les mesures de la pyramide de Khéops et la géométrie de la Terre et de la voûte céleste. Ainsi, le « pouce pyramidal » correspondrait à la cinq cent millionième partie du diamètre polaire de la Terre. D'où la conclusion que celui-ci serait d'inspiration divine, transmis depuis le temps de Sem, fils de Noé. Et donc infiniment supérieur au nouveau système métrique, sulfureuse invention de la diabolique Révolution française…

Hélas pour Piazzi Smyth, William Matthew Flinders Petrie, père de l'égyptologie scientifique, démentira ses théories fumeuses à la suite des fouilles menées sur place à partir de 1880. Après des vérifications et de minutieuses triangulations, son verdict est sans appel : « Il n'y a aucun exemple authentique résistant à l'examen, de l'utilisation ou de l'existence d'une mesure telle que le “pouce pyramidal”, ou d'une coudée de 25,025 pouces britanniques. »

Cependant, l'astronome écossais ne voyait pas dans la science « l'objet final de la Grande Pyramide ». S'inspirant des réflexions d'un certain Robert Menzies, Piazzi Smyth conférait à l'énigmatique édifice une dimension proprement prophétique, en ce qu'il révélait « dans le cinquième millénaire de son existence certaines intentions préétablies de la volonté de Dieu dans le gouvernement de ce monde de l'homme ». En d'autres termes, la pyramide de Khéops, confirmant l'enseignement de la Bible, « a été chargée [...], au commencement du temps de l'humanité, de garder un certain message secret et inviolable durant quatre mille ans ».

Grâce à ses computations, Piazzi Smyth confirme la fameuse date de 4004 avant J.-C. comme celle de la Création du monde selon la Genèse. Il vérifie aussi – en mesurant la longueur de certains couloirs de la pyramide – les grandes dates de l'Histoire sainte. Il pronostique enfin le Second Avènement du Christ, successivement pour 1882, 1892, puis plusieurs autres années jusqu'en 1911. L'un de ses plus célèbres disciples sera Charles Taze Russell, fondateur des Témoins de Jéhovah. Il ne rencontrera pas davantage de succès quant à l'échéance effective de l'Apocalypse...

En 1923, un ecclésiastique français, l'abbé Théophile Moreux, directeur de l'observatoire de Bourges et féru d'histoire fantastique, publie *La Science mystérieuse des pharaons*, dans le sillage de ses précurseurs britanniques. A grand renfort de parallèles, de diagonales et autres quadratures, il détermine par exemple que le méridien de Gizeh sépare les terres émergées en deux surfaces égales. La Grande Pyramide apparaît donc comme le « centre de gravité » de la planète. Cette recherche obsessionnelle du « nombril du monde » porte un nom savant : l'omphalomanie. Mais le résultat diffère grandement selon les méthodes de calcul ! Les uns le placeront ainsi au large de l'Afrique, ou encore dans le Sahara, près de N'Djaména. Les autres en Anatolie, en Mongolie, quelque part en Roumanie, voire sur l'île Dumet, sur les côtes de la Loire-Atlantique ! Si l'on retient, à l'instar de l'abbé Moreux, le principe des masses continentales, le « point central » ne se situe pas dans la banlieue du Caire mais au sud-ouest de l'Egypte, à huit cents kilomètres de distance. D'ailleurs, il faudrait alors prendre en compte un second « centre », aux antipodes, près de l'archipel d'Hawaii.

Une décennie après Théophile Moreux, un auteur spécialisé dans la spiritualité, l'ésotérisme et la pseudo-histoire, Georges Barbarin, se fait fort de prouver que la pyramide de Khéops n'a pas seulement une destination funéraire, mais constitue une véritable « Bible de pierre » recelant les dates clefs de l'histoire passée et future :

« Ses révélations mathématiques, consignées il y a une cinquantaine de siècles dans la pierre, n'ont été comprises que par notre époque et constituent l'adresse allégorique de la civilisation première à la civilisation d'aujourd'hui. [...] Il semble en somme, pour la première fois dans l'histoire de l'univers, que les hommes aient été admis à lire de leurs propres yeux le plan objectif de celui que, à défaut de mieux, ils ont nommé le Grand Architecte. »

Publié d'abord en 1936 chez Adyar, l'éditeur de la Société théosophique, *Le Secret de la Grande Pyramide ou la fin du monde adamique* sera maintes fois actualisé et réimprimé jusqu'en 1988, en particulier dans la collection « L'Aventure mystérieuse », aux éditions J'ai Lu. Ce récit intrigant, mêlant allégations scientifiques et rêveries occultistes – un modèle du genre –, a ainsi tenu en haleine plusieurs générations de lecteurs.

Que dit exactement Barbarin ? « Le système de couloirs de la pyramide comporte un ensemble de passages et de chambres combiné d'une manière subtile et dans lesquels il n'y a pas un embranchement, pas une distance, pas une orientation, pas un cube, pas une pente, pas une saillie qui n'ait sa haute et constante signification. [...] La Grande Pyramide n'a d'autre objet que de relier la connaissance des temps premiers de l'humanité à celle de l'humanité présente et, à travers le symbolisme du Messie et de la Résurrection, de nous préparer à la seconde venue du Christ en nous indiquant les dates des derniers temps. »

Ainsi, par le biais de l'Ancien et du Nouveau Testament, mais également du Livre des Morts égyptien, la Grande Pyramide dévoilerait les arcanes d'un « système de chronologie prophétique » – idée déjà popularisée outre-Manche par Menzies et Piazzi Smyth.

La Grande Galerie qui monte vers la Chambre du Roi symbolise l'ère chrétienne par sa forme, sa hauteur et sa longueur. A son extrémité supérieure, l'entrée du premier passage bas, vers l'Antichambre, marque le commencement des Grandes Guerres et des tribulations prédites par les Ecritures. En démarrant le comput de la Grande Galerie à partir de la Crucifixion, estimée au 7 avril 30 – et si l'on accepte l'échelle d'un « pouce pyramidal » pour chaque année solaire –, on obtient la date finale de 1844, début de « l'âge mécanique ».

Passons sur les conclusions que tire Georges Barbarin de l'arpentage minutieux de divers couloirs ascendants et descendants de la Pyramide. En conformité avec la lettre biblique, il retrouve comme « date zéro » l'équinoxe d'automne – soit le 22 septembre – de l'an 4000 avant J.-C. Après quoi il retrace « le déroulement exact de l'épopée adamique, en passant par les temps de la Genèse, de l'Exode, des Juges, des Rois, de l'ère chrétienne, jusques et y compris la crise des âges modernes, la fin de l'ordre des choses actuel et l'arrivée d'un âge neuf et meilleur ».

A partir du Grand Degré de l'Antichambre – associé à la date de 1844 – le sol devient horizontal, jusqu'à la Chambre du Roi. Selon Barbarin, c'est le signe que la marche des événements se précipite, droit vers le chaos. Le pouce pyramidal n'aura donc plus désormais « qu'une valeur représentative d'un mois de trente jours de l'ancien calendrier ».

Apparaissent alors clairement les dates du 5 août 1914 – expiration de l'ultimatum de l'Angleterre à l'Allemagne – et du 11 novembre 1918 – armistice de la Première Guerre mondiale. Les vaticinations de l'auteur sont moins heureuses lorsqu'elles concernent l'avenir ! Il prédit ainsi l'avènement d'un « âge théocratique » pour les 15 et 16 septembre 1936, correspondant au seuil de la Chambre du Roi – « salle du Jugement et de la Purification des Nations ».

A cette date, assure-t-il, « l'humanité a changé complètement de direction, pour la première fois depuis le couloir d'entrée et depuis la première date de la pyramide ». A priori, 1936 n'a marqué aucun « renouveau spirituel » particulier. Pas plus que les 19 et 20 août 1953 – date ultime relevée contre le mur méridional de la Chambre du Roi – n'ont sonné le glas de notre civilisation !

Dans ses éditions ultérieures, Georges Barbarin sera obligé de concéder que « la guerre de 1939-1940 et la période de 1940-1945 n'avaient été signalées par aucune date spéciale ». Il en conclura « que la chronologie pyramidale ne s'appliquerait qu'à de grands tournants spirituels ». Les décennies suivantes se sont écoulées sans que survienne la Parousie. Heureusement, notre auteur trouvera la parade. Il suffit de continuer à compter une année par pouce pyramidal – comme dans la Grande Galerie. Dans ce cas, le Jugement dernier est repoussé à l'an de grâce 2444…

Dans la mouvance du Nouvel Age – le New Age des Américains –, la pyramide de Khéops continue d'enflammer les imaginations. Elle serait ainsi une balise spatiale pour vaisseaux extraterrestres, ou un capteur d'« ondes inconnues » favorisant la méditation… En 1975, Maurice Chatelain, dans *Nos ancêtres venus du cosmos*, soutenait déjà que le sous-sol de Gizeh « contiendrait, sans doute d'origine céleste, un générateur de froid et un émetteur de radiations qui seraient alimentés en énergie par une pile atomique ou tout simplement par les variations de pression causées par les crues annuelles du Nil que l'on croyait dues à l'appel de Sirius ».

Quant à Jacques Grimault et Patrice Pooyard, auteurs en 2009 du documentaire *La Révélation des pyramides*, ils expliquent que Khéops, Khéphren et Mykérinos s'alignent sur un « équateur penché » de trente degrés, avec l'île de Pâques, Machu Picchu, Ollantaytambo au Pérou, le pays Dogon au Mali, et Mohenjo-Daro dans la vallée de l'Indus…

Les égyptologues authentiques n'ont guère de temps à perdre à réfuter les extravagances de ces adeptes fanatiques de la « pyramidomanie » – qu'ils leur arrivent de surnommer les « pyramidiots ». Leur tâche est plus aride. Chaque jour davantage, ils s'emploient à éclairer les dernières zones d'ombre qui recouvrent encore ce bâtiment construit par Hémiounou, architecte et vizir du roi Khoufou – « le Protecteur » –, que la plupart des sources classiques décrivent comme un potentat tyrannique, naïf et maladroit...

Quant aux traqueurs de corrélations systématiques, au risque de surinterpréter des faits qui ne doivent qu'au hasard – ce que les psychiatres qualifient de délire apophénique –, nous leur dédierons ce savoureux passage du *Pendule de Foucault*, d'Umberto Eco :

« Messieurs, dit-il, je vous invite à aller mesurer ce kiosque [à journaux]. Vous verrez que la longueur de l'éventaire est de 149 centimètres, c'est-à-dire un cent milliardième de la distance Terre-Soleil. La hauteur postérieure divisée par la largeur de l'ouverture fait 176 : 56 = 3,14. La hauteur antérieure est de 19 décimètres, c'est-à-dire égale au nombre d'années du cycle lunaire grec. La somme des hauteurs des deux arêtes antérieures et des deux arêtes postérieures fait 190 × 2 + 176 = 732, qui est la date de la victoire de Poitiers. L'épaisseur de l'éventaire est de

3,10 centimètres et la largeur de l'encadrement de l'ouverture de 8,8 centimètres. En remplaçant les nombres entiers par la lettre alphabétique correspondante, nous aurons C10H8, qui est la formule de la naphtaline. »

***Références et bibliographie***

Georges Barbarin, *Le Secret de la Grande Pyramide*, Paris, J'ai Lu, 1966

Gilles Dormion, *La Chambre de Chéops – Analyse architecturale*, Paris, Fayard, 2004

Jacques Grimault, *Démonstration de l'existence d'authentiques mystères dans la Grande Pyramide de Gizeh*, North Charleston, CreateSpace, Editions de la Nouvelle Atlantide, 2016

Jean-Pierre Houdin, *Khéops – Les Secrets de la construction de la Grande Pyramide*, Fermanville, Editions du Linteau, 2006

# Ces Illuminati qui nous gouvernent

*Depuis plus de deux siècles, les Illuminati bâtissent un nouvel ordre mondial. Dans le plus grand secret, de connivence avec les francs-maçons, les sionistes et le grand capital, ils sont les véritables maîtres de la terre. Ils ont fondé les Etats-Unis, déclenché la Révolution française, et étendent leur emprise sur l'humanité...*

« On nous cache tout, on nous dit rien./Plus on apprend, plus on ne sait rien./On nous informe vraiment sur rien », chantait Jacques Dutronc vers le milieu des années 1960. Aujourd'hui, ce sentiment s'est généralisé, via les mille et un canaux d'Internet. Des centaines de milliers de sites et de vidéos en ligne diffusent le même message de crainte et de suspicion : « la vérité est ailleurs » et, dans la pénombre, nos maîtres ignorés nous manient comme des pantins... Paradoxalement, ces dirigeants inconnus et tout-puissants sont désignés clairement. Ce sont les Illuminati.

Parmi une multitude d'autres, le blogue Rusty James News lance un cri d'alarme :

« Ils sont les forces noires dans le cœur de l'occultisme, les satanistes adorateurs de Baal-El. Les Illuminati sont dans toutes les religions, ils ont infiltré les loges, les journaux, des départements français, des régions, des nations. »

De son côté, Syti.net précise :

« Les Illuminati sont une "élite dans l'élite". C'est la plus ancienne et la plus secrète des organisations des "Maîtres du Monde". Toutes ces organisations ont un siège social officiel et des membres dont on connaît l'identité. […] Mais en ce qui concerne les Illuminati, on ne sait rien avec certitude, il n'existe aucun élément de preuve tangible. Tout ce que l'on peut écrire à propos des Illuminati n'est donc que déductions et croisements d'autres éléments comme des pistes historiques, ainsi qu'une étude du mode de pensée des élites, de leur façon caractéristique de voir le monde "de très haut", à très long terme, et à travers le prisme de leurs croyances. »

On pourrait multiplier à l'infini ce genre de citations. De toutes, il ressort que les Illuminati comptent parmi eux les membres des familles de la haute finance et des dynasties du Gotha européen, comme les Rockefeller, les Rothschild ou les Windsor. Ils seraient également composés des cénacles les plus influents, tels le club Bilderberg, la Commission trilatérale ou le Council on Foreign Relations. Ils auraient infiltré l'industrie de la musique et du divertissement afin de mieux endoctriner les masses. Car leur but est d'asservir l'humanité. Au nombre de quelques milliers à travers le monde, ils cultivent une discrétion absolue, au point que personne ne les connaît avec certitude.

Dans la présentation de son livre traduit en français sous le titre *Illuminati – Le culte qui a détourné le monde*, paru en 2012, le Canadien Henry Makow, grand pourfendeur du Nouvel Ordre mondial, exprime la quintessence de cette thèse conspirationniste :

« Aussi bizarre et incroyable que cela puisse paraître, l'humanité a été colonisée par un culte satanique appelé les Illuminati. Ce culte représente les banquiers maçonniques et juifs qui ont usurpé un monopole sur le crédit du gouvernement [*sic*], qui leur permet d'exiger des intérêts sur les fonds qu'ils créent à partir de rien. [...] Cela prend la forme d'un gouvernement mondial totalitaire dédié à Lucifer, qui représente leur mépris de Dieu. Ainsi, les gens qui contrôlent les cordons de notre bourse conspirent contre nous. Pour nous distraire et nous contrôler, ils ont utilisé un vaste réseau occulte – la franc-maçonnerie – pour infiltrer la plupart des organisations, en particulier le gouvernement, les agences de renseignement, le système éducatif et les médias de masse. L'humanité est repensée pour servir les Illuminati. Ils portent atteinte à des institutions comme celle du mariage et de la religion, et promeuvent la dépravation, le dysfonctionnement, la corruption et la division. Ils ont orchestré deux guerres mondiales et en planifient une troisième. »

Le plus grave, sans doute, est que de telles calembredaines sont prises pour argent comptant par une part non négligeable de nos contemporains. Un sondage IPSOS, publié dans *Le Parisien* le 18 juin 2014, établit qu'un Français sur cinq est persuadé que ces mystérieux Illuminati « tirent les ficelles de l'économie mondiale ». Le pourcentage est encore plus élevé parmi les jeunes des quartiers populaires, où la perte de repères et l'absence de perspectives d'avenir alimentent le sentiment d'impuissance face à son propre destin. Le philosophe Philippe Huneman voit dans ce phénomène une « superthéorie du complot ». Les Illuminati constituent en effet l'archétype du conspirateur, sa forme la plus épurée… dans la mesure où ils n'existent pas ! Encore que…

Il a bel et bien existé une société initiatique, fondée le 1er mai 1776 et restée dans l'Histoire sous la dénomination d'« Illuminés de Bavière » – *Illuminati* en latin, *Illuminaten Orden* en allemand. Le fondateur en est un philosophe et théologien de vingt-huit ans, Adam Weishaupt, professeur de droit canon à Ingolstadt. Lecteur assidu des penseurs français des Lumières, il rassemble quelques amis et élèves rationalistes et progressistes comme lui. Sa démarche s'inscrit dans le cadre de l'Aufklärung – littéralement l'Eclairement –, un mouvement philosophique optimiste qui place l'homme au cœur de la création et l'estime capable d'accéder à la connaissance. Emmanuel Kant et Johann Gottlieb Fichte en sont les représentants les plus connus.

D'abord baptisé Cercle des Perfectibilistes et protégé par le prince-électeur Maximilien III Joseph, le groupe dérive bientôt vers l'ésotérisme. Si les Illuminati assurent vouloir œuvrer à l'amélioration de l'humanité sous le triptyque « Liberté, égalité, fraternité », ils ambitionnent aussi de créer une nouvelle élite face à l'Allemagne catholique dominée par les jésuites. Bientôt, le but ultime et inavoué de Weishaupt est de libérer le monde « de toutes les religions établies et de toutes les autorités politiques ».

Evoquant les Illuminés de Bavière, à l'orée du XIXe siècle, Mme de Staël écrira justement : « Un secret, quel qu'il soit, flatte l'amour-propre des hommes ; et quand on leur dit qu'ils sont de quelque chose dont leurs pareils ne sont pas, on acquiert toujours de l'empire sur eux. » Ainsi cette société se pare-t-elle d'un pompeux décorum, inspiré de l'Antiquité. Tandis que Weishaupt lui-même prend le titre de général et le pseudonyme de Spartacus, ses proches lieutenants – ou « aréopagites » – forment un Conseil suprême qui détient seul les arcanes de l'ordre.

Jusqu'en 1780 les Illuminati n'essaiment pas au-delà de la Bavière. C'est alors qu'un certain baron Adolf von Knigge les réorganise sur le modèle de la franc-maçonnerie, en plein essor. Désormais, les membres seront répartis en trois classes et devront gravir quatorze degrés, de la « pépinière » aux « grands mystères ». Les hauts grades reçoivent les appellations grandiloquentes de « prince », de « mage » et de « roi ». Dans le même temps, la société adopte une orientation moins anticléricale, plus rousseauiste.

Bientôt, l'Illuminaten Orden dépasse les quinze cents adhérents et se répand à travers les pays rhénans, l'Autriche et la Suisse. Cependant, les divergences entre Weishaupt et Knigge provoquent une crise fatale. Enfin, le 22 juin 1784, le très catholique électeur palatin Charles-Théodore, qui a succédé à son cousin Maximilien III Joseph, signe un édit bannissant de ses Etats toutes les sociétés secrètes. Quelques mois plus tard, Weishaupt est destitué de sa chaire et trouve refuge à Gotha, sous la protection du duc de Saxe, Frédéric-Auguste III.

Proscrits et traqués, les Illuminati vont disparaître rapidement. Il semblerait néanmoins que le journaliste Johann Joachim Christoph Bode

– successeur non désigné de Weishaupt – aurait influencé la création de la loge parisienne des « Philadelphes », réunissant des adversaires de la monarchie. Le fait n'est pas avéré, mais il n'en faudra pas davantage pour attribuer aux Illuminés de Bavière un rôle moteur dans le déclenchement de la Révolution française...

Dans son *Essai sur la secte des Illuminés*, publié à Paris en 1789, le marquis de Luchet soutient que, loin d'être éteinte, la confrérie bavaroise cultive des projets criminels :

« Cette société a le but de gouverner le monde, de s'approprier l'autorité des souverains, d'usurper leur place en ne leur laissant que le stérile honneur de porter la couronne. Elle adopte du régime jésuitique l'obéissance aveugle et les principes régicides du XVII^e siècle ; de la franc-maçonnerie les épreuves et les cérémonies extérieures ; des Templiers les évocations souterraines et l'incroyable audace. »

D'ores et déjà, les principaux éléments du décor sont plantés. Les immenses bouleversements révolutionnaires, tempête incontrôlable qui emportera tout sur son passage, ouvriront largement la porte aux explications conspirationnistes. Jusqu'alors, la marche du monde semblait conduite par la Providence. Dorénavant, des forces inconnues se sont substituées à la main de Dieu. Il s'agit d'abord d'éliminer le hasard, d'expliciter cette succession de circonstances largement aléatoires qui a amené la chute de l'Ancien Régime.

Dans une interview d'août 2013, sur le site Conspiracy Watch, le politologue Pierre-André Taguieff explique :

« Sous le regard conspirationniste, les coïncidences ne sont jamais fortuites, elles ont valeur d'indices, révèlent des connexions cachées et permettent de fabriquer des modèles explicatifs des événements. Les indices à leur tour sont transformés en preuves, ce qui permet aux "théoriciens" du complot de donner une allure rationnelle, voire "scientifique", à leurs récits explicatifs – faussement explicatifs. Ces récits mêlent ainsi l'irrationnel au rationnel. »

En 1798, l'abbé Augustin Barruel, un jésuite émigré en Angleterre, fait imprimer à Hambourg des *Mémoires pour servir à l'histoire du jacobinisme*. Ce livre fondateur du complotisme moderne décrit un vaste projet subversif, alliant philosophes, francs-maçons, templiers, rosicruciens et Illuminati :

« Qu'est-ce donc que ces hommes ? Quelle est cette secte dévorante ? D'où lui viennent à la fois cet essaim d'adeptes et cette rage contre toutes les institutions de leurs ancêtres ? [...] dans cette Révolution française, tout, jusqu'à ses forfaits les plus épouvantables, a été prévu, combiné, résolu, préparé avec la plus profonde scélératesse par des hommes qui avaient seuls le fil des conspirations longtemps ourdies dans les sociétés secrètes. »

Presque en même temps que l'abbé Barruel, le physicien John Robison, secrétaire de l'Académie royale d'Edimbourg, développe des thèses similaires dans un livre traduit en français en 1798 sous le titre *Preuves d'une conspiration contre toutes les religions et tous les gouvernements d'Europe, perpétuée dans les rencontres secrètes des Francs-Maçons, des Illuminati et des Sociétés de lecture, etc., provenant de sources fiables...*

Pour créer ses « hauts grades », la maçonnerie spéculative, née à Londres en 1717, s'est réellement inspirée de divers courants spiritualistes de l'époque, tels les Rose-Croix, un hermétisme chrétien teinté d'alchimie et de néoplatonisme, apparu en Allemagne au début du siècle précédent. Mais ce sont surtout les templiers qui vont enflammer les imaginations.

Quoique supprimé en 1312 par le pape Clément V, l'ordre du Temple a imprimé une marque profonde dans les esprits. Ses idéaux chevaleresque et mystique entrent en résonance avec ceux de la franc-maçonnerie, qui se veut héritière des croisés et des secrets de l'Orient antique. Une légende voit le jour, selon laquelle le Temple aurait survécu clandestinement, protégé par les Stuarts d'Ecosse, avant de se fondre dans la nouvelle fraternité. Plus tard, la figure de Jacques de Molay, le grand-maître condamné au bûcher par Philippe le Bel, deviendra l'emblème de la liberté de conscience persécutée par la royauté et par l'Eglise. Selon l'abbé Barruel, « les templiers furent ce que sont aujourd'hui nos maçons jacobins. [...] Les mystères des arrière-loges sont tout dans cette haine des autels et du trône [...] dans lesquels les adeptes ne voient que l'héritage des templiers ».

Le « Chevalier Kadosh » – trentième degré du Rite écossais ancien et accepté – aurait ainsi pour mission de venger Jacques de Molay en foulant au pied une couronne royale et une tiare pontificale...

Les fantasmes répandus autour de la franc-maçonnerie acquièrent une ampleur considérable en France à la fin du XIX^e^ siècle, lorsqu'elle prend fait et cause pour la III^e^ République et s'investit dans le combat laïque et antireligieux. Devant l'outrance de certains propos, le polémiste marseillais Léo Taxil décide d'utiliser l'arme de la dérision. Il conçoit une mystification censée dénoncer les turpitudes de « la franc-maçonnerie luciférienne », pour reprendre le sous-titre de son feuilleton, *Le Diable au XIX^e^ siècle*, paru de 1892 à 1895. L'auteur, qui se présente comme converti au catholicisme, assimile la franc-maçonnerie à une secte satanique vouant un culte à Baphomet – l'idole que les templiers étaient accusés d'adorer. Afin de pimenter son propos, Léo Taxil invente le personnage de

Miss Diana Vaughan, « grande-prêtresse du palladisme, présidente du Parfait Triangle Phébé-la-Rose », elle aussi réconciliée avec la foi romaine par l'intercession... de Jeanne d'Arc ! La nuit de son initiation, le diable en personne lui était apparu, « assis sur un trône de diamants » :

« Il était superbe, le suprême menteur ; il m'apparaissait bien tel que je l'avais désiré. Sa mâle beauté, en ce jour inoubliable, est indicible. [...] Des pieds à la tête, qui seuls étaient visibles en chair, ainsi que les mains, il était vêtu d'or, ou pour mieux dire, des ors éblouissants qu'une agréable variété rendait plus magnifiques encore [...].

« Il était là, l'Autre, le Très-Bas. Son regard me couvait ; je croyais voir dans ses yeux une expression de tendresse... Ah, non, Satan, tu ne connais de l'avenir que ce que Dieu, ton maître, veut bien t'en laisser savoir. Car, si tu avais deviné que je ne devais pas être toujours à toi, tu ne m'aurais pas regardée, contemplée ainsi. »

Léo Taxil dévoile son canular lors d'une conférence, le 19 avril 1897. Il avoue que Diana Vaughan est le nom d'une simple dactylographe américaine. Malgré cela, certains continueront de penser qu'il n'y a jamais de fumée sans feu...

A la même époque, les Juifs commencent à être associés à ces délires conspirationnistes. Et pas seulement à l'extrême droite puisque l'anarchiste

Michel Bakounine, dans une lettre d'octobre 1869 au journal *Le Réveil*, dénonce en ces termes la « secte juive » :

« [...] bien plus formidable que celle des jésuites catholiques et protestants, [elle] constitue aujourd'hui en Europe une véritable puissance. Elle règne despotiquement dans le commerce, dans la banque, et elle a envahi les trois quarts du journalisme allemand et une partie très considérable du journalisme des autres pays. Malheur donc à celui qui aura la maladresse de lui déplaire ! [...]

« C'est ainsi qu'on pourrait observer, par rapport aux Juifs modernes, que leur nature se prête peu au franc socialisme. Leur histoire, bien avant l'ère chrétienne, leur a imprimé une tendance essentiellement mercantile et bourgeoise, ce qui fait que, considérés comme nation, ils sont par excellence les exploiteurs du travail d'autrui, et ils ont une horreur et une crainte naturelles des masses populaires, qu'ils méprisent d'ailleurs, soit ostensiblement, soit en secret. »

Le vieil antijudaïsme d'inspiration chrétienne, fustigeant « le peuple déicide », va prendre une vigueur nouvelle au tournant du XX^e^ siècle. En particulier à la suite de la parution d'un étrange document, intitulé *Les Protocoles des sages de Sion*. Il s'agit à l'origine d'un texte en russe publié par bribes en 1902 et 1903 dans divers journaux de Saint-Pétersbourg. On sait depuis longtemps qu'il s'agit d'un outil de propagande forgé entre 1897 et 1905 par un informateur de l'Okhrana, la police secrète tsariste, dans le but de discréditer le mouvement révolutionnaire où militaient beaucoup d'israélites. Il se présente comme un plan visant à instaurer une dictature mondiale, concocté en accord avec les francs-maçons, lors du premier Congrès sioniste, tenu à Bâle en 1897.

Ce pamphlet adopte une phraséologie outrancièrement explicite :

« Les chrétiens sont un troupeau de moutons, et nous sommes pour eux des loups. Et vous savez ce qui arrive aux moutons quand les loups pénètrent dans la bergerie ? [...] Pourquoi aurions-nous inventé et inspiré aux chrétiens toute cette politique, sans leur donner les moyens de la pénétrer, pourquoi, si ce n'est pour atteindre secrètement ce que notre race dispersée ne pouvait atteindre directement ? Cela a servi de base à notre organisation de la franc-maçonnerie secrète que l'on ne connaît pas, et dont les desseins ne sont pas même soupçonnés des brutes chrétiennes, attirées par nous dans l'armée visible des loges, pour détourner les regards de leurs frères. Dieu nous a donné, à nous son peuple élu, la dispersion, et dans cette faiblesse de notre race s'est trouvée notre force, qui nous a amenés aujourd'hui au seuil de la domination universelle. »

L'essentiel des théories antisémites contemporaines a sa source dans ce faux manifeste. Hitler s'y réfère à plusieurs reprises dans *Mein Kampf*, dénonçant le danger imminent du « complot judéo-maçonnique ». Ce thème, étouffé au lendemain de la Seconde Guerre mondiale, est réapparu récemment comme l'une des composantes de la nébuleuse « Illuminati ».

En 1960, dans leur célèbre ouvrage, *Le Matin des magiciens*, Louis Pauwels et Jacques Bergier émettent l'hypothèse d'« une société internationale et secrète, groupant des hommes intellectuellement très avancés ». C'est l'un des thèmes du réalisme fantastique que nous croiserons dans d'autres chapitres de ce livre. Il accréditera l'idée de « Supérieurs inconnus », de « Maîtres invisibles », conduisant dans la coulisse les affaires de la planète. Curieusement, elle se retrouve aujourd'hui à la fois dans les milieux intégristes contre-révolutionnaires et dans certains secteurs de la contre-culture, altermondialistes, rappeurs afro-américains ou affidés du Nouvel Age.

La première guerre du Golfe, en 1991, puis les attentats du 11 septembre 2001 permettront de structurer cette nébuleuse. Deux ans après la chute de l'Empire soviétique, le président George Herbert Walker Bush prédit l'avènement d'un « nouvel ordre mondial ». L'expression a fait florès tandis que les sites Internet consacrés aux Illuminati se sont multipliés sur fond d'obsession paranoïaque et d'une exigence pathologique de transparence.

Le grand sceau des Etats-Unis, imprimé sur le billet de un dollar, représente une pyramide tronquée dont le sommet est éclairé par l'Œil de la Providence. Symbole illuministe ? Les deux présidents Bush, père et fils, ainsi d'ailleurs que leur prédécesseur William Howard Taft et l'actuel secrétaire d'Etat John Kerry, n'appartenaient-ils pas tous à la même confrérie de l'université de Yale, Skull and Bones – « le Crâne et les Tibias » –, fondée en 1832, qui serait une résurgence des Illuminés de Bavière ?

L'économiste Antony Cyril Sutton suppose que cette confrérie, cooptée par l'élite américaine, ne recule devant aucun moyen – y compris violents et illégaux – pour asseoir son hégémonie :

« [...] la situation du monde actuel a été créée délibérément par ce pouvoir élitiste en manipulant plus ou moins les éléments de "droite" et de "gauche". [...] Il ne fait aucun doute que le soi-disant establishment aux Etats-Unis fait usage des "conflits gérés". La pratique de "gestion de crises" en vue de parvenir à une issue favorable – c'est-à-dire favorable à l'élite – est librement admise dans les publications, par exemple, de la Commission trilatérale. »

Des séries télévisées comme *X-Files – Aux frontières du réel* renforcent le sentiment général que « la vérité est ailleurs », que phénomènes paranormaux et sombres machinations tissent la trame de notre existence. Dans son best-seller *Da Vinci Code*, vendu à quatre-vingt-six millions d'exemplaires et adapté pour le grand écran, Dan Brown met en scène une puissante société secrète liée aux templiers, le Prieuré de Sion, détentrice du secret de la descendance de Jésus de Nazareth et de Marie Madeleine. Le romancier américain s'inspirait en réalité d'une supercherie montée dans les années 1960 par le Français Pierre Plantard, soi-disant héritier des Mérovingiens…

Certains cerveaux débridés voudraient même nous entraîner jusque dans les espaces intergalactiques ! Les Illuminati viennent-ils vraiment de notre Terre ? Ancien joueur de football et journaliste sportif, l'Anglais David Icke se définit comme « enquêteur à plein temps sur ceux qui contrôlent vraiment le monde ». Dans *The Biggest Secret* – en français « Le Plus Grand Secret » –, paru en 1999, il révèle que les « Reptiliens », hybrides humanoïdes extraterrestres originaires de la Constellation du Dragon, tiennent les commandes de la planète. Leurs ancêtres sont les Annunakis, les démons de la mythologie sumérienne. Parmi eux, David Icke désigne nommément la reine Elisabeth II, Hillary Clinton, Henry Kissinger, les Rockefeller et les Rothschild. S'ils sont capables de changer d'aspect, ils se trahissent parfois à leurs pupilles rouges et à leur langue fourchue. Alors, restons vigilants !

### *Références et bibliographie*

Bruno Fay, *Complocratie – Enquête aux sources du nouveau conspirationnisme*, Paris, Editions du Moment, 2011

Henry Makow, *Illuminati – Le culte qui a détourné le monde*, Winnipeg, Silas Green, 2012

Karl Popper, *La Société ouverte et ses ennemis*, Paris, Seuil, 1979, 2 tomes

Pierre-André Taguieff, *La Foire aux illuminés – Esotérisme, théorie du complot, extrémisme*, Paris, Mille et Une Nuits, 2005

## Dans l'attente des Atlantes

*C'est Platon qui évoque le premier le mythe de l'Atlantide, puissant empire fondé par le dieu Poséidon et submergé par les flots. Depuis vingt-quatre siècles, les théories vont bon train pour essayer de localiser ce continent aussi mystérieux que fantasmatique...*

« Ecoute donc, Socrate, une histoire fort étrange, mais absolument vraie, comme la racontait jadis Solon, le plus sage des sept sages. » Ainsi commence le récit de Critias, un riche Athénien, cousin de Platon, rapporté par ce dernier dans le *Timée.* Un prêtre du temple de Saïs aurait fait cette étrange confidence au législateur Solon, qui voyageait alors en Egypte : neuf mille années auparavant, une puissante cité existait déjà à l'emplacement d'Athènes, tandis qu'« une île plus grande que la Libye et l'Asie » s'étendait au-delà des Colonnes d'Héraclès, l'actuel détroit de Gibraltar :

« De cette île on pouvait facilement passer aux autres îles, et de celles-là à tout le continent qui borde tout autour la mer intérieure [...]. Dans cette île atlantide régnaient des rois d'une grande et merveilleuse puissance. Ils avaient sous leur domination l'île entière, ainsi que plusieurs autres îles et quelques parties du continent. En outre, en deçà du détroit, ils régnaient encore sur la Libye jusqu'à l'Egypte, et sur l'Europe jusqu'à la Tyrrhénie.

« Dans la suite, de grands tremblements de terre et des inondations engloutirent, en un seul jour et en une nuit fatale, tout ce qu'il y avait chez vous de guerriers. L'île atlantide disparut sous la mer. Aussi depuis ce temps l'océan est-il devenu inaccessible et a-t-il cessé d'être navigable par la quantité de limon que l'île abîmée a laissée à sa place. »

Son dialogue suivant – le *Critias ou De l'Atlantide* –, Platon va le consacrer à la description de cette contrée fabuleuse. Au commencement des âges, l'île échoit en partage au dieu marin Poséidon. Une immense plaine la traverse de part en part, belle et fertile, dominée par une colline de médiocre hauteur. Là vivent Evénor, sa femme Leucippe, et leur fille unique Clitô. Poséidon s'éprend de celle-ci et s'unit à elle. Ensemble, ils engendrent cinq paires de jumeaux mâles. Le premier-né, Atlas, reçoit la demeure de leur mère et la suzeraineté sur ses neuf autres frères, « en donnant à chacun d'eux un grand nombre d'hommes à gouverner et un vaste territoire ».

La dynastie issue d'Atlas régnera sur l'empire d'Atlantide durant de nombreuses générations, amassant de fabuleuses richesses. Le sous-sol fournit toutes les matières premières nécessaires, et d'abord des minerais en abondance, dont le mystérieux orichalque, « le plus précieux, après l'or, des métaux alors connus ». Bois de charpente, pâture pour les animaux domestiques et sauvages, essences rares, fruits et légumes succulents, « cette île sacrée qui voyait alors le soleil les produisait magnifiques, admirables, en quantités infinies ».

Grâce à leurs richesses, les habitants de l'Atlantide construisent des temples, de somptueux palais, des ports et des chantiers navals. Ils embellissent leur capitale, l'entourent de fossés navigables et la relient à la côte par un canal accessible aux vaisseaux de fort tonnage. Au centre de l'acropole se dresse un sanctuaire d'un faste barbare, ceint d'une clôture d'or. Chaque année, un taureau y est sacrifié en l'honneur de Poséidon.

Pourtant, finalement enivrée par cette puissance formidable, cette « race qui avait été vertueuse » tourne ses regards vers la Grèce avec convoitise. Elle provoque ainsi la colère de Zeus, le maître des dieux. Là, le *Critias* s'interrompt brusquement, avant même que soit décrit le cataclysme qui a englouti les Atlantes et leurs vainqueurs athéniens...

Voilà en quelques phrases le résumé du mythe de l'Atlantide, sorti tout d'une pièce du cerveau de Platon. Même si le philosophe présente ses propos comme véridiques, la plupart des hellénistes et des historiens de l'Antiquité s'accordent aujourd'hui à n'y voir qu'une fiction poétique, une fable métaphorique, une sorte de « pastiche de l'Histoire ». L'un des plus éminents, Pierre Vidal-Naquet, juge « aussi raisonnable de voir de l'Histoire dans le récit platonicien que de prendre au sérieux les *Histoires vraies* de Lucien sous prétexte que le récit de son voyage dans la Lune s'intitule ainsi ».

Imitant le style et jusqu'au vocabulaire d'Hérodote, le *Critias* transpose en effet certains épisodes des guerres médiques dans un passé fabuleux. Le nom même de l'Atlantide et sa description sont empruntés au quatrième livre des *Enquêtes*. Hérodote y situe dans l'actuel Maroc « le mont Atlas, étroit et rond de tous côtés, mais si haut qu'il est, dit-on, impossible d'en voir le sommet, à cause des nuages dont il est toujours couvert l'été comme l'hiver ». Il poursuit ainsi : « Les habitants du pays disent que c'est une colonne du ciel. Ils ont pris de cette montagne le nom d'Atlantes, et l'on dit qu'ils ne mangent de rien qui ait eu vie, et qu'ils ne connaissent pas les songes. »

Personne n'avait parlé d'un vaste empire océanique avant le disciple de Socrate. A la génération suivante, un recueil parfois attribué à Aristote, *Des merveilles entendues*, se fait l'écho d'« une île fertile, mais déserte, au-delà des Colonnes d'Héraclès, pleine de forêts, ayant des rivières navigables et des fruits en abondance ». Les Carthaginois en auraient interdit la colonisation sous peine de mort. Mais il s'agirait là plutôt de Madère ou des Canaries que d'une improbable Atlantide...

Après cela, peu de géographes grecs ou romains ajouteront foi aux allégations de Platon. Strabon rapporte que son confrère Posidonius d'Apamée estimait qu'« il est fort possible que la tradition relative à cette île ne soit pas une pure fiction », mais pour sa part il reste dubitatif. Dans ses *Ethiopiques*, l'écrivain Marcellus, au Ier siècle, se contente de rappeler la légende sans y adhérer davantage. Diodore de Sicile mentionne une île au large de la Libye. Pline l'Ancien la situe en face du mont Atlas, mais sans rapport avec un quelconque continent jadis disparu.

Au tournant du IIIe siècle de notre ère, Elien le Sophiste, dans son ouvrage *De la nature des animaux*, rapporte des propos attribués à l'historien Théopompe de Chios, qui vivait six cents ans avant lui :

« L'Europe, l'Asie et la Libye sont des îles que les flots de l'Océan baignent de tous côtés. Hors de l'enceinte de ce monde, il n'existe qu'un seul continent, dont l'étendue est immense. Il engendre de très grands animaux et des hommes d'une taille deux fois plus haute que sont ceux de nos climats. »

Ses habitants, les Méropes, jouissent également d'une longévité double des humains ordinaires. Ils possèdent plusieurs villes importantes, dont les principales sont Machimos – la Guerrière – et Eusébie – la Pieuse. Toutefois, Elien achève son anecdote en avouant qu'il ne voit en Théopompe « qu'un faiseur de contes ». En réalité, la Méropide n'est qu'une amplification parodique de l'Atlantide...

Un peu plus tard, au IV^e^ siècle, afin d'illustrer le danger des éruptions volcaniques, l'historien Ammien Marcellin explique qu'il en est « dont la violence ouvre des gouffres propres à ensevelir des provinces entières, comme fut engloutie dans la mer Atlantique et couverte des ténèbres éternelles de l'Erèbe une île plus vaste que l'Europe ». De la même façon, des auteurs chrétiens comme Arnobe ou Tertullien croient à la réalité historique du continent perdu.

Au V^e^ siècle, le penseur néo-platonicien Proclus le Diadoque – « le successeur », sans doute en référence à son vieux maître – considère le récit du *Critias* à la fois comme véridique et porteur d'enseignements philosophiques. « La fameuse Atlantide n'existe plus, déclare-t-il, mais il n'est guère possible de douter qu'elle existât jadis. »

Cosmas Indicopleustès, voyageur byzantin du VIe siècle qui nie la rotondité de la Terre comme une doctrine impie, s'emploie à faire concorder le texte de Platon avec l'enseignement de la Bible. C'est vers l'Orient extrême qu'il situe l'Atlantide, patrie originelle du genre humain jusqu'au temps de Noé et du Déluge universel.

Le Moyen Age part en quête d'autres horizons mystérieux, comme ces îles Fortunées qu'aurait visitées le moine irlandais saint Brendan, ou encore Avallon, l'île des Pommiers où le mythique roi Arthur vivrait pour l'éternité sous la protection de Morgane et de huit autres fées. « Ses campagnes pour être fertiles n'ont pas besoin d'être sillonnées par le soc du laboureur, assure Geoffroy de Monmouth. Sans culture et tout naturellement, elle produit de fécondes moissons, des fruits sur ses arbres non taillés. Au lieu d'herbes son sol est couvert de toutes sortes de récoltes. »

Avec la Renaissance, les lettres classiques retrouvent leur lustre, tandis que la découverte de l'Amérique peut laisser supposer que l'on a pris pied sur l'empire océanique décrit par Platon. Ainsi le cartographe français Nicolas Sanson, dans son *Amérique en plusieurs cartes...*, ouvrage publié en 1667, affirme sans ambages que « les Grecs et les Latins ont laissé de beaux témoignages, qui nous font voir que les Anciens ont eu connaissance de l'Amérique ». Et il précise que « Platon, dans son *Timée* et dans son *Critias*, l'appelle île Atlantide ». A son avis, les cités de Machimos et d'Eusébie, évoquées par Théopompe, seraient Cuzco et Mexico, « Mexico plus [portée] à la guerre, Cuzco plus attachée au culte de ses divinités, quand elles nous ont été connues ».

En revanche, la Nouvelle Atlantide du penseur anglais Francis Bacon, inventée cinquante ans plus tôt dans le sillage de Thomas More et de son *Utopie*, était tout aussi métaphorique et philosophique que le continent imaginé par Platon, un royaume de cocagne, où règnent la paix et la concorde, caché du monde.

Quant à l'Atlantide « historique », fantasmée et mise au service d'une quête initiatique, elle va désormais dériver au fil d'un courant occultiste et ésotérique. Certains érudits continueront de tenter d'en déterminer l'emplacement exact sur le planisphère. Les uns croiront trouver ses vestiges à Madère, aux Canaries, dans l'archipel du Cap-Vert ou aux Açores, les autres sur les contreforts du Caucase, au large de la Sardaigne, sur l'île de Santorin, voire dans un Antarctique encore à explorer.

Jean-Baptiste de La Borde, compositeur et historien, propose d'aller les chercher dans les profondeurs des mers du Sud. D'autres tournent les yeux vers le Sahara, ou même la Palestine.

Entre 1675 et 1702, le naturaliste suédois Olof Rudbeck l'Ancien fait imprimer un monumental traité en quatre volumes, intitulé *Atland eller Manheim*, où il présente l'Atlantide comme le berceau de l'humanité. En s'appuyant sur les anciens poèmes nordiques des Eddas, il y soutient cette idée étrange que l'île de Platon se situait en Scandinavie, et affirme avoir retrouvé sa capitale dans les environs d'Uppsal. Selon cette théorie – le « gothicisme » –, le suédois serait la langue d'Adam, et tous les peuples de l'Europe et de l'Asie auraient leur origine au septentrion.

En France, l'astronome Jean-Sylvain Bailly, qui sera maire de Paris sous la Révolution, rassemble les pièces éparses du puzzle. Dans ses *Lettres sur l'Atlantide*, adressées à Voltaire en 1779, il édifie un système original qui renchérit sur celui de Rudbeck. A le lire, l'île de Platon se cacherait au-delà du cercle polaire, au Spitzberg, au Groenland, en Nouvelle-Zemble ou sur « quelques îles inconnues, plus avancées, et aujourd'hui inaccessibles par les glaces ». Il ajoute : « On peut avoir cru que l'île Atlantide était abîmée ou perdue dans la mer, seulement parce qu'on a cessé d'y aller, parce que les glaces accumulées ont effrayé les navigateurs… »

Dès lors, les « Colonnes d'Héraclès » évoquées par *Critias* ne marqueraient pas l'entrée de la Méditerranée mais celle du golfe de l'Obi, d'où les Atlantes se seraient disséminés à travers le continent asiatique. Après la destruction finale, quelques rescapés auraient trouvé refuge dans les montagnes du Tibet et en Chine. « Mais les Atlantes, poursuit Bailly, ayant rompu la ligne de séparation et forcé le passage, se répandirent successivement de proche en proche et de siècle en siècle, dans les Indes, dans la Phénicie et dans l'Egypte. » Certains idéologues nazis, dans leur délire raciste, exploreront l'Himalaya pour étudier les descendants de ces « Aryens » originaires des régions hyperboréales.

Les progrès de la réflexion scientifique vont amener un divorce définitif entre, d'un côté, les archéologues et les historiens universitaires, et, de l'autre, la cohorte bigarrée des métaphysiciens de pacotille. En 1841, Théodore Henri Martin, professeur à la faculté de Rennes, souligne justement, dans ses *Etudes sur le* Timée *de Platon*, que « beaucoup de savants, s'étant embarqués à la recherche de l'Atlantide avec une cargaison plus ou moins lourde d'érudition, mais sans autre boussole que leur imagination et leur caprice, ont vogué au hasard ». Ballottés par les flots tumultueux des XIX^e^ et XX^e^ siècles, ils seront nombreux, ces pérégrins de l'impossible, à garder le cap sur cette terre de nulle part, « qui n'est pas dans le domaine de l'espace, mais dans celui de la pensée ».

C'est d'abord l'antiquaire anglais Godfrey Higgins, mort en 1833, qui soupçonne l'existence d'une ancienne civilisation, source commune aux grandes religions et aux mythes universels. Plus tard, l'Américain Ignatius L. Donnelly expliquera que le Déluge décrit dans la Genèse est le même qui a submergé l'Atlantide, et que les cultures précolombiennes – en particulier les Mayas – ont inspiré l'Egypte pharaonique…

Médium d'origine russe, férue d'orientalisme et fondatrice de la « théosophie », Helena Petrovna Blavatsky déploie, dans son œuvre majeure *La Doctrine secrète* publiée en 1888, les arcanes d'une ambitieuse cosmologie inspirée par de mystérieux maîtres spirituels. Selon elle, les origines de l'humanité remonteraient à plusieurs millions d'années. Son évolution s'échelonnerait en une succession de cinq « races-racines », dont les quatre premières ont été détruites par des cataclysmes géologiques.

Créée par les « divins progéniteurs », la première race – « éthérique » ou « polaire » – aurait peuplé « la Terre sacrée impérissable ». La deuxième a vécu en Hyperborée, sur les rivages de l'océan Arctique, où régnait alors « un climat presque tropical ». La troisième humanité s'est épanouie en Lémurie, un continent disparu qui s'étendait à la place de l'océan Indien, de l'Afrique à l'Australie. Puis advient la quatrième « race-mère », celle de l'Atlantide, submergée il y a… huit cent cinquante mille ans. C'est du moins ce que l'on croit comprendre, car l'enseignement de Mme Blavatsky, exposé à grand renfort de majuscules, se veut hermétique jusqu'à l'abscondité. Qu'on en juge par ce court extrait :

« [...] depuis la Quatrième Race, le langage est perfectionné et la connaissance s'accroît. A ce point médian de la Quatrième Ronde, l'humanité passe le point axial du cycle Manvantarique mineur... le monde est alors rempli des résultats de l'activité intellectuelle et de la décroissance spirituelle. »

Adeptes de la métempsycose hindouiste, certains théosophes sont convaincus que la fine fleur des Atlantes se réincarne aux Etats-Unis, ramenant à la surface « une grandiose civilisation oubliée depuis onze mille ans, ou davantage, ainsi que les hommes mêmes [...] qui avaient contribué, dans ce passé si reculé, à la développer et à l'amener jusqu'à son éclat final », comme l'écrit, en 1890 dans *Echoes from the Orient* – « Echos de l'Orient » –, William Quan Judge, l'un des apôtres d'Helena Blavatsky.

Le mystique Edgar Cayce, né dans le Kentucky, ne les aurait pas démentis. En état de transe hypnotique, il prétendait accéder aux « annales akachiques », où sont consignées toutes les connaissances de l'univers. Ainsi a-t-il été capable d'affirmer que l'Atlantide a prospéré durant quatre millénaires, avant d'être détruite vers 12000 avant J.-C. Elle subissait ainsi le même sort que la Lémurie – ou terre de Mu –, abîmée dans les eaux du Pacifique… que nous retrouverons au chapitre consacré à l'île de Pâques. Ce sont ses survivants qui élèveront, grâce à leur savoir technique, les pyramides d'Egypte et du Mexique ! Ils auraient d'ailleurs dissimulé de précieuses archives dans une salle souterraine, près du Sphinx de Gizeh, comme le confie Cayce dans une de ses « lectures » divinatoires :

« Avec la seconde éruption se produisit une migration de peuples, qui occupèrent les Pyrénées. Les autres migrations mêlèrent les Atlantes aux Noirs et aux peuples métis d'où sortirent les Egyptiens en Afrique et les Incas en Amérique. […] Le continent de l'Atlantide occupait une position située entre le golfe du Mexique d'une part et la Méditerranée d'autre part. On trouvera des preuves de l'existence de ce continent perdu dans les Pyrénées, au Maroc, au Honduras britannique, au Yucatán et aux Etats-Unis. Il reste certaines émergences […] qui devaient, à une époque ou une autre, faire partie de ce vaste continent. Les Indes occidentales britanniques, ou Bahamas, sont parmi ces vestiges… »

Lorsqu'en 1968 des plongeurs repéreront une « chaussée » immergée dans l'archipel des Bimini, aux Bahamas, les vaticinations de Cayce sembleront se concrétiser. Hélas pour lui, les géologues ont démontré depuis qu'il s'agit d'une formation rocheuse naturelle, comme on en rencontre partout dans le monde, du Venezuela à la Tasmanie.

A l'orée des années 1960, nous l'avons vu, Louis Pauwels et Jacques Bergier introduisent en France le « réalisme fantastique », par le biais de leur best-seller *Le Matin des magiciens*. Ce courant, mêlant allégrement fiction onirique et vérité établie, enfle durant plus d'une décennie, autour de la revue *Planète* – créée par Pauwels et Bergier – et de la collection « L'Aventure mystérieuse », aux éditions J'ai Lu. Il présume l'existence d'un savoir ancestral, jalousement caché au commun des mortels et sans doute hérité de visiteurs extraterrestres.

Tout en affirmant ne pas tomber « dans le piège des légendes », nos deux visionnaires se laissent emporter par une Atlantide de l'ère tertiaire, dont l'un des ports aurait été Tiahuanaco, aujourd'hui au cœur des Andes :

« [...] les Atlantes, puisqu'il s'agit sans doute de l'Atlantide, partaient, à bord de vaisseaux perfectionnés, faire le tour du monde sur le bourrelet des océans et toucher les quatre autres grands centres : Nouvelle-Guinée, Mexique, Abyssinie, Tibet. Ainsi cette civilisation était-elle étendue à tout le globe, ce qui explique les ressemblances entre les plus anciennes traditions recensées de l'humanité. »

S'engouffrant dans la brèche, Robert Charroux, archéomane et traqueur du « mystérieux inconnu », opine, dans son *Livre des maîtres du monde*, en 1967 :

« Les vrais initiateurs ce sont les anges de la Bible, des extraterrestres en fait, venus s'installer sur terre bien avant le Déluge, formant une petite communauté d'Hyperboréens qui allait donner naissance aux Atlantes et aux habitants de la terre de Mu. Le Déluge (ou la guerre atomique entre Mu et l'Atlantide) devait détruire toutes ces civilisations, ne laissant sur les hauts plateaux qu'un petit nombre de rescapés. C'est il y a cinq mille ans qu'un second groupe d'extraterrestres originaires de Vénus venait civiliser les humains qui, du Pérou au Tibet, avaient tant bien que mal réussi à survivre. »

A l'aube du XXIe siècle, le mythe des « continents disparus » fait encore les choux gras des « atlantomanes », amateurs d'énigmes impénitents, en dépit des évidences accumulées par les études stratigraphiques et les fouilles archéologiques. Plutôt que de voir dans l'aimable conte de Platon des réminiscences d'un passé lointain, peut-être, en effet, conviendrait-il simplement d'y entendre l'écho d'un drame contemporain. En 373 avant J.-C., la ville d'Hélikè, sur la côte méridionale du golfe de Corinthe, célèbre pour son grand temple dédié à Poséidon, était dévastée par un terrible raz-de-marée consécutif à un séisme :

« Jamais, dans les temps antérieurs, la Grèce n'avait été exposée à de si grandes calamités, relate Diodore de Sicile. Jamais on n'avait vu des cités entières, avec toute leur population, disparaître ainsi de la surface de la terre, et l'on eût dit qu'une puissance divine avait conjuré la perte et l'anéantissement du genre humain. [...]

« Tandis que les maisons, ébranlées par la violence des secousses, s'écroulaient, la population, surprise à l'improviste, au sein d'une obscurité profonde, ne put rien faire pour se sauver. Un grand nombre fut enseveli sous les ruines. L'aube venue, quelques-uns crurent pouvoir s'échapper, mais c'était pour tomber dans un danger plus terrible et plus irrémédiable encore. La mer, grossissant et soulevant ses flots à une hauteur inouïe, inondait ses rives et engloutissait à la fois les citoyens et la terre de leurs ancêtres. »

### *Références et bibliographie*

Luc Brisson, *Platon, les mots et les mythes*, Paris, La Découverte, 1994

Robert Charroux, *Le Livre des maîtres du monde*, Paris, Robert Laffont, 1967

Pierre Vidal-Naquet, *L'Atlantide – Petite histoire d'un mythe platonicien*, Paris, Les Belles Lettres, 2005

## Les Cosaques ont conquis l'Amérique

*« La vie n'est qu'une ombre errante [...]. C'est une fable, contée par un sot, pleine de fracas et de furie, et qui ne signifie rien. » Cette réflexion désabusée de Macbeth, les adeptes du récentisme l'appliquent à de larges portions de l'Histoire. Pour eux, la civilisation n'a guère plus de mille ans...*

Membre de l'Académie des sciences de Russie, lauréat du prix de mathématiques du présidium de l'URSS et du prix d'Etat de la Fédération de Russie, titulaire de la chaire de géométrie différentielle de l'université de Moscou, topologiste de réputation mondiale, le docteur Anatoli Timofeïevitch Fomenko, né en 1945 à Stalino – aujourd'hui Donetsk en Ukraine –, a entrepris de réviser l'Histoire. Non pas tel ou tel point litigieux du passé, mais la succession des événements dans leur ensemble...

Usant – et abusant – d'outils statistiques, ce savant éminent s'est donc avisé d'établir une

« nouvelle chronologie » qui efface des chapitres entiers de notre mémoire, comme il l'explique dans le documentaire *La Reconstruction de l'Histoire*, produit en 2009, que nous citerons à plusieurs reprises dans ce chapitre :

« Nous avons trouvé que des chroniques historiques différentes décrivent en réalité les mêmes événements, mais elles ont été attribuées à tort à des époques historiques différentes. Grâce à nos recherches, nous avons réussi à identifier ces doublons historiques, après quoi nous avons constitué une nouvelle échelle chronologique. La version de l'Histoire d'avant le XVIIe siècle qui existe aujourd'hui est terriblement déformée. Ces erreurs ont été commises par des chroniqueurs, du XVIe au XVIIIe siècle… »

Pour accomplir cet exploit faramineux, Fomenko et son principal collaborateur, Gleb Vladimirovich Nosovsky, calculent de prétendues « répétitions quantitatives » repérées en comparant des sources de langues et de périodes distinctes. Ils traquent les ressemblances dans les toponymes, torturent les étymologies, débusquent les « réflexions fantômes », scrutent les similitudes entre les biographies de souverains, échafaudent des séries parallèles de règnes qui, selon eux, auraient été enregistrées en double ou en triple. La théorie « récentiste », résultat de leurs vaticinations, est atterante.

L'Histoire aurait commencé il n'y a guère plus d'un millier d'années :

« Aucune mention dans les sources écrites des événements qui se sont déroulés avant le Xe siècle ne nous est parvenue. Probablement, à cette époque, l'écriture n'existait pas encore. [...] L'époque d'avant le XIe siècle doit être vue comme l'époque préhistorique à l'aube de la civilisation. »

Les mathématiciens russes exposent alors en détail les prolongements de leur thèse : avant ce que nous considérons comme l'an mille de notre ère, l'humanité tout entière vivait « dans des grottes ou dans des huttes » ! Les Sumériens et les Babyloniens, les Mayas ou encore les pharaons d'Egypte ont certes existé, mais seulement au cours de ce dernier millénaire. Braves gens, oubliez tout ce que vous croyez savoir ! Voici ce que Clio vous a toujours caché...

C'est donc au commencement de notre prétendu XIe siècle qu'émerge un premier empire, à la suite d'un cataclysme « d'origine cosmique », qui n'aurait laissé aucune trace dans les mémoires. Fomenko et Nosovsky sont formels : la capitale de ce royaume primordial se dressait sur les bords du Nil, à l'emplacement de l'actuelle Alexandrie. C'est probablement là que naquit l'écriture, d'abord sous la forme hiéroglyphique. Quant aux pyramides, aux temples et autres obélisques, ils ne furent construits que bien plus tard, entre les

XIVe et XVIe siècles, dans un matériau inventé par les alchimistes, le béton philosophal…

Vers la fin de ce même XIe siècle, le centre du pouvoir est transféré sur la rive asiatique du Bosphore, à Yoros, aujourd'hui dans la banlieue d'Istanbul. Ce n'est autre que la Jérusalem biblique, ainsi d'ailleurs que la Troie d'Homère, Byzance et la Constantinople médiévale. Le temple de Salomon – alias Soliman le Magnifique – est en réalité la mosquée Sainte-Sophie. Dominant l'Europe, le Levant et la « Rous », la ville est une métropole politique et religieuse.

C'est d'ailleurs sur les hauteurs du quartier de Beykoz qu'un certain Jésus est crucifié et ressuscite, en l'an de grâce 1185. Le fondateur de la religion chrétienne avait vu le jour trois décennies auparavant, en Crimée, au cap Phiolent, appelé Bethléem dans les Evangiles. En effet, la Vierge Marie – alias Iphigénie et Artémis – était russe. Cela explique pourquoi le tsar Vladimir, sa mère Malka et son général Ataman viennent adorer l'Enfant Dieu, la nuit de Noël. La tradition se souvient d'eux comme des trois rois mages. Pour abriter le reliquaire qui renferme leurs cendres sera édifiée la cathédrale de Cologne.

Quant à la cité qui porte actuellement le nom de Jérusalem, il s'agit d'un faux-semblant fabriqué de toutes pièces au tournant du XIXe siècle, dans un secteur désert du Proche-Orient. Toujours selon Anatoli Fomenko :

« A cette époque, l'armée de Napoléon était arrivée jusqu'à ce territoire après avoir vaincu l'armée turque et les Mamelouks en Egypte. Pour la première fois, les Européens ont atteint la Palestine et le lieu nommé Al-Qods, et ont construit l'église que l'on connaît aujourd'hui. »

L'exécution du Christ par les autorités impériales de Yoros provoque une vague de colère dans la Rous, sa terre natale. Aussi les grands-princes slaves lancent-ils des expéditions punitives contre Byzance, dont notre Histoire déformée se souvient sous le terme « Croisades ». En 1204, les Cosaques, conduits par Achille Sviatoslav, s'emparent de la capitale impériale, qu'ils pillent et incendient. L'épisode serait mentionné ailleurs, sous d'autres formes : d'abord dans l'*Iliade*, puis comme la guerre des Goths du IVe siècle. « L'histoire moderne attache beaucoup d'importance aux Croisades, souligne Fomenko. Dans notre reconstruction, leur rôle devient encore plus important. La grande guerre de Troie du XIIIe siècle de notre ère a été la première guerre mondiale du Moyen Age. »

Après la chute de Constantinople, des troubles éclatent à travers les provinces qui prennent leur autonomie. Deux Etats se disputent la prééminence : l'empire de Nicée et, surtout, la principauté de Vladimir-Souzdal, dirigée depuis Rostov la Grande par des rejetons des anciens *basilei* byzantins.

Dès la fin du XIIIe, la Rous Orda – ou Horde russe – devient une puissance mondiale grâce à l'alliance des principautés autrefois divisées. Car il n'y a eu aucune invasion tatare. Suivant la logique fomenkoïste, « mongol » s'apparente en effet au mot grec *megalos*, qui signifie « grand ». « Empire mongol » doit donc se traduire par « très grand empire »... russe :

« Selon notre reconstruction, le tsar Youri III, connu sous les noms de Gengis Khan et Riourik, a fondé le grand Empire mongol au XIVe siècle. Il est mort jeune. Comme les autres grands gouvernants de l'Empire mongol, il a été enterré, en 1325, dans le grand cimetière central impérial de l'Egypte, connu aujourd'hui comme la nécropole du plateau de Gizeh. »

Peu après la mort de Youri III-Gengis Khan, les cavaliers de la Horde russe se lancent à la conquête de l'Europe occidentale, encore plongée dans la barbarie. Ivan Ier Kalita – alias Batu Khan – fonde alors la cité de Rome en Italie, et institue la papauté. Les annales occidentales l'évoquent sous la figure d'Innocent III. Le nom « Vatican » – « Vati-Khan » – est probablement une mauvaise transcription de Batu Khan. Mais Ivan Kalita est aussi « Khalif », le calife. Lui et ses héritiers vont conquérir tout le continent asiatique et même traverser le détroit de Béring pour envahir le Nouveau Monde.

Ecoutons encore la leçon du professeur Fomenko :

« Durant les XIVe-XVIe siècles, le grand Empire mongol a répandu son pouvoir sur les énormes territoires de l'Eurasie et de l'Amérique. Ce n'était pas une action militaire, mais plutôt une colonisation plus ou moins pacifique de grands espaces. Les petits peuples et tribus habitant sur ces terres ne pouvaient pas opposer de résistance sérieuse aux armées impériales cosaques.

« Sur ces terres colonisées sont apparus de nouveaux grands pays, par exemple l'empire des grands Moghols en Inde, l'empire mongol sur le territoire de la Chine moderne, l'empire des mamelouks en Egypte, l'empire des Samouraïs au Japon. Les Samouraïs sont probablement des Samariens, originaires de la ville de Samara [sur la Volga]. Enfin les célèbres civilisations inca et maya en Amérique. »

De nouveaux troubles éclatent puis, au XVe siècle, de terribles épidémies de peste et de choléra déciment l'Occident, obligeant à ériger des frontières administratives afin de juguler leur propagation. C'est aussi à cette époque que l'empire se scinde en deux entités alliées. Au sud, autour de l'ancienne Constantinople, se crée un « Empire ottoman » – plus exactement « ataman » –, sous la direction de chefs de guerre cosaques.

Placée en quarantaine, l'Europe du Sud et de l'Ouest ne tarde pas à être mise en coupe réglée par ses maîtres, toujours à en croire Fomenko :

« Les troupes de cosaques et d'Ottomans y ont été envoyées avec l'ordre cruel d'éliminer la population malade et de repeupler ces terres. Cette grande campagne est connue aujourd'hui comme la conquête ottomane. Elle a également été décrite dans la Bible comme la conquête de la Terre promise dans le livre de l'Exode et dans le livre de Josué. »

Les territoires asservis, partagés en royaumes, restent soumis à l'autorité lointaine du grand tsar mongol de Novgorod. A la même époque se produisent plusieurs schismes à l'intérieur du christianisme, jusqu'alors seule religion universelle. De l'orthodoxie se détachent, durant les XV^e^ et XVI^e^ siècles, l'islam, le catholicisme, le judaïsme et le bouddhisme, qui finissent par se prétendre des doctrines originales alors qu'elles sont toutes issues de la foi chrétienne commune. Fomenko précise : « Les évangiles ont probablement été écrits à la fin du XII^e^ ou au début du XIII^e^ siècle. Les autres livres de la Bible et de l'Ancien Testament ont été rédigés plus tard [...], et même jusqu'au milieu du XVII^e^ siècle. »

A son apogée, la Rous Orda installe sa capitale à Moscou, dont la splendeur est évoquée par Hérodote – auteur contemporain des événements – sous l'apparence du Labyrinthe du pharaon Amenemhat III, l'une des sept merveilles du monde. Cependant, au cours de la seconde moitié du XVIe siècle, les vassaux occidentaux se révoltent, s'appuyant sur l'hérésie luthérienne. Une campagne est menée contre la Livonie – en réalité visant l'Europe entière –, mais des luttes intestines ravagent le cœur même de l'Empire. Lorsque les Romanov confisquent le pouvoir suprême, en 1613, la désintégration est déjà presque accomplie. Toutes les provinces périphériques – telles que la France, l'Allemagne, l'Angleterre, mais aussi la Chine, le Japon, l'Inde, l'Amérique – ont recouvré leur liberté...

Avec la complicité des nouveaux tsars, les rebelles victorieux réécrivent alors l'Histoire afin de légitimer leur usurpation. Les jésuites et leurs séides s'attellent à cette tâche colossale, expurgeant des annales toute allusion au « grand Empire mongol » et forgeant une pseudo-Antiquité à coups de mensonges et d'extrapolations. Une chronologie frauduleuse est bâtie par le philologue Joseph-Juste Scaliger, dans son *Opus nouum de emendatione temporum* – « Œuvre nouvelle de correction des périodes du temps » –, publié à Paris en 1583. Elle sera continuée, un demi-siècle plus tard, par le jésuite français Denis Pétau, auteur du *De doctrina temporum* – « De la science des temps » – publié entre 1734 et 1736.

De nouvelles langues sont inventées sur la base du vieux-slavon mâtiné de dialectes locaux. C'est ainsi que voient le jour, *ex nihilo*, le français, l'allemand, l'anglais, l'espagnol, et même le latin et le grec ancien... et cela toujours en plein XVII^e^ siècle ! Cependant, les Romanov tournent leurs armes contre leurs frères turcs – en réalité des Russes convertis à la nouvelle foi musulmane par Alexandre le Grand –, tandis que les Cosaques se soulèvent dans la région d'Astrakhan, abandonnant à jamais leurs possessions en Grande Tartarie et sur l'autre rive du Pacifique...

Reprenons un moment notre souffle après l'exposé de cette uchronie particulièrement ébouriffante. Nous n'en avons tracé, bien entendu, que les grands axes. L'ensemble de ces élucubrations est complaisamment développé, avec force détails, au fil des sept lourds volumes du best-seller d'Anatoli Fomenko, traduit en anglais sous le titre *History : Fiction or Science ?* entre 2003 et 2006, et vendu à plusieurs centaines de milliers d'exemplaires...

« La nouvelle chronologie est une théorie validée par la recherche astronomique et l'analyse statistique des anciens manuscrits. Elle satisfait aux normes scientifiques les plus rigoureuses. Elle fournit une explication cohérente de ce que nous connaissons déjà », proclament Fomenko et ses confrères pour présenter leur ouvrage. Outre une étude « empirico-statistique de la matière narrative », ils s'appuient sur certains paramètres de mécanique céleste, comme les dates d'éclipses solaires ou le paramètre de l'accélération lunaire comparé aux données de l'*Almageste* de Ptolémée. Dans la stricte observance du canon marxiste-léniniste, ils posent comme axiomes que « l'évolution humaine est linéaire, graduelle, irréversible, et que la nature cyclique de la civilisation humaine est un mythe ».

Si elles ont provoqué un engouement réel parmi le grand public russe, traumatisé par la perte du statut de superpuissance de leur pays, inutile de préciser que les thèses récentistes ont été vertement condamnées par la communauté des chercheurs. Ainsi, en décembre 1999, une table ronde pluridisciplinaire est organisée par le département d'histoire de l'université de Moscou, sur le thème des « Mythes de la Nouvelle Chronologie ». L'éminent archéologue Valentin Lavrentievitch Ianine, spécialiste de la Russie médiévale, résumera le sentiment général en comparant Fomenko à l'illusionniste David Copperfield. De son côté, le philologue Andréï Anatolyévitch Zaliznyak déclare que les bévues linguistiques de Fomenko seraient, en mathématiques, du niveau « d'erreurs dans les tables de multiplication ».

Pour que Fomenko et consorts aient raison, il faudrait en effet mépriser tous les acquis de l'archéologie, de la paléographie, de la diplomatique, de la numismatique, de la sigillographie, de la science historique dans son ensemble. Admettre qu'un groupe inconnu d'érudits du XVIe siècle aurait produit un immense *corpus* de documents fictifs, en variant les idiomes, les supports, les écritures, les encres, les sceaux et les formules, relève du simple non-sens.

Le succès relatif des idées folles de Fomenko s'explique de plusieurs façons. D'abord par la supériorité dont les mathématiques, « reine des sciences » et politiquement neutre, jouissaient dans le système soviétique. Ensuite, fort de son renom d'universitaire, Fomenko a pu jouer les novateurs face à une historiographie académique sclérosée et habituée à une instrumentalisation idéologique de la mémoire.

L'académicien pourra en outre exciper du soutien de quelques célébrités, tel le champion d'échecs Garry Kasparov. Il se revendique également de devanciers prestigieux en se plaçant dans un sillage critique remontant à Isaac Newton. En 1734, dans sa dix-septième *Lettre philosophique*, Voltaire dit en effet de ce dernier :

« Il a voulu porter au moins quelque lumière dans [...] ces fables anciennes confondues avec l'Histoire, et fixer une chronologie incertaine. [...] En général, il parut à Newton que le monde était de cinq cents ans plus jeune que les chronologistes ne le disent ; il fonde son idée sur le cours ordinaire de la nature et sur les observations astronomiques. »

Assurément, Newton avait quelque raison de douter de l'exactitude de certaines généalogies fabuleuses, comme celle qui faisait descendre Pharamond et Clovis du prince troyen Francion, petit-fils de Priam. Toutefois, la tentation de l'hypercriticisme n'est jamais éloignée. Le jésuite breton Jean Hardouin y succombe lorsqu'il prétend que n'existe « aucun document sur les Mérovingiens », et que tous les écrits classiques de la Grèce antique et de Rome sont des faux fabriqués par des moines du XIIIe siècle sous la direction d'un énigmatique Severus Archontius...

Au début du XXe siècle, le révolutionnaire russe Nikolaï Alexandrovitch Morozov, chimiste et astronome, révise la chronologie biblique et date l'Apocalypse de saint Jean du 30 septembre 395. Aux Etats-Unis, dans les années 1940, le psychiatre Immanuel Velikovsky, marqué par le parallèle établi par Freud entre Moïse et Akhénaton, fait de la saga du peuple hébreu une projection de l'histoire égyptienne, et de la reine de Saba un avatar d'Hatchepsout. Selon lui, la terre aurait subi une suite de catastrophes à l'échelle planétaire, causées par une comète errante qui deviendra plus tard la planète Vénus...

Quant à la démarche de Fomenko, elle s'inscrit résolument dans le courant néo-populiste russe.

Son exaltation d'un passé fantasmé explique le soutien du très controversé Edouard Limonov, leader du Front national-bolchevique. C'est aussi pourquoi le fomenkoïsme ne s'est guère répandu au-delà des frontières de l'ancienne sphère d'influence soviétique. Car, si le récentisme a trouvé des adeptes dans les milieux panslavistes, en Bulgarie et en Serbie, il n'a eu presque aucun écho dans le monde anglo-saxon.

Seule l'Allemagne a développé, indépendamment du mathématicien russe, une école révisionniste, quoique sur des bases différentes. Son chef de file, Heribert Illig, éditeur de la revue *Zeitensprünge* – « Temps accéléré » –, toujours diffusée, soutient que la Renaissance a succédé immédiatement au Bas-Empire romain. Dès lors, des figures comme celles de Charlemagne seraient des fictions littéraires. Quant à Uwe Topper, il voit dans la distorsion du temps une manigance ourdie par l'Eglise catholique à la faveur de la réforme du calendrier par Grégoire XIII en 1582. Cet auteur lâche la bride à son imagination quand il suggère, dans un article publié dans la revue *Bipedia* en 2003, que le « mur païen » du mont Sainte-Odile a été édifié par les aïeux des Alsaciens pour se protéger des attaques de dinosaures…

En France, le flambeau récentiste est brandi surtout par un zoologue de formation, François de Sarre, qui fait siennes certaines conclusions de ses compères d'outre-Rhin. Il affirme ainsi qu'« un événement catastrophique majeur » est venu bouleverser le cours de l'Histoire il y a un peu moins de sept cents ans, mettant fin à la puissance romaine. La grande peste de Justinien – que l'on date du VIe siècle – et la peste noire de 1347 seraient donc un seul et même fléau. Dans une Europe ravagée et dépeuplée, le christianisme naissant se serait imposé, instaurant la papauté en Avignon, puis à Rome. Les survivants hagards, plongés dans l'anarchie, auraient perdu jusqu'au souvenir de leur passé, le travestissant avec les oripeaux des mythes et des légendes. Les clercs et les puissants, soucieux d'affermir leur autorité, auraient maintenu les masses dans leur ignorance et imaginé de créer le Moyen Age…

François de Sarre va plus loin puisque c'est à l'ensemble des ères géologiques qu'il s'attaque. Le début du tertiaire ? Il le situe « dix mille ans AP » – avant le présent. Tandis que les chaînes de montagnes jeunes sortaient du sol, s'épanouissait une florissante civilisation technologique, détruite cinq mille ans plus tard par l'impact d'un astéroïde. Commencent alors le Quaternaire et les glaciations dans l'hémisphère Nord, avec l'homme de Cro-Magnon et les cultures préhistoriques. Il y a trois mille ans, une nouvelle comète provoque le Déluge, décrit par Noé dans la Bible, après quoi prend son essor « la civilisation atlantoeuropéenne des mégalithes », dont les navires sillonnent tous les océans du globe. Puis, vers « 2000 AP », une autre comète passant à proximité de la Terre aurait submergé l'Atlantide.

Au pays de Descartes, de telles fantaisies ne retiennent l'attention que d'une poignée d'intellectuels marginaux, tel Pierre Dortiguier, professeur de philosophie en retraite, antipositiviste et converti au chiisme iranien, longtemps proche du « dissident » Alain Soral et de la mouvance Egalité & Réconciliation. Ce complotiste, pour qui « le 11-Septembre n'a pas eu lieu », déclarait en janvier 2012, sur le site Le Libre Teamspeak, que le récentisme est « une théorie très intéressante » car « tout ce qui est de l'ordre de l'histoire officielle est discutable ». Méfiance généralisée, doute systématique, critique perçue comme une fin en soi… on reconnaît là les ingrédients des pires négationnismes.

## *Références et bibliographie*

Igor Davidenko et Jaroslav Kesler, *Livre de civilisation abrégé,* Moscou, Ekopress-2000, 2001

Anatoli T. Fomenko et *al.*, *History : Fiction or Science ? Chronology*, Paris, Londres, New York, Delamere Publishing, 2003-2006

François de Sarre, *Mais où est passé le Moyen Age ? – Le récentisme*, Rouen, Hades éditions, 2013

## Jésus II, le retour

*Avec* Cloner le Christ ?, *paru en 2005, Didier van Cauwelaert, prix Goncourt 1994, explorait les fondements théoriques de son roman* L'Evangile de Jimmy, *dans lequel un réparateur de piscines du Connecticut se découvrait la réincarnation de Jésus de Nazareth...*

Quelques années avant la parution du livre de Didier van Cauwelaert, un microbiologiste texan, Lorenzo Garza Valdés, avait analysé des échantillons de sang desséché censés provenir du Suaire de Turin, que l'on dit avoir enveloppé le cadavre du Christ. Garza Valdés soutenait que ce sang appartenait au groupe AB, « très rare actuellement, mais fréquent chez les Juifs de Babylone et de Galilée il y a deux mille ans ». Il n'hésitait pas à ajouter que son code génétique révélait que l'homme était issu d'une union sexuelle ordinaire, et non le résultat d'une fécondation virginale. Après quoi, le chercheur avait écrit au pape Jean-Paul II : « J'ai été le premier à avoir eu l'honneur de cloner les gènes du sang du Christ. Mes travaux démontrent que le Suaire est le linceul de Jésus de Nazareth. »

Des fanatiques sectaires n'allaient-ils pas profiter de cette prétendue avancée scientifique pour tenter de fabriquer une copie conforme du Sauveur ? C'est, semblait-il, l'objectif extravagant que se donnait une organisation californienne baptisée Second Coming Project – Projet Second Avènement –, utilisant pour cela l'une des cellules présentes sur « la centaine de reliques de Jésus qui existent dans le monde, et en particulier du saint Suaire de Turin ». L'initiative se révélera n'être qu'un canular de journaliste, ce qui n'empêchera pas Didier van Cauwelaert de donner libre cours à son talent d'écrivain en s'appuyant sur les dires de quelques chercheurs hétérodoxes…

Quittons maintenant les nuées pour redescendre sur le terrain de l'expérience et de l'Histoire. Sans s'attarder sur la possibilité technique – dans l'état actuel des connaissances – de réaliser un clone viable à partir d'un ADN vieux de deux mille ans, il faut s'interroger sur l'existence même de reliques corporelles du Christ.

Que sait-on au juste sur la figure historique du fondateur de la religion chrétienne ? Qu'un prophète du nom de Yéchoua ben Youssef ait vécu en Palestine au Ier siècle de notre ère, que son enseignement charismatique ait galvanisé une poignée de disciples au lendemain de son exécution par les autorités romaines, cela paraît indéniable. Néanmoins, les sources contemporaines, juives et païennes, restent obstinément silencieuses à son égard. Le Jésus de l'Histoire ne se laisse deviner qu'à travers le témoignage de ses disciples, et les chrétiens s'accordent à affirmer que la vérité de leur foi relève d'un autre ordre.

La question d'éventuelles traces matérielles de cette existence insaisissable ne s'en pose qu'avec plus d'acuité, d'autant que le culte des reliques semble étranger à l'Eglise primitive, et que le Nouveau Testament ne s'en fait nullement l'écho. En outre, nul n'ignore que le Moyen Age s'est livré à un intense trafic d'objets saints, le plus souvent d'origine douteuse. Ce qui rend l'authentification des « reliques du Christ » encore plus problématique...

Si l'attention se focalise aujourd'hui sur les trois plus célèbres d'entre elles – le Linceul de Turin, le Suaire d'Oviedo et la Tunique d'Argenteuil –, bien d'autres ont été vénérées ou le sont encore à travers la chrétienté.

La première catégorie, celle des « reliques réelles », ressemble à une véritable collection anatomique. Ainsi, deux basiliques de Rome se targuent de posséder le Saint Nombril, c'est-à-dire le cordon ombilical du Christ. L'abbaye de Charroux, près de Poitiers, possédait son prépuce... par ailleurs conservé à Saint-Jacques-de-Compostelle, à Saint-Jean-de-Latran, à Anvers, à Hildesheim, à Metz, à

Besançon, à Châlons-en-Champagne, à Fécamp, à Langres, à Conques et au Puy-en-Velay...

Une « Sainte Dent » est mentionnée au XIe siècle à l'abbaye Saint-Médard de Soissons. D'autres étaient visibles ici ou là, dans la chapelle de Vincennes et dans celle du château de Versailles, ou encore à l'église de la Madeleine de Noyon. Parmi tous ses trésors, la cathédrale du Puy conservait plusieurs ongles du Sauveur. Les bénédictins de Vendôme s'enorgueillissaient de détenir l'une des larmes qu'il avait versées en apprenant la mort de son ami Lazare. D'autres « Saintes Larmes » étaient vénérées dans le diocèse d'Amiens, à Trèves en Allemagne, à Thiers en Auvergne, à la collégiale Saint-Pierre-le-Puellier d'Orléans, ailleurs encore.

Des cheveux du Christ se trouvent par pleines poignées, à Charroux, à Sainte-Cécile de Rome, à Chartres, au palais de l'Escurial près de Madrid, à l'abbaye Notre-Dame d'Argensole en Champagne. Quant à son sang, l'addition des fioles qui en contiennent donne un résultat en litres qui excède de beaucoup la capacité d'un corps adulte ! Il y en aurait eu, entre autres lieux, à Venise, Rome, Jérusalem, Moscou, Sarzane, La Rochelle...

A Saint-Maximin, en Provence, on gardait quelques petits cailloux tachés du sang de Jésus-Christ, ramassés au pied du Calvaire. A Tours, c'était celui qu'il avait sué lors de son agonie au mont des Oliviers. Enfin, trois gouttes du précieux liquide auraient été apportées à Mantoue par le soldat Longin, qui avait percé de sa lance le côté du Crucifié. Cette relique donnera lieu à la création, par le duc Vincent Ier de Gonzague, d'un ordre militaire du Sacré-Sang du Christ, en 1608.

Les « reliques secondaires », vêtements, outils ou autres objets en rapport avec la vie publique de Jésus, constituent une liste encore plus éclectique. En Lorraine, on entourait d'une grande dévotion le « Saint Foin » de la crèche. A Rome, à Paris, à Saint-Denis ou à Ancône, les langes et les maillots de l'Enfant Jésus faisaient des miracles. L'abbaye de Prüm, en Allemagne, se faisait gloire d'avoir reçu de Pépin le Bref les sandales du Christ.

La nappe utilisée pour la Cène était visible à la fois à la Sainte-Chapelle à Paris, à Nuremberg et en Russie. Le tabouret sur lequel le Fils de Dieu s'était assis, à Saint-Jean-de-Latran. Son calice à Trèves, mais aussi près de Lyon et à Valence, en Espagne. Le plat de l'agneau pascal à Gênes, mais également à Arles, Tolède et Novgorod. Des miettes du dernier repas à Toulon et à Rome. Ailleurs, les verges de la flagellation, le roseau ou l'éponge trempée de vinaigre de la Passion. A Saint-Jean-de-Latran, mais encore à Carcassonne, le *subligaculum*, le linge ayant servi à cacher les parties honteuses du Christ sur la Croix.

Si beaucoup de ces objets sacrés ont été détruits ou perdus durant les guerres de la Réforme ou la Révolution française, les trois principales « reliques du Christ » qui subsistent ont pu être soumises à des tests scientifiques.

La « Sainte Tunique » d'Argenteuil, tout d'abord. Elle n'est que l'un des trente vêtements de Jésus signalés en Géorgie, en Palestine, en Turquie et en divers endroits de la chrétienté. La « Sainte Robe » de la cathédrale de Trèves lui dispute aujourd'hui encore le droit de se prétendre la pièce de tissu « inconsutile » – c'est-à-dire sans couture – que le divin condamné portait en allant au supplice. A en croire une fable médiévale, elle aurait été rachetée par Ponce Pilate, puis retrouvée au IVe siècle par sainte Hélène, la mère de l'empereur Constantin, en même temps que le bois de la Vraie Croix. La chronique de Frédégaire assure qu'elle aurait été découverte chez un Juif de Jaffa, rapportée à Jérusalem, puis transférée à Constantinople.

En l'an 800, Charlemagne est couronné empereur d'Occident à Rome. Pour saluer son avènement, l'impératrice de Byzance, Irène, veuve de Léon IV, lui aurait fait parvenir la Sainte Tunique dans une boîte d'ivoire décorée de scènes de la Passion. L'empereur en confie la garde au monastère dont sa fille Théodrade est prieure, dans le hameau d'Argenteuil, au nord-ouest de Paris.

A vrai dire, la première mention certifiée du « Saint Vêtement » ne date que de 1156, sous le règne de Louis VII. Pendant des générations, il sera le but de pèlerinages et de processions auxquels prendront part les humbles comme les puissants. Cachée sous la Terreur, la relique retrouve tout son lustre au XIXe siècle : un nouveau sanctuaire est édifié, élevé au rang de basilique mineure par Léon XIII. Des « ostensions » y ont encore lieu périodiquement, notamment en 2016, à l'occasion de l'année de la Miséricorde.

Dès 1892, un chimiste et un pharmacien ont soumis la Tunique à des observations scientifiques. A leur tour, des spécialistes des textiles ont établi qu'il s'agissait d'une laine fine, tissée sur un métier rudimentaire – comme elle est d'une remarquable régularité, certains y voient l'œuvre… de la Vierge Marie ! Le matériau a été coloré avec une teinture brun-rouge de médiocre qualité, garance ou cachou.

Le « Saint Vêtement » conserve sa magie jusqu'en 2004, date à laquelle on procède à une analyse de deux échantillons selon la méthode du carbone 14. Les résultats livrent une datation comprise entre 530 et 650 après J.-C., avec une probabilité de 95,4 %. Une étude du tissage confirme cette fourchette historique, indiquant « comme peu probable une datation antérieure au Haut Moyen Age ».

Le verdict n'empêche pas un chercheur indépendant, Gérard Lucotte, de prétendre avoir déterminé l'ADN du Christ au moyen des traces de sang mises en évidence par lui sur la relique d'Argenteuil.

Ce sont ses assertions qui inspireront Didier van Cauwelaert. Selon Lucotte, la forme des hématies – ou globules rouges – prouve que le possesseur de la Tunique a été torturé avant de mourir. Ce généticien inventif, dont les travaux sur les caractères héréditaires des races humaines sont fort controversés, va jusqu'à suggérer que le Fils de Dieu, de type proche-oriental, se rasait une fois par semaine, était opiomane et avait des morpions ! Enfin, et toujours à en croire Gérard Lucotte, il aurait isolé le groupe sanguin AB+ sur le tissu d'Argenteuil, ce qui correspondrait à celui du suaire d'Oviedo…

Gardé dans la *Camara santa* – la Chambre sainte – de la cathédrale d'Oviedo, dans les Asturies, à l'intérieur d'une châsse de chêne doublée d'argent, le suaire d'Oviedo est une pièce de lin d'environ quatre-vingt-cinq centimètres sur cinquante-trois, tachée de sang et de cire. Selon la tradition, il aurait été appliqué sur le visage du Crucifié après son trépas. C'est au VII$^{e}$ siècle qu'il serait arrivé dans le nord de l'Espagne, sauvé de l'invasion musulmane. Néanmoins sa plus ancienne trace documentaire est un acte du roi Alphonse VI de Castille, en date du 14 mars 1075.

Plusieurs colloques internationaux se sont penchés sur cet étrange artefact, dans le but, entre autres, de le comparer au Linceul de Turin. Le sang, analysé en 1985 et 1993, s'est révélé du groupe AB, assez courant au Levant. Il apparaît mélangé à un fluide œdémateux pulmonaire, caractéristique d'une mort par étouffement. D'autre part, la répartition des taches correspondrait à celle du Linceul, même si le Suaire d'Oviedo ne comporte aucune image visible. Mais, hélas pour les amateurs de merveilleux, ici comme à Argenteuil, l'ordalie du carbone 14 est sans appel : l'ancienneté du tissu ne remonte pas au-delà du VIIe siècle.

Reste le fameux Linceul de Turin – improprement nommé « Saint-Suaire » –, la plus médiatisée des reliques chrétiennes.

Suivant les récits évangéliques, un certain Joseph d'Arimathie aurait enveloppé le cadavre du Christ dans une pièce de drap neuve avant de le déposer à l'intérieur d'un tombeau creusé dans le roc. Deux jours plus tard, saint Pierre, alerté par Marie Madeleine, trouve le sépulcre vide : « Il vit le linceul qui y était, et le suaire qu'on avait mis sur sa tête, qui n'était pas avec le linceul, mais plié en un lieu à part. »

Sous l'Ancien Régime, l'église Saint-Corneille de Compiègne et la cathédrale Saint-Jean de Besançon exposaient aux fidèles de prétendus voiles funéraires du Christ. Ils seront jetés au feu par ordre de la Convention. L'abbaye cistercienne de Cadouin, dans le Périgord, en possédait un autre, vénéré depuis le XIIIe siècle. Une expertise linguistique, menée en 1934, prouvera qu'il s'agit d'un tissu égyptien d'époque fatimide : il est en effet orné d'une inscription islamique en caractères coufiques, chantant la gloire du calife Al-Mustali, qui a régné de 1095 à 1101.

Le Linceul de Turin, pour sa part, affecte la forme d'un rectangle de quatre mètres trente-six de long sur un mètre dix de large. On y distingue la double silhouette d'aspect spectral, brunâtre, très estompée et sans contours, d'un homme en pied entièrement nu. Les deux images – ventrale et dorsale – sont disposées tête contre tête. Des traces plus rouges évoquent les blessures de la Passion.

La relique fait son entrée dans l'Histoire en 1357, lorsque Jeanne de Vergy, veuve du seigneur champenois Geoffroy de Charny, organise son ostension publique dans la collégiale de Lirey, récemment édifiée. Très sceptique, l'évêque de Troyes, Henri de Poitiers, suspend aussitôt son culte. L'un de ses successeurs, Pierre d'Arcis, mène l'enquête jusqu'à confirmer que le Linceul, « peint par un procédé artistique – *artificiose depictus* – [...] est une œuvre due à la main de l'homme et non miraculeusement confectionnée ou octroyée ».

C'est seulement en 1389 que Jeanne de Vergy obtient de l'antipape Clément VII – dont elle a épousé un cousin en secondes noces – l'autorisation d'offrir de nouveau le Linceul à la vénération des fidèles. A la condition, précise la bulle pontificale, que « celui qui fera l'ostension devra avertir le peuple au moment de la plus forte affluence et dire à haute et intelligible voix, toute fraude cessante, que ladite figure ou représentation n'est pas le vrai Suaire de Notre Seigneur Jésus-Christ, mais qu'elle n'est qu'une peinture ou tableau du Suaire qu'on dit avoir été celui du même Seigneur Jésus-Christ ».

Après diverses pérégrinations, la relique devient en 1452 la propriété du duc de Savoie Louis Ier. Le Linceul est d'abord conservé dans l'église des franciscains de Chambéry, puis dans la chapelle ducale, non sans avoir auparavant séjourné dans plusieurs sanctuaires du Piémont. En 1578, il est définitivement transféré à Turin, la nouvelle capitale de la maison de Savoie. A la mort du dernier roi d'Italie, Humbert II, en 1983, il deviendra propriété du Saint-Siège.

Le déclin de la dévotion populaire semblait devoir être fatale au Saint Suaire lorsqu'en 1898 l'avocat Secondo Pia en réalise, pour la première fois, des photographies. Sur les plaques négatives, il découvre alors le visage d'un homme barbu et chevelu, les yeux clos, aux traits nettement contrastés, tel qu'il n'apparaît pas sur l'original. La relique entrait dans l'ère de la science. Au point que son étude deviendra une discipline à part entière : la « sindonologie » – du mot grec *sindon*, qui signifie « linceul ».

Historiens, archéologues, spécialistes du textile et des pollens, physiciens, chimistes et numismates scruteront tour à tour cet « objet impossible ». Les apologétistes tentent de retracer son parcours supposé depuis Jérusalem, en l'assimilant au Mandylion, un portrait de Jésus vénéré autrefois à Edesse – l'actuelle Urfa, en Turquie – puis à Constantinople. Il aurait ensuite été apporté en Occident par les chefs de la Quatrième Croisade, en 1204. D'autres y voient le Baphomet, l'idole à face humaine adorée, dit-on, par les templiers. Hypothèses séduisantes, mais qui ne reposent hélas sur aucun témoignage probant...

C'est alors qu'entrent en lice les bataillons des « sciences lourdes ». Dès 1950, le chirurgien Pierre Barbet soutient que l'homme du Suaire a été crucifié aux poignets, ce qui aurait entraîné une rétractation des pouces par lésion du nerf médian. Ce diagnostic sera démenti ultérieurement. Avec l'aval du Vatican, deux commissions « secrètes » examinent le Linceul en 1969 et 1973 au moyen de rayons ultraviolets et infrarouges. Des poussières et des échantillons d'étoffe sont prélevés. Enfin, en 1978, une équipe pluridisciplinaire de trente-trois experts soumet le mystérieux objet à une impressionnante batterie de tests dans le cadre du STURP – Shroud of Turin Research Project, ou Projet de recherches sur le Linceul de Turin.

Au terme d'une âpre controverse, le rapport final, publié en 1981, déclare :

« [...] l'image figurant sur le suaire de Turin est celle laissée par un vrai corps humain torturé et crucifié. Il n'est pas le fait d'un artiste. Les traces de sang comportent de l'hémoglobine et réagissent également positivement lorsque le sérum albumine est testé. La façon dont l'image s'est formée reste un mystère et le restera tant que des investigations chimiques plus poussées n'auront pas été faites, peut-être par ce groupe de scientifiques ou par un autre dans l'avenir. »

Ces affirmations péremptoires sont loin de faire l'unanimité. Ainsi, le chimiste américain Walter McCrone, expert mondial en microscopie, a démissionné du STURP parce qu'il est arrivé à la conclusion que l'empreinte du Suaire était constituée de « pigments d'oxyde de fer associés à un médium à base de collagène », selon une méthode employée au Moyen Age. A son avis, l'ensemble de l'image a été « appliquée sur le linge par un artiste très habile et bien informé ». Utilisant la technique de la détrempe, celui-ci aurait tamponné le tissu avec de l'ocre rouge contre un bas-relief figurant un modèle masculin. Quant aux taches de « sang », elles se révèlent être du vermillon, composé de sulfure de mercure, ou cinabre. L'expérience sera réalisée à plusieurs reprises avec assez de succès, en particulier par Jacques Di Costanzo, du Centre hospitalier universitaire de Marseille, pour le magazine *Science et Vie*, ou encore par le chimiste italien Luigi Garlaschelli, de l'université de Pavie. Une telle explication rendrait compte à la fois de certaines propriétés de « négatif photographique » du Suaire et de la nature tridimensionnelle de l'image. Ainsi d'ailleurs que des erreurs anatomiques – doigts démesurément longs, bras gauche plus court que le droit, etc. – qui apparentent le Suaire à l'iconographie byzantine ou gothique.

Pour les partisans de l'authenticité, l'hallali sonne en 1988, lorsque trois laboratoires indépendants, utilisant la méthode du carbone 14, placent la date de fabrication du tissu dans la fourchette 1260-1390, avec une probabilité de 95 %. Le 13 octobre, le cardinal Anastasio Ballestrero, archevêque de Turin et custode pontifical, rend publics ces résultats et déclare que le Suaire de Turin doit être désormais considéré non comme une relique mais comme une « vénérable icône du Christ ». Jean-Paul II ajoutera, dix ans plus tard : « L'un des signes les plus bouleversants de l'amour dans la souffrance du Rédempteur. » Au reste, l'Eglise continue d'organiser des ostensions qui attirent des millions de personnes – sans doute autant par curiosité que par réelle piété...

Cependant, les « sindonolâtres », regroupés dans plusieurs associations d'obédience catholique, ne s'avouent pas vaincus. Les uns tentent d'expliquer la mauvaise datation médiévale par une contamination bactérienne ou par l'incendie qui a manqué de détruire le Suaire au XVI^e^ siècle. De manière plus invraisemblable, d'autres suggèrent que le « flash de la Résurrection » aurait brouillé les mesures en agissant à la manière d'une décharge de protons ! Quoi qu'il en soit, le rêve – ou le cauchemar – de cloner le Christ s'évanouit, puisque rien ne prouve qu'il y ait vraiment du sang sur le Saint-Suaire. Et moins encore que celui-ci soit authentique. Une leçon à méditer pour les modernes saint Thomas, qui confortent leur foi grâce aux assurances d'une rationalité purement matérielle. « Parce que tu m'as vu, tu crois. Heureux ceux qui croient sans avoir vu »…

### *Références et bibliographie*

Paul-Eric Blanrue, *Le Secret du Suaire – Autopsie d'une escroquerie*, Paris, Pygmalion, 2006

Henri Broch, *Gourous, Sorciers et Savants*, Paris, Odile Jacob, 2002

Pierre de Riedmatten, *Le Saint Suaire*, Namur, Fidélité, 2015

Arnaud-Aaron Upinksy, *La Science à l'épreuve du linceul – La crise épistémologique*, Paris, Œil, 1990

Didier van Cauwelaert, *Cloner le Christ ?*, Paris, Albin Michel, 2005

# Des Vénusiens sur l'île de Pâques

*Dépendance du Chili, Rapa Nui reste la terre la plus isolée du monde. Ses statues cyclopéennes semblent dressées telles des vigies, de toute éternité. Que de sottises n'a-t-on pas proférées à leur sujet ! En particulier qu'elles étaient l'œuvre d'« anciens astronautes », venus en des temps reculés...*

Un triangle de roches volcaniques de la taille du département français des Hauts-de-Seine, jeté en plein océan Pacifique, à deux mille milles nautiques de toute côte habitée, presque à mi-chemin entre le Chili et Tahiti... Telle apparaît Rapa Nui, la « Grande Lointaine », cette île du Silence que ses découvreurs européens ont rebaptisée île de Pâques.

Avec ses six mille âmes, ses rivages déchiquetés, battus par les vagues, ses paysages de landes vallonnées, délavées, balayées par les vents, ce coin de terre perdu aux confins du monde n'aurait guère d'attraits sans ses neuf cents *moaï*, immenses silhouettes de pierre qui veillent telles d'éternelles sentinelles. « De quelle race humaine représentent-ils le type, avec leur nez à pointe relevée ? s'interrogeait déjà Pierre Loti à la fin du XIXe siècle. Ils ont l'air de penser. »

Le 5 avril 1722, le Hollandais Jakob Roggeveen, commandant trois navires de la Société des Indes occidentales, débarque à Rapa Nui. Comme c'est le jour de Pâques, il la renomme Paasch-Eyland. Il faudra attendre près d'un demi-siècle pour que Felipe Gonzalez de Haedo, mandaté par le vice-roi du Pérou, revendique l'île oubliée au nom de l'Espagne. Quatre ans plus tard, du 13 au 17 mars 1774, le capitaine anglais James Cook y fait escale à son tour. A la vue des statues géantes, il s'émerveille et s'étonne, se demandant comment « les insulaires, qui ne connaissaient en aucune manière les puissances de la mécanique, ont pu élever des masses si étonnantes »... Et il conclut : « Ces monuments singuliers, étant au-dessus des forces actuelles de la nation, sont vraisemblablement des reliques d'un temps plus fortuné... »

En 1786, les Français de La Pérouse, à bord de la *Boussole* et de l'*Astrolabe*, missionnés par Louis XVI, offrent aux indigènes des animaux domestiques, des graines potagères et des plants d'arbres fruitiers. Hélas, les étrangers apporteront aussi à Rapa Nui la tuberculose, la syphilis et la variole. Puis, en 1862, des esclavagistes péruviens font captif un tiers de la population. A la fin du XIXe siècle, il ne subsiste plus qu'une centaine d'habitants, qui ont presque tout oublié de leur culture ancestrale...

Certains *moaï* sont érigés sur des *ahu*, de vastes plates-formes cérémonielles. Les Pascuans les nomment *mat'a kite u'rani*, « les yeux qui regardent le ciel ». Par qui et quand ont-ils été sculptés ? Comment de telles masses ont-elles été déplacées depuis leur carrière, sur des distances dépassant parfois vingt kilomètres ? Les explications les plus farfelues ont été avancées. La plus étonnante suppose une intervention extraterrestre...

L'idée a été popularisée en 1965, avec *Fantastique île de Pâques*, un ouvrage de Francis Mazière, qui se vendra à près d'un million d'exemplaires. Cet ethnologue français, féru de science-fiction, vient de séjourner plusieurs mois sur Te Pito No Te Henua, « le Nombril du monde », un autre surnom de Rapa Nui. Par le truchement de son épouse, d'origine tahitienne, Mazière y a collecté auprès d'un vieillard lépreux d'obscurs apophtegmes qui ont étanché sa soif de merveilleux :

« Les habitants de Jupiter ont réglé les accords des planètes... »

« La première planète que les hommes vont connaître est Vénus... »

« Toutes les planètes adorent le Soleil... »

« Peu d'étoiles sont habitées... »

« Seule notre Terre possède des hommes de différentes couleurs... »

« Des gens vivent sur la Lune... »

Traduisant ces paroles absconses, Francis Mazière se persuade que « les premiers habitants de Pâques savaient capter des forces parapsychologiques auxquelles nous ne serions plus sensibles ». D'où son hypothèse : « Cette petite île volcanique était alors un des hauts lieux du monde et peut-être même un point de contact avec... d'autres mondes. »

Selon la tradition, une puissance magique indéterminée – ou *mana* – aurait permis aux monolithes de Rapa Nui de se déplacer seuls. Avec sa logique d'Occidental, Mazière s'interroge aussitôt : « Et si certains hommes, à une certaine époque, avaient pu utiliser des forces électromagnétiques ou la force d'antigravitation ? [...] La parapsychologie trouvera peut-être sa vibration dans cette île au magnétisme si trouble. » Et Mazière conclut en évoquant « ce peuple prédiluvien dont nous commençons à retrouver la présence et qui remettra en question toutes les notions de temps et d'éthique que notre science a voulu imposer... ».

Cette notion d'« ancêtres supérieurs » – sans doute venus des étoiles –, instituteurs ou même créateurs de l'espèce humaine, n'est pas vraiment nouvelle. On l'entrevoit déjà dans *La Doctrine secrète* d'Helena Blavatsky, fondatrice de la théosophie, et chez Edouard Schuré, l'auteur des *Grands Initiés* (1889). Elle sera développée trois quarts de siècle plus tard par Desmond Leslie. Dans *Flying Saucers have landed*, traduit en français l'année suivante sous le titre *Les soucoupes volantes ont atterri*, ce dernier fait de la planète Vénus « le Foyer des Dieux ». Il n'hésite pas à affirmer, sur la foi de mystérieuses « Tables brahmaniques » : « C'est de Vénus, en l'année 18617841 avant J.-C., que venait le premier vaisseau de l'espace atterrissant sur notre planète. Sans doute ferais-je mieux de répéter cette date ; il s'agit de l'an dix-huit millions six cent dix-sept mille huit cent quarante et un avant Jésus-Christ. »

Ces visiteurs de l'espace ont alors transmis l'étincelle de l'intelligence aux primates issus de l'évolution naturelle :

« [...] pour aller plus loin, il lui fallait recevoir un puissant stimulus qui dépassait les pouvoirs ordinaires de la terre. C'est alors que vint, de notre plus proche voisine, le plus grand des Vénusiens, le *Sanat Kumara*, le Seigneur de la Flamme, l'Esprit même du Verbe de Vénus, dont la mémoire est restée un objet de vénération dans les anciennes religions. De Vénus, disent les anciens enseignements, vinrent les frères aînés, les Seigneurs de la Flamme, les humains hautement perfectionnés représentant une branche ancienne de la famille planétaire. Ils vinrent de leur propre volonté, par amour et par compassion pour des créatures tâtonnantes et inintelligentes vivant dans l'étouffante jungle primitive. »

Au début des années 1960, Louis Pauwels et Jacques Bergier, déjà cités, expriment eux aussi leur fascination pour l'île de Pâques :

« Comme en Afrique, comme en Amérique du Sud, les premiers missionnaires débarquant sur Pâques eurent pour soin de faire disparaître toutes traces de la civilisation morte. Au pied des statues, il y avait des tablettes de bois flotté, couvertes de hiéroglyphes : elles furent brûlées ou expédiées à la bibliothèque du Vatican, où reposent bien des secrets. S'agissait-il de détruire les vestiges d'anciennes superstitions, ou d'effacer les témoignages d'un *autre savoir* ? Le souvenir du passage sur la terre d'autres êtres ? De visiteurs venus d'ailleurs ? »

Parallèlement, le mathématicien soviétique Matest M. Agrest énonce en termes plus scientifiques l'hypothèse des « paléo-contacts ». Pour lui, Sodome et Gomorrhe ont été détruites par des explosions atomiques et la terrasse du temple de Baalbek, au Liban, énorme pierre taillée de plus de mille tonnes, servait de plate-forme d'atterrissage pour des engins extraterrestres. En France, dans ces mêmes années, le journaliste Robert Charroux, producteur de l'émission *Le Club de l'Insolite*, diffuse ces théories hétérodoxes dans une série d'ouvrages à grand tirage où il brasse les concepts et les informations sans souci de cohérence intellectuelle, ni le moindre souci critique. Plus que quiconque, il contribuera à diffuser dans un large public l'idée que les personnages divins décrits dans les diverses mythologies étaient en réalité des voyageurs de l'espace. Cette doctrine reçoit le nom savant de « néo-évhémérisme », en référence à Evhémère, philosophe grec du IIIe siècle avant J.-C., pour qui les dieux n'étaient que des héros humains élevés ensuite sur les autels.

Ainsi Charroux explique-t-il, dans *Le Livre des mondes oubliés* :

« Les anges de la Bible n'étaient pas des anges. Les rois divins ou rois-oiseaux faucons des premières dynasties égyptiennes n'étaient pas des faucons. [...] Le pouvoir de ces dieux, anges ou êtres divins, n'avait rien de magique. Ces êtres étaient des hommes, leur pouvoir était leur intelligence, leur connaissance d'une science supranormale dans les temps où ils apparurent. Tout prend un visage rationnel, logique et convaincant, si l'on identifie ces hommes-volants à des aviateurs ou, mieux encore, à des cosmonautes ! »

Dès lors, le *mana* évoqué par les Pascuans revêt sa signification « réelle » :

« Cette tradition, pensons-nous, comme partout ailleurs dans le monde, est fondée sur un fait très ancien : la venue d'initiateurs à grandes connaissances scientifiques, descendus du ciel, c'est-à-dire débarqués d'avions ou de fusées... disons d'engins volants. Et ces étrangers étaient probablement originaires de la planète d'où vinrent les hommes-volants d'Amérique, d'Asie et d'Europe. [...] Mais, avec tout autant de bonnes raisons, certains archéologues d'avant-garde pensent que l'île de Pâques était avant le Déluge une dépendance du continent de Mu. »

Pour les occultistes de tout poil, Mu – encore appelé Lémurie – est le pendant, dans le Pacifique, de la fameuse Atlantide, que nous avons déjà évoquée.

En 1841, l'explorateur Jules Dumont d'Urville parlait d'un vaste continent effondré, à l'emplacement de l'actuelle Océanie. Un demi-siècle plus tard, Pierre Loti en rêve à son tour en croyant découvrir sur l'île de Pâques « des routes dallées, comme étaient les voies romaines, [qui] descendent se perdre dans l'océan ». En réalité, des coulées de lave aplanies par l'érosion... De son côté, un photographe et antiquaire jersiais, Augustus Le Plongeon – suivant en cela le missionnaire Charles Etienne Brasseur de Bourbourg –, tire de ses décryptages hasardeux des codex précolombiens la certitude que les Mayas ont bâti les pyramides d'Egypte et qu'ils sont à l'origine de la franc-maçonnerie... Leur savoir technique leur venait d'une terre disparue, dont Rapa Nui serait l'un des promontoires préservés de la submersion.

Brodant sur le thème, un colonel anglais, James Churchward, publie en 1926 *Lost Continent of Mu* – traduit en français en 1970 sous le titre *Mu, le Continent perdu*. Lors de ses séjours aux Indes, il aurait reçu les confidences d'un vénérable prêtre et consulté des archives d'une très haute antiquité – les « tablettes Naacal » – où seraient consignées, dans une langue sacrée, les origines de toute civilisation. Ces assertions, bien sûr, méritent une surabondance de conditionnels, et personne ne saura jamais si le colonel Churchward était sciemment un fabulateur…

Quoi qu'il en soit, sa description du « pays des collines de terre » est empreinte de lyrisme :

« Ce continent était une immense plaine vallonnée, s'étendant du nord de Hawaii vers le sud. Une ligne tracée entre l'île de Pâques et les Fidji formait sa limite méridionale. Son étendue était de plus de huit mille kilomètres d'est en ouest, et de plus de cinq mille du nord au sud. […] C'était un très beau pays tropical, couvert de vastes plaines. Les vallées et les plaines étaient fertiles, de l'herbe croissait et il y avait des champs cultivés, alors que les collines étaient ombragées par une belle végétation tropicale. Aucune montagne ne se dressait dans ce paradis terrestre, car les montagnes n'avaient pas encore été poussées des entrailles de la terre. »

C'est à Mu que se situait le jardin d'Eden de la Bible. A son apogée, soixante-quatre millions de sujets, rassemblés en dix tribus, obéissaient à un seul roi, chef hiératique, « Ra Mu », l'empereur du Soleil : « A cette époque, le peuple de Mu était hautement éclairé et civilisé. Il n'y avait pas de sauvagerie sur terre, et il n'y en avait jamais eu, car tous les peuples de la terre étaient enfants de Mu et sous la suzeraineté de la mère patrie. »

Est-il nécessaire de souligner que l'étude géologique du bassin du Pacifique dément la possibilité même de l'existence de Mu ?

Rapu Nui, « l'île du Silence », ultime lambeau de ce glorieux empire fantôme, a inspiré bien d'autres cogitations étranges. Comme celles du sculpteur polonais Stanislav Szukalski, promoteur du « zermatisme », selon lequel les rescapés du Déluge auraient trouvé refuge sur l'île de Pâques, avant de repeupler l'ensemble de la terre…

Quant à Robert Charroux, jamais en peine d'imagination, il rapporte dans son *Histoire inconnue des hommes depuis cent mille ans* publiée en 1963, « une curieuse légende [disant] que Lhassa est le pôle Blanc du Monde, le pôle Noir se situant aux antipodes, dans l'île de Pâques. Les statues pascuanes seraient des monolithes géants captant les ondes maléfiques du monde pour en préserver le pôle inverse… ».

C'est toutefois l'intervention d'« anciens astronautes » qui est le plus souvent invoquée. L'auteur d'*Hommes et Civilisations fantastiques* – paru en 1970 –, Serge Hutin, souligne : « Les figures représentées par les statues géantes pascuanes sont des hommes dont le type physique ne correspond à aucune race humaine connue. Il faut donc admettre que les Polynésiens, dont les Pascuans actuels sont les descendants, furent, dans un très lointain passé, dominés par de mystérieux civilisateurs. »

Cette thèse a été popularisée par un écrivain suisse, ufologue convaincu aux allures de globe-trotter, Erich von Däniken. Son premier livre, *Erinnerungen an die Zukunft* – « Mémoires du futur » –, paraît en 1969. Traduit en français dès l'année suivante sous le titre *Présence des extra-terrestres*, il connaît un formidable succès de librairie. Il sera illustré par un documentaire du même titre de Harald Reinl, en lice pour l'Oscar du meilleur documentaire en 1971.

Vulgarisateur de l'« astro-archéologie », von Däniken donne son nom à un courant pseudo-scientifique : le « dänikénisme ». Pourtant, son discours n'est guère original. Après Bergier et Charroux, il soutient qu'une civilisation avancée a autrefois colonisé la terre :

« Au Mexique et en Amérique du Sud, de l'Egypte à l'Inde, dans le monde entier, les légendes et les mythes populaires, ainsi que les textes sacrés, relatent les visites d'astronautes venus d'ailleurs. Bien sûr, ils ne les appellent pas des astronautes, mais des dieux venus sur terre dans de miraculeuses machines volantes. »

Rapa Nui, « l'île aux mille mystères » où se pose « un enchevêtrement de questions », aurait été l'une des bases de nos cousins d'outre-espace. Certaines pierres gravées y représentent d'ailleurs de curieuses « créatures à corps d'homme et tête d'oiseau ». Le sagace Erich von Däniken ne s'en laisse pas conter :

« S'agit-il vraiment de têtes d'oiseaux ou est-ce simplement ainsi que les voient les indigènes ? Il pourrait aussi bien s'agir de casques équipés de sortes de masques à oxygène. [...] La légende raconte qu'en des temps préhistoriques des hommes volants vinrent sur cette île dans un nuage de feu. [...] *Mana*, qu'est-ce que c'est ? Des étrangers venus d'une autre planète et doués de puissances électromagnétiques ? Etaient-ils en mesure de défier les lois de la pesanteur ? Ce qui est certain, c'est qu'un magnétisme extraordinairement fort émane de l'île de Pâques. »

Aujourd'hui, en cette aube désabusée du IIIe millénaire, les « petits hommes verts » ne font plus guère recette. L'ufologie – l'étude des phénomènes volants non identifiés – a perdu son aura de mystère. Et presque seul, Claude Vorilhon, gourou vieillissant de la secte raëlienne, feint encore d'attendre le retour des Elohim, « créateurs scientifiques » de l'humanité... pour son plus grand profit.

Pour ce qui est de la « Grande Lointaine », elle aussi abandonne peu à peu ses prestiges. Un aéroport international y déverse désormais ses cargaisons de touristes, accueillis dans des hôtels de luxe. Doit-on le regretter ou s'en féliciter ? Les outils de la science commencent à fournir à ses « énigmes » des réponses plus rationnelles. Ici comme ailleurs, il convient d'user du fameux « rasoir d'Occam ». *Pluralitas non est ponenda sine necessitate :* ainsi s'énonce le « principe de parcimonie » de ce logicien médiéval. Une sentence latine que l'on pourrait traduire en langage courant par l'adage « Pourquoi faire compliqué quand on peut faire simple ? ».

Dans le cas présent : pour expliquer l'érection des *moaï* de l'île de Rapa Nui, pourquoi présumer une intervention d'êtres galactiques inconnus dotés de pouvoirs surnaturels au lieu de s'efforcer de découvrir comment la population locale, avec les moyens à sa disposition, a pu parvenir aux mêmes résultats ?

D'abord, les analyses génétiques ont déterminé l'origine des Pascuans, longtemps controversée, de manière indiscutable. L'ADN des squelettes exhumés par les archéologues confirme l'hypothèse d'une ascendance principalement polynésienne, déjà suggérée par des similitudes ethniques et linguistiques. Ensuite, la datation au carbone 14 révèle que les premiers Pascuans, loin d'appartenir à une fabuleuse civilisation antédiluvienne, ne sont arrivés sur place qu'aux alentours de 700 après J.-C., sans doute en provenance des îles Marquises ou des Tuamotou. S'y s'ajouterait ultérieurement un apport mineur d'éléments venus d'Amérique du Sud. Ces données positives confortent d'ailleurs les récits traditionnels. Ceux-ci relatent que le fondateur de Rapa Nui, le roi Hotu Matua, chassé par une révolte, serait arrivé de l'ouest avec son épouse Avareipua et ses six fils. Les vieilles légendes distinguent également deux clans : les « Longues oreilles » et les « Petites oreilles »...

Au regard de cette nouvelle chronologie, les *moaï* ne sont pas aussi antiques qu'on a voulu l'imaginer. Taillés avec des marteaux d'obsidienne, dans la lave noire du Rano Raraku – l'un des trois volcans de l'île –, ils datent, pour la plupart, d'une période s'étendant du XV^e^ au XVII^e^ siècle de notre ère. Leur déplacement ne semble pas non plus un problème insoluble. La Pérouse notait déjà que les *moaï* étaient faits « d'une pierre volcanique fort légère et qu'avec des leviers de cinq ou six toises [...] on peut parvenir à élever un poids encore plus considérable et que cent hommes suffisent pour cette opération ». Pour certains experts, les statues auraient été roulées sur des rondins de bois – l'examen des pollens fossiles révèle que l'île de Pâques était autrefois couverte d'arbres, disparus avant l'arrivée des premiers Européens. D'autres pensent que les Pascuans déplaçaient les monolithes verticalement, en les faisant pivoter sur leur base à l'aide de cordes. Les légendes ne racontent-elles pas que les *moaï* marchaient tout seuls ?

La disparition de la forêt, surexploitée, a sans doute provoqué la raréfaction des oiseaux et l'érosion des sols, tandis que les insulaires ne disposaient plus du bois nécessaire à la fabrication de leurs barques de pêche, comme le suggère l'archéologue pascuan Sergio Rapu. Pris d'une sorte de frénésie mégalomaniaque, les chefs des clans de Rapa Nui vont continuer à se défier, se battant pour les meilleures terres, taillant des *moaï* toujours plus démesurés et renversant les idoles de leurs adversaires.

### *Références et bibliographie*

Robert Charroux, *Le Livre des mondes oubliés*, Paris, J'ai Lu, 1971

Centre d'étude sur l'île de Pâques, *L'Ile de la fin du monde*, Omnibus, 2016

Erich von Däniken, *Présence des extraterrestres*, Paris, Robert Laffont, 1969

Michel et Catherine Orliac, *Les Derniers Secrets de l'île de Pâques, des dieux regardent les étoiles*, Paris, Gallimard, 2004

Louis Pauwels et Jacques Bergier, *Le Matin des magiciens*, 1961

## Jeanne d'Arc était un homme

*Tour à tour sorcière, héroïne catholique, sainte guerrière et porte-drapeau de l'ultranationalisme, la Pucelle reste l'objet de tous les fantasmes historiques... Que n'a-t-on pas écrit sur Jeanne d'Arc ? Qu'elle n'avait pas été brûlée à Rouen, qu'elle était une fille bâtarde d'Isabeau de Bavière et même... qu'elle était un homme !*

A quelques mois, voire à quelques années près, la date de naissance de Jeanne d'Arc demeure imprécise. Quant au fait qu'elle soit venue au monde un 6 janvier, jour des Rois, il ne repose que sur une lettre hagiographique adressée en 1429 par Perceval de Boulainvilliers, chambellan de Charles VII, au duc de Milan, Philippe-Marie Visconti :

« Elle est née dans un petit village appelé Domrémy, au bailliage de Bassigny, en deçà et sur les confins du royaume de France, sur le fleuve de Meuse, non loin de la Lorraine. Elle est issue, on le sait, de parents justes et simples.

C'est dans la nuit de l'Epiphanie, durant laquelle les gens ont coutume de se souvenir plus joyeusement des actes du Christ, qu'elle est entrée dans la lumière de cette vie mortelle. Et, chose admirable, tous les paysans de l'endroit sont saisis d'une joie inconcevable. Ignorant la naissance de l'enfant, ils vont çà et là, demandant ce qu'il est arrivé de nouveau. Tous les cœurs partagent cette allégresse. Que dire de plus ? Les coqs comme des hérauts de la nouvelle allégresse font entendre, au lieu de leur chant habituel, des chants inaccoutumés et, battant des ailes pendant deux heures, semblent présager un nouvel événement. »

C'est donc par pure commodité que le millésime de 2012 a été retenu pour célébrer le six centième anniversaire de la Pucelle. Il correspond toutefois au témoignage même de Jeanne qui, interrogée à ce sujet lors de son procès, au début de 1431, répondait : « Environ dix-neuf ans, je pense. »

Fille d'un laboureur aisé – Jacques d'Arc, Dart ou Daly –, « Jehannette » quitte son village en février 1429. Tout le nord de la Loire est alors tenu par les Anglais et leurs alliés bourguignons, et le jeune Henri VI de Lancastre, par l'entremise de son oncle Bedford, règne aussi bien à Londres qu'à Paris. Jeanne affirme obéir à des voix célestes qui lui ont ordonné de délivrer le royaume. Un mois plus tard, le 6 mars, elle pénètre dans la salle d'honneur du château de Chinon, l'une des dernières places fortes tenues par Charles VII, « le pauvre roi de Bourges ». Afin d'éprouver sa visiteuse, le roi se serait dissimulé parmi ses courtisans. Mais Jeanne s'agenouille sans hésiter devant ce « gentil dauphin ». Et déclare qu'elle est venue lui prêter secours afin de bouter les Anglais hors de France. Puis elle s'isole avec le roi pour lui confier un secret dont on ne saura jamais rien...

Le 20 avril, après avoir fait vérifier par des matrones la virginité de Jeanne, Charles VII décide enfin de l'envoyer au secours d'Orléans, assiégée par John Talbot. Quatre jours plus tard, la Pucelle entre dans Tours. Nobles, bourgeois et manants l'accueillent avec des transports de joie. La réputation de sainteté de la jeune fille l'a précédée, et nul ne doute qu'elle va sauver la couronne. Jeanne se fait forger une armure. Elle reçoit également une antique épée – censée être celle de Charles Martel –, marquée de cinq croix, que l'on a retrouvée, sur ses indications, à Sainte-Catherine-de-Fierbois. Enfin, la Pucelle fait broder son étendard, de satin blanc semé de lys.

Poursuivant sa route vers Orléans, Jeanne arrive à Blois le 26 avril. Elle y retrouve la reine Yolande d'Aragon, belle-mère de Charles VII. Certains prétendent aujourd'hui que la Pucelle ne serait qu'une illuminée, comme il y en avait tant à l'époque, manipulée par l'astucieuse duchesse d'Anjou pour galvaniser le courage défaillant des partisans de son gendre. Quoi qu'il en soit, une formidable armée de plus de sept mille hommes se rassemble autour de la Bonne Lorraine. La fine fleur de la noblesse se place sous sa bannière : Xaintrailles, La Hire, Gilles de Rais – le redoutable Barbe-Bleue.

La troupe menée par Jeanne passe sur la rive gauche de la Loire pour aller camper en face d'Orléans et en défier les assiégeants. Au soir du 29 avril, la Pucelle, épaulée par Jean de Dunois, franchit la porte de Bourgogne. Après plusieurs tentatives malheureuses, et bien que blessée par un carreau d'arbalète, elle enlève le fort des Tourelles, le 7 mai. Le lendemain, les Anglais, découragés, battent en retraite. Orléans est libérée.

Portés par cette victoire éclatante et presque miraculeuse, les Français poursuivent l'ennemi à Patay et à Beaugency. En moins de six mois, Jeanne mène son « gentil dauphin » à Reims où, le 17 juillet 1429, le baume de la Sainte Ampoule consacre sa légitimité.

Les Anglais cherchent pourtant à reprendre l'avantage. Le 23 mai 1430, Jeanne, capturée à Compiègne par Jean de Luxembourg, leur est vendue. Au terme d'un procès d'inquisition qui la juge « idolâtre, superstitieuse, schismatique et hérétique, blasphématrice de Dieu et de ses saints », la malheureuse est déclarée relapse. Remise au bras séculier, elle sera brûlée vive sur la place du Vieux-Marché, à Rouen, le 30 mai 1431.

Voilà pour l'Histoire, déjà teintée de mystère et de merveilleux tragique. Après avoir chassé définitivement les Anglais, Charles VII obtient du pape Calixte III, en 1455, la révision du procès de « la Pucelle d'Orléans » et sa réhabilitation. La Renaissance oubliera l'épopée johannique. Raillée par Voltaire, la Bonne Lorraine devra attendre le milieu du XIX^e^ siècle pour acquérir la stature d'une héroïne nationale, faire-valoir des nationalistes de droite comme de gauche, célébrée à la fois par la III^e^ République laïque et par l'Eglise catholique, qui la canonisera en 1920 – sans expliquer pourquoi Dieu aurait pris parti contre les Anglais dans la guerre de Cent Ans !

D'ailleurs, les Français ont-ils tellement de raisons de rendre grâces à Jeanne d'Arc ? Parmi les chercheurs contemporains, certains tendent à lui attribuer un rôle plus psychologique que réellement militaire dans le triomphe final de Charles VII. En outre, est-on sûr que la victoire de l'héritier des Valois a constitué la meilleure issue pour la France, si l'on se garde de tout déterminisme historique ?

En ce XV^e^ siècle qui voit poindre l'élan irrésistible des Grandes Découvertes, la naissance d'une vaste confédération anglo-française largement tournée vers l'Atlantique aurait pu ouvrir d'exaltantes perspectives. Protégée à l'est des ambitions allemandes par une Bourgogne indépendante ressuscitant l'ancienne Lotharingie, la France unie à l'Angleterre se serait pleinement consacrée à sa vocation océanique. Ensemble, les deux nations se seraient lancées à la conquête d'un Nouveau Monde où l'on aurait sans doute parlé français, la langue de la cour de Westminster et de la noblesse d'outre-Manche...

L'uchronie reste, somme toute, un exercice moins oiseux que l'historiographie fantastique. Et certes, en la matière, le caractère de cette jeune fille venue des marches du Barrois a stimulé nombre d'esprits inventifs ! Jules Michelet lui-même parlait d'une « vivante énigme » – ce qui est étrange dans la mesure où Jeanne d'Arc est l'un des rares personnages féminins du Moyen Age sur lequel on dispose d'autant de sources biographiques.

Il y a d'abord les « survivistes », qui assurent que Jeanne n'a pas été brûlée à Rouen et qu'elle est reparue plus tard sous les traits d'une certaine « Jeanne des Armoises ». Mais cette théorie osée pourrait presque paraître plausible à côté des élucubrations des « bâtardisants », pour qui la Pucelle, loin d'être d'humble extraction, serait en réalité une princesse royale.

Au demeurant, l'idée d'accorder à Jeanne une ascendance illustre n'est pas récente. Preuve que la légende n'a pas été longue à prendre le relais de l'Histoire, William Shakespeare lui prête déjà ces paroles dans son *Henri VI* :

« Laissez-moi d'abord vous faire connaître qui vous condamnez en ma personne. Je ne suis point la fille d'un pâtre obscur. Je suis un rejeton de la race des rois, vierge chaste et sacrée, choisie par le ciel, inspirée par sa grâce, et appelée à opérer sur la terre des miracles surnaturels. »

L'idée sera reprise en 1805, par un certain Pierre Caze, sous-préfet de Bergerac, dans une tragédie en vers intitulée *Jeanne d'Arc ou la Pucelle d'Orléans*. Jamais jouée, tant son style est mièvre et son intrigue décousue, cette pièce fait de l'héroïne une princesse adultérine. Pierre Caze développera son « système » dans *La Vérité sur Jeanne d'Arc ou éclaircissements sur son origine*, livre paru en 1819 :

« J'ai prouvé que la Pucelle n'était pas celle qu'on nous a si longtemps représentée ; qu'elle était au contraire du sang royal de France. Ces propositions ont été démontrées par des arguments sans réplique [...]. Les considérations les plus puissantes ont établi qu'elle était fille du duc d'Orléans et de la reine Isabelle. »

Cette théorie refleurit en 1932, lorsque Jean Jacoby publie *Le Secret de Jeanne d'Arc, Pucelle d'Orléans*. Depuis lors, elle est resservie périodiquement par une cohorte d'épigones. Elle repose sur le postulat très fragile que le dernier enfant de la reine Isabeau de Bavière, femme du roi fou Charles VI, né le 10 novembre 1407 et mort au berceau, n'aurait pas été un fils, mais une fille, née de ses amours clandestines avec son beau-frère Louis, duc d'Orléans. Or les chroniques évoquent sans détour le dernier des douze enfants d'Isabeau de Bavière. Ainsi Michel Pintoin, moine de l'abbaye de Saint-Denis, consigne dans sa chronique officielle :

« La veille de la Saint-Martin d'hiver, vers deux heures après minuit, l'auguste reine de France accoucha d'un fils, en son hôtel de Paris près la porte Barbette. Cet enfant vécut à peine, et les familiers du roi n'eurent que le temps de lui donner le nom de Philippe et de l'ondoyer au nom de la sainte et indivisible Trinité. Le lendemain soir, les seigneurs de la cour conduisirent son corps à l'abbaye de Saint-Denis avec un grand luminaire, suivant l'usage, et l'inhumèrent auprès de ses frères, dans la chapelle du roi son aïeul, qui y avait fondé deux messes par jour. »

Plusieurs autres annalistes tels le héraut Berry, Jean Raoulet et Jouvenel des Ursins mentionnent également cet accouchement. Il n'a donc rien eu de clandestin. La grossesse de la reine avait été publique, et nul n'a jamais contesté la conception légitime de l'enfant à naître. Charles VI, qui souffrait de schizophrénie paranoïde, bénéficiait en effet de longues phases de rémission.

D'ailleurs, si une postérité malveillante prête de nombreux amants à Isabeau, aucun texte contemporain n'apporte la moindre preuve de son inconduite. Soulignons qu'en entretenant une liaison charnelle avec l'épouse de son frère, Louis d'Orléans se serait rendu coupable d'un « rapt d'honneur » et d'un crime de lèse-majesté en plus d'une forme d'inceste condamnée alors par l'Eglise. Quoi qu'il en soit, et même si le petit Philippe, mort-né en novembre 1407, était le fruit d'amours illicites, on n'ignore rien de son bref destin.

Pour l'essentiel, cette thèse délirante d'une substitution d'enfant repose sur une erreur typographique relevée dans les éditions de 1770 et de 1783 de l'*Histoire de France* en trente volumes de l'abbé Claude Villaret. Au lieu de « Philippe », le dernier rejeton de Charles VI y est nommé « Jeanne »... Villaret n'est d'ailleurs nullement responsable de la faute, puisqu'il est décédé en 1766. L'apparition de cette énigmatique « Jeanne » n'est donc due qu'à la distraction d'un prote et à une relecture hâtive. Notons que les éditeurs n'ont pas corrigé l'indication selon laquelle Charles VI et Isabeau ont eu « douze enfants, en nombre égal des deux sexes » – soit six mâles et six femelles. Or la métamorphose de « Philippe » en « Jeanne » aurait porté le nombre des filles à sept, pour seulement cinq garçons.

A en croire les « bâtardisants », un petit cadavre anonyme de sexe masculin aurait donc été enterré dans la nécropole royale, tandis que l'hypothétique « princesse Jeanne » aurait été conduite à la campagne dans le plus grand secret. Certains soulignent d'ailleurs que « Philippe » est un prénom androgyne – l'épouse d'Edouard III d'Angleterre s'appelait Philippa de Hainaut. Cette « Philippe » aurait naturellement été rebaptisée « Jeanne ».

En sollicitant à l'extrême la lettre de Perceval de Boulainvilliers, les tenants de cette thèse imaginent une petite troupe de cavaliers et de fantassins en armes entrant nuitamment dans le bourg de Domrémy. Sous la bâche d'un chariot se cachent une nourrice et un enfançon de quelques semaines enveloppé dans des couvertures. Le 23 novembre 1407, treize jours seulement après la naissance et la mort de Philippe, Louis d'Orléans avait été assassiné sur l'ordre de son cousin, le duc de Bourgogne Jean sans Peur. Craignant pour la vie de sa bâtarde, Isabeau de Bavière aurait décidé de confier son sort à une obscure famille des marches de Lorraine...

Les arguments pour soutenir ce conte bleu apparaissent bien minces. Certes, l'on ne connaît pas la date de naissance de Jeanne d'Arc. Si elle-même la situe vers 1412, d'autres témoignages conduisent à la vieillir de quelques années. Rien d'étonnant à cela. Jusqu'à la Renaissance, les prêtres ne tiennent presque jamais de registres paroissiaux, et rares sont les gens du peuple qui connaissent leur âge exact. Dès lors, pourquoi pas 1407 ? De là à y voir une preuve de la substitution...

Le patronyme d'Arc n'a jamais été revendiqué par la Pucelle. Au procès de Rouen, elle dit en effet s'appeler « Jehanne » en France et « Jeannette » à Domrémy. Toutes ses lettres, sans exception, commencent ainsi « Moi, Jehanne la Pucelle ». Au Moyen Age, la notion de nom propre transmissible à sa postérité n'est pas encore bien établie. Chacun se reconnaît à son nom de baptême et à son lieu d'origine ou de résidence, voire à un sobriquet évoquant son activité ou l'une de ses particularités. Cependant, le 21 février 1431, Jeanne déclare à ses juges que son père « s'appelle Jacques d'Arc et sa mère Isabelle ». Quant au surnom de « Pucelle d'Orléans », qui attesterait de son véritable lignage paternel, il ne sera jamais utilisé de son vivant.

Les « bâtardisants » cherchent ensuite à expliquer certains talents de Jeanne par son statut de princesse occultée. C'est pour cette raison qu'elle aurait eu une telle connaissance de la cour, qu'elle parlait un français parfait, qu'elle savait monter à cheval et maîtrisait l'art de la guerre. D'ailleurs, n'a-t-elle pas dévoilé sa véritable origine lorsque, un jour qu'elle était en compagnie de Charles VII, elle a accueilli le duc d'Alençon avec ces paroles joyeuses : « Plus on sera ensemble du sang du roi de France, mieux cela sera » ? Et le secret que la Pucelle a murmuré à l'oreille du dauphin, lors de leur première entrevue, n'était-il pas qu'elle était sa sœur ? C'est pour cela qu'il lui conférera un blason « d'azur à deux fleurs de lys d'or et une épée d'argent, à la garde dorée, la pointe en haut, férue en une couronne d'or ». Les armes de France marquées d'une brisure, les armes d'un bâtard !

Enfin, les « bâtardisants » suggèrent qu'un document aurait pu jeter la lumière sur cette ténébreuse affaire : le « Livre de Poitiers », où était consigné le procès-verbal du premier examen de Jeanne par une commission franciscaine, au printemps de 1429. Ne contenait-il pas la preuve formelle de la filiation réelle de Jeanne ? Hélas, ce précieux document a disparu dès le XVe siècle. Il serait aujourd'hui conservé aux Archives secrètes du Vatican…

Les médiévistes sérieux ont depuis longtemps réfuté ces objections point par point. D'abord, Jeanne était loin d'être une parfaite cavalière, et c'est non sans difficultés ni fatigues qu'elle a parcouru les cent cinquante lieues séparant Vaucouleurs de Chinon. De toute façon, en sa qualité de fille d'un laboureur aisé, elle avait eu maintes occasions de s'exercer à l'équitation. Quant à son tempérament belliqueux, il ne saurait s'expliquer par un quelconque atavisme ! Pour ce qui concerne son idiome natal, Jeanne parlait un dialecte champenois assez proche du francien utilisé dans l'entourage royal. Son fort accent lorrain ne pouvait l'empêcher de se faire comprendre dans un milieu où se côtoyaient des Gascons, des Auvergnats, des Ecossais ou des Italiens.

Quant à sa phrase au duc d'Alençon, elle a été mal traduite par les « bâtardisants ». En réalité, la Pucelle a dit : « Tant plus seront ensemble du sang royal de France, mieux ce sera. » Ce qui ne l'implique en rien. Elle se réjouit seulement de voir deux princes réunis avant la bataille, sans pour autant s'inclure dans la famille !

Les règles de l'héraldique contredisent également les affirmations de Jean Jacoby et de ses émules. Pour symboliser une naissance naturelle, on ajoute une barre ou un bâton « péri » posé en barre, jamais une pièce principale comme ici une épée. En outre, la fleur de lys n'est pas réservée à la famille souveraine. Pour récompenser de fidèles serviteurs, le roi les autorise souvent à en placer une ou plusieurs comme « meubles de concession » dans leur blason. Enfin, si les armes de Jeanne évoquaient sa bâtardise, ses frères – fils légitimes de Jacques d'Arc – n'auraient pas dû les arborer. En réalité, les héraldistes s'accordent à considérer que « l'épée posée en pal couronnée rappelle le relèvement de la fortune de la couronne de France que Jeanne obtint l'épée à la main ».

L'argument du « secret de famille » n'est guère plus convaincant. La révélation que Jeanne était sa demi-sœur aurait plutôt conforté Charles VII dans sa crainte d'être, lui aussi, le fruit d'un adultère. Quant au « Livre de Poitiers », les archives de Rome ne le dissimulent pas davantage que l'authentique troisième secret de Fatima ou la vérité sur l'enfant du Temple !

Récemment, un producteur de cinéma, François Ruggieri, est allé encore plus loin. Dans son essai *Jeanne d'Arc, le stratagème*, ce « fou du XVe siècle » – comme il se qualifie lui-même – explique que la Pucelle n'a jamais existé. Son rôle a été joué par un homme, en l'occurrence le fameux Philippe, bâtard d'Isabeau de Bavière, qui n'aurait donc même pas été échangé contre une fille :

« Au cours de mes lectures, je me suis demandé comment a-t-on pu laisser une jeune vierge garder seule des moutons en cette période de famine, de pillages et de viols ? Mais ça ne prouvait rien, j'ai alors remonté la piste grâce à des archives et des travaux d'historiens. Pour moi, la légende officielle ne repose sur rien. Mais on ne touche pas à Jeanne d'Arc ! »

Décidément, la Bonne Lorraine n'a pas fini de questionner la mémoire longue des Français comme en atteste la réapparition récente de l'un de ses anneaux – au parcours mal documenté –, acheté aux enchères près de 380 000 euros par Nicolas de Villiers. Peut-être parce que la geste johannique est unique dans l'Histoire et qu'elle échappe à toutes les catégories ordinaires. « Etait-ce œuvre divine ou humaine ? Il me serait difficile de l'affirmer », avouait déjà son contemporain, le pape Pie II Piccolomini. Et André Malraux lui répond, en invoquant la Pucelle dans un souffle poétique : « O Jeanne sans sépulcre et sans portrait, toi qui savais que le tombeau des héros est le cœur des vivants [...] : à tout ce pour quoi la France fut aimée, tu as donné ton visage inconnu. »

### Références et bibliographie

Colette Beaune, *Jeanne d'Arc, vérités et légendes*, Paris, Perrin, 2008

Olivier Bouzy, *Jeanne d'Arc, l'histoire à l'endroit !*, Paris, CLD Editions, 2008

Philippe Contamine, Olivier Bouzy et Xavier Hélary, *Jeanne d'Arc, histoire et dictionnaire*, Paris, Bouquins, 2012

Jean Jacoby, *Le Secret de Jeanne d'Arc, pucelle d'Orléans*, Paris, Mercure de France, 1932

François Ruggieri, *Jeanne d'Arc, le stratagème*, Paris, L'Editeur, 2011

# C'est nous les Africains

*L'Afrique noire a longtemps été ignorée par l'historiographie traditionnelle. Le philosophe Hegel la décrivait comme « le pays de l'enfance qui, au-delà du jour de l'histoire consciente, est enveloppé dans la couleur noire de la nuit ». En réaction, les afrocentrismes assurent que l'Egypte est la mère de toutes les civilisations et que les pharaons étaient noirs.*

« Au début du XIXe siècle, l'Occident découvre que c'est l'Egypte, et une Egypte noire, qui a apporté tous les éléments de la civilisation à l'Europe. Et cette vérité, il n'était pas possible de l'exprimer… » Tel est le postulat central de Cheikh Anta Diop. Né en 1923 au sein d'une famille de l'aristocratie wolof, l'ethnie principale du Sénégal, celui-ci mène de front des études décousues de physique nucléaire et de sciences humaines à Paris. A partir de 1951, il prépare un doctorat ès lettres sous la direction de l'ethnologue Marcel Griaule. Il y défendra l'idée selon laquelle l'Egypte antique était « nègre » – dans le sens non péjoratif que donnent à ce terme Léopold Sédar Senghor et Aimé Césaire. *Nations nègres et Culture*, publié en 1954, rencontre un grand écho, en résonance avec le combat anticolonial. Il sera suivi par une dizaine d'ouvrages et de nombreux articles. Aujourd'hui, Cheikh Anta Diop, disparu en 1986, est célébré comme le savant précurseur du courant afrocentriste qu'il résume en ces termes dans son recueil d'articles *Alerte sous les tropiques* :

« Le Nègre ignore que ses ancêtres, qui se sont adaptés aux conditions matérielles de la vallée du Nil, sont les plus anciens guides de l'humanité dans la voie de la civilisation ; que ce sont eux qui ont créé les arts, la religion (en particulier le monothéisme), la littérature, les premiers systèmes philosophiques, l'écriture, les sciences exactes (physique, mathématiques, mécanique, astronomie, calendrier...), la médecine, l'architecture, l'agriculture, etc., à une époque où le reste de la terre (Asie, Europe : Grèce, Rome...) était plongé dans la barbarie. »

Diop pose donc en postulat l'« antériorité des civilisations nègres », expression qu'il donne en titre à l'un de ses ouvrages. D'abord, l'Australopithèque, comme ses successeurs *Homo erectus* et *Homo sapiens*, est originaire d'Afrique. « Berceau de l'humanité », l'Afrique est également la terre où est éclose la civilisation, en l'occurrence dans la vallée du Nil. Les Egyptiens primitifs étaient donc des Noirs venus du sud, dont le teint s'est éclairci peu à peu. L'égyptologie moderne n'est qu'un complot des Blancs pour travestir cette évidence...

Le nom même de l'Egypte ancienne, « Kemet » – ou *km.t* en translittération –, doit, selon Diop, se traduire par « Pays des Noirs ». La même racine *kam* ne se trouve-t-elle pas dans la Bible ? Cham, l'un des trois fils de Noé, y apparaît comme l'ancêtre des peuples africains. Cette racine est également présente dans plusieurs langues du continent noir. Car l'égyptien ancien et les idiomes négro-africains posséderaient un « ancêtre commun prédialectal », que le principal élève de Diop, Théophile Obenga, baptisera « négro-égyptien ».

Afin de démontrer que les pharaons et leurs sujets étaient bien « nègres », le chercheur sénégalais sollicite la statuaire et l'iconographie des temples et des hypogées. Il procède en outre à des tests de mélanine sur des échantillons de peau provenant de momies antiques. Après les avoir scrutés à la lumière ultraviolette, il déclare qu'il faut « classer indubitablement les anciens Egyptiens parmi les Noirs ». Parallèlement, il crie à la falsification, prétendant que les égyptologues occidentaux ont détruit la plupart des « momies négroïdes », afin de ne conserver que les « leucodermes ».

Enfin, dans les domaines religieux et culturel, Cheikh Anta Diop pratique le jeu des comparaisons. Par exemple, Anubis et le dieu chacal des Dogons du Mali présenteraient d'étranges similitudes. La circoncision, le matriarcat, la notion de royauté sacerdotale et jusqu'à certaines techniques de pêche ou de chasse lui semblent singulièrement proches. Et Diop conclut, dans *Antériorité des civilisations nègres* : « L'Egypte et l'Afrique peuplés par des Kamits appartiennent au même univers culturel : la culture africaine plonge ses racines dans le limon de la vallée du Nil. »

Des affirmations aussi péremptoires suscitent de vives critiques de la part des milieux universitaires. Dans *Eléments pour une histoire ethnoculturelle de l'Afrique*, publié en 1972, Marcel d'Hertefelt, professeur d'anthropologie au musée royal de Tervuren en Belgique, dresse ce réquisitoire féroce :

« Les thèses de Cheikh Anta Diop exigent qu'on décide une fois pour toutes d'ignorer ce que l'archéologie préhistorique et protohistorique, l'iconographie et la critique historique des textes anciens nous apprennent sur les populations du Proche-Orient et de l'Egypte, sur le développement et la diffusion de l'agriculture, de la métallurgie, sur les contributions respectives de ces deux berceaux de civilisation aux sciences et à l'écriture. Il faut décider au départ que des générations d'archéologues, égyptologues, sumérologues, indoeuropéanistes, sémitologues et même africanistes aient été idéologiquement mystifiées au point de falsifier l'histoire culturelle, jusqu'au moment où Cheikh Anta Diop découvre la vérité. C'est en effet demander beaucoup. »

Pour les paléontologues, la question de la « race » de nos très lointains aïeux n'a guère de sens, non plus que de considérer les premiers *Homo sapiens* – et a fortiori les Australopithèques – comme des « Noirs ». Certes, les plus récents progrès de la génétique tendent à accréditer la théorie de l'origine africaine des migrations successives qui ont peuplé le monde. Ainsi, tous les hommes actuels seraient apparentés entre eux et descendraient, en ligne strictement maternelle, d'une même femme – surnommée « l'Eve mitochondriale » –, qui aurait vécu en Ethiopie il y a environ deux cent mille ans. Mais ces mêmes avancées ont également fini de saper les fondements scientifiques du concept racial auquel Diop, formé dans la première moitié du XXe siècle, continue d'accorder une place prépondérante, comme en témoigne un article de 1962 :

« Nier l'existence des Noirs, des Blancs, des Jaunes, c'est faire peut-être profession de foi antiraciste, mais ce n'est pas faire avancer la science historique d'un pas. Il existe sur terre des Blancs, des Jaunes, des Noirs, nous n'y pouvons rien et on est bien obligé de désigner ce qui existe par des mots. »

En vérité, la définition de l'« africanité » – confondue par Diop et ses disciples avec la « négritude » – manque terriblement de consistance. Où doit-on classer les habitants du Maghreb, dont la peau est manifestement claire ? Et si l'on s'en tient à la notion de couleur, faut-il exclure de la catégorie des « Noirs » les Dravidiens de l'Inde, les Mélanésiens ou les Australiens ? Les résultats du Projet d'étude des variations du génome africain, publiés en 2014 par le Centre Sanger de Hinxton, au Royaume-Uni, témoignent d'une très riche variété à l'intérieur même du continent « noir », qui n'apparaît nullement comme un isolat. On constate ainsi des flux de population depuis l'Eurasie vers l'Afrique orientale il y a de cela entre dix mille cinq cents et sept mille cinq cents ans. A l'heure actuelle, de 4 à 7 % du patrimoine génétique africain provient de ces brassages.

Dès lors, l'application d'une telle grille de lecture à l'ancienne Egypte apparaît inopérante, comme l'explique Gamal Mokhtar, professeur à l'université d'Alexandrie et vice-président du Comité international de l'histoire africaine à l'Unesco, dans son introduction au deuxième volume de l'*Histoire générale de l'Afrique* :

« Si une "race" égyptienne a jamais existé – et l'on peut en douter –, elle est le résultat de mélanges dont les éléments de base ont varié dans l'espace et dans le temps. Un fait demeure cependant : la permanence en Egypte et en Nubie d'un certain type physique qu'il serait vain de qualifier de "race", car il varie légèrement selon que l'on considère la Basse ou la Haute-Egypte. De couleur plus foncée dans le Sud que dans le Nord, il est dans l'ensemble plus sombre que dans le reste du bassin méditerranéen, Afrique du Nord comprise. Les cheveux sont noirs et frisés ; le visage plutôt rond et glabre est parfois, sous l'Ancien Empire, orné d'une moustache ; assez élancé en général, c'est le type humain que les fresques, les bas-reliefs et les statues pharaoniques nous ont rendu familier. Cela montre que, dans la vallée du Nil, nous avons affaire à un type humain, non à une race, type que les habitudes et les conditions de vie particulières à la Vallée ont peu à peu créé, au moins autant que les mélanges dont il est le produit. »

La ressemblance entre le fellah d'aujourd'hui et son très lointain ancêtre, bâtisseur des pyramides, frappe la plupart des ethnologues. En partant de cette permanence, la population égyptienne peut être qualifiée de « basanée », non pas de « nègre ». Des études du groupe de recherches sur le Proche-Orient de l'université d'Aix-Marseille montrent que l'apport arabe, depuis la conquête musulmane, n'a jamais excédé 6 % de l'ensemble du capital génétique, ce qui explique d'ailleurs une islamisation relativement lente et jamais complète. En revanche, l'Egypte contemporaine – à l'inverse de ce que soutiennent les afrocentristes – est sensiblement plus foncée qu'à l'époque des pharaons, en raison de l'importation d'esclaves venant du sud durant toute la période islamique.

L'examen des fresques retrouvées dans les sépultures anciennes confirme cette évidence. Des codes très précis y sont employés pour représenter les différents types ethniques. Les hommes égyptiens, vivant au grand air, se reconnaissent à leur teint rouge brique. Les femmes, à l'abri des ardeurs du soleil, sont moins bronzées, voire blanches. De même, les nations étrangères se distinguent par leurs costumes, leurs traits particuliers et leurs « couleurs ». Ainsi, les Syriens – ou « peuple de la mer » – ont une carnation plus claire que celle des autochtones. Quant aux différentes ethnies africaines, elles vont du cuivré à l'ébène le plus sombre. A cet égard, les « portraits du Fayoum » apportent une confirmation déterminante sur les caractères physiques des Egyptiens antiques. Ces peintures funéraires sur bois, exécutées du Ier au IVe siècle de notre ère, étaient insérées dans les bandelettes, au niveau du visage de la momie. Elles sont d'un réalisme saisissant, et le morphotype proche-oriental y domine très largement.

L'étude médico-légale des momies va dans le même sens. Entre autres, celle de Ramsès II, à la chevelure rousse et au nez aquilin, est indubitablement « leucoderme, d'un type méditerranéen proche de celui des Berbères africains », comme en atteste l'égyptologue Christiane Desroches-Noblecourt. Les cheveux sont lisses ou ondulés, rarement crépus. Les squelettes n'offrent presque jamais de caractères négroïdes.

Après une phase d'inondation, la vallée du Nil s'est repeuplée, vers 6000 avant J.-C., d'éleveurs néolithiques originaires d'une part du Sahara, de l'autre des rives de la mer Rouge. L'exiguïté du territoire cultivable, le rythme annuel des crues du fleuve ont défini une organisation sociale originale, un véritable creuset dans lequel une civilisation très hiérarchisée a pris son essor. Plus au sud, les Nubiens, au teint bistre, habitent le pays de Kouch, au-delà de la première cataracte, frontière traditionnelle de l'Egypte. C'est au Nouvel Empire, à partir du XVIe siècle avant J.-C., que des expéditions seront menées dans la région de Napata et jusqu'à la quatrième cataracte, au Soudan actuel. Elles entreront seulement alors en contact avec des populations à la peau très foncée.

Bien entendu, la barrière ne sera jamais étanche entre l'Egypte et son arrière-pays méridional, et les métissages seront fréquents. Ainsi, la première reine Tiyi, grande épouse d'Amenhotep III et mère d'Akhénaton, est probablement d'ascendance nubienne, de même, peut-être, que le pharaon Ramsès III. Au VIIIe siècle avant J.-C., au cours de la troisième période intermédiaire, alors que le pays s'épuise en luttes intestines, une dynastie kouchite s'impose brièvement dans le Sud, tandis qu'une autre contrôle le delta. Ce sont ces éphémères « pharaons éthiopiens » qui servent aujourd'hui à accréditer les spéculations autour d'une « Egypte nègre »...

Au point de vue linguistique, l'ancien égyptien appartient au groupe des langues afrasiennes ou chamito-sémitiques. Son foyer d'origine se situe, il y a environ dix-huit mille ans, entre les monts de la mer Rouge et les plateaux éthiopiens. Le couchitique, l'arabe, l'hébreu, ainsi que le berbère et l'omotique, en font partie. Les idiomes nilo-sahariens parlés au Soudan et, davantage encore, les langues nigéro-congolaises employées en Afrique de l'Ouest diffèrent en revanche radicalement de l'égyptien ancien. Seules les langues dites tchadiques lui sont apparentées.

Aussi les ressemblances soulignées par Cheikh Anta Diop entre l'égyptien hiéroglyphique et les dialectes sérères du Sénégal sont-elles le fruit d'un pur hasard. Par exemple lorsqu'il fait état de consonances fondées sur les syllabes « ser »,

« sar » ou « sen ». Dans sa recension de *Nations nègres et Culture*, l'éminent africaniste Raymond Mauny juge un tel rapprochement « pour le moins risqué » :

« De tels calembours sont possibles entre toutes les langues du monde. Sun-Yat-*Sen*, Ib*sen*, Ei*sen*-hower et Amund*sen* seraient-ils sérères ? [...] Que devient dans ce cas le berceau de la vallée du Nil pour tous les peuples africains ? Absolument rien ne permet donc d'étayer, au point de vue préhistorique ou archéologique, l'opinion de Cheikh Anta Diop sur le peuplement ancien du continent. »

De la même manière, l'existence d'un lac Kasba dans la province du Québec autorise-t-elle à présumer un cousinage entre l'algonquin et l'arabe ? Les menhirs de Carnac, en Bretagne, auraient-ils été érigés par des adorateurs d'Amon-Rê, originaires de Karnak, sur la rive droite du Nil ? Quant au terme de *km.t*, il signifie non point la « terre des Noirs », mais la « terre noire », en référence au limon sombre que le Nil dépose chaque année sur les sables qu'il fertilise. En suivant le raisonnement de Cheikh Anta Diop, le *tchernoziom*, le sol noir des steppes de Russie et d'Ukraine, riche en humus, devrait être labouré par des Africains !

Enfin, le lien entre « Kemet » et « Cham », fils de Noé, semble des plus problématiques. Selon David Goldenberg, spécialiste de l'hébreu archaïque à Princeton et auteur, en 2005, de *The Curse of Ham*

– « La malédiction de Cham » –, « le nom biblique de Cham n'a aucun rapport avec la notion de noirceur et, jusqu'à maintenant, est d'une étymologie inconnue ». D'ailleurs, « Kemet » apparaît assez rarement dans les sources antiques, où est plus souvent employé le mot *Taouy* – le « Double-Royaume » – en référence à l'union de la Haute et de la Basse-Egypte.

Cependant, en dépit de sa méthodologie défaillante et de ses conclusions hâtives, nourries d'idéologie, Cheikh Anta Diop figure toujours comme le précurseur d'une vision renouvelée de l'histoire africaine, du moins aux yeux du grand public. Au reste, ses travaux – essentiellement de compilation sélective – ne font que s'inscrire dans une lignée initiée dès la fin du XIXe siècle par des intellectuels et activistes afro-américains et antillais. Le plus célèbre est le Jamaïcain Marcus Garvey, « le Moïse noir » du mouvement rastafari, apôtre du panafricanisme et chantre du retour vers la terre promise d'Ethiopie. En 1954, la même année que sort *Nations nègres et Culture*, l'un de ses émules, George Granville Monah James, né en Guyane britannique, signe aux Etats-Unis un ouvrage intitulé *Stolen Legacy* – « L'héritage volé » –. Il y développe une thèse selon laquelle « les Grecs ne sont pas les auteurs de la philosophe grecque, mais le peuple du nord de l'Afrique, appelé communément les Egyptiens ».

La même rhétorique sera développée en 1987 par l'Anglais Martin Bernal dans *Black Athena*, traduit en France neuf ans plus tard, avec ce sous-titre explicite : « Les racines afro-asiatiques de la civilisation classique ». L'auteur de cette « Athéna noire » cherche en effet à démontrer que la Grèce est pour l'essentiel l'héritière ingrate de colonisateurs égyptiens et phéniciens. Bernal, sinologue de formation reconverti sur le tard à l'étude des langues de la Méditerranée antique, défend ce qu'il qualifie de « modèle ancien révisé ». Il exhume pour cela des auteurs oubliés du XVIII^e^ siècle, comme l'helléniste Jean Terrasson, dont l'œuvre de fiction, *Sethos*, parue en 1731, prétend dévoiler les arcanes des rites initiatiques de l'Egypte ancienne. Or à cette époque, les hiéroglyphes n'étaient pas encore déchiffrés et Terrasson s'est donc inspiré de ce qu'il savait des cultes grecs et latins. Ses écrits auront d'ailleurs une influence sur la franc-maçonnerie naissante.

Si cette égyptophilie des Lumières a été remplacée par le « paradigme indo-européen » – qualifié tendancieusement de « modèle aryen » –, c'est, à en croire Bernal, parce que le philhellénisme correspondra davantage à l'essor du colonialisme :

« Avec la montée d'un racisme passionnel et systématique au début du XIX^e^ siècle, l'idée même que la Grèce pût être une culture métissée, que des Africains et des Sémites avaient civilisée, fut dès lors non seulement une abomination mais une élucubration dépourvue de tout caractère scientifique. »

L'Egypte a influencé la Grèce. Or les Egyptiens étaient noirs. Donc notre civilisation doit tout à l'Afrique. Tel est le syllogisme défendu par l'ensemble du courant afrocentriste. Les « Blancs » ne sont que des faussaires et des plagiaires. Il s'agit là d'un exemple de protochronisme, une forme de chauvinisme culturel et historique appliquée au service d'un « pan-négrisme » des plus manichéens. Aux valeurs « noires » de créativité, d'harmonie et d'équilibre, sont opposés les travers des Européens, intrinsèquement agressifs et destructeurs.

Dans la revue *Sciences humaines*, Nicolas Journet résumera en ces termes le diagnostic du colloque international *Afrocentrismes – L'histoire des Africains entre Egypte et Amérique*, tenu à Paris en 2000, quinze ans après la mort de Cheikh Anta Diop :

« [...] l'afrocentrisme est surtout un mythe politico-scientifique de facture surannée destiné à faire pièce à la saga indo-européenne et au racisme spontané des théories classiques, au risque de les imiter. De nos jours, les thèses afrocentrées connaissent un renouveau car, comme cela est expliqué, elles servent des causes diverses : alimenter le récit fondateur des églises noires dissidentes, étayer certains ethno-nationalismes africains, conforter la posture critique de cercles intellectuels afro-américains, fonder la spécificité d'une culture noire, justifier le multiculturalisme. Dans tout cela, la dimension militante est toujours prépondérante. »

« Mythologie thérapeutique », l'afrocentrisme cède parfois à la tentation du repli identitaire, basculant alors dans une xénophobie virulente à l'égard de tous les « autres », qu'ils soient blancs, juifs, latinos ou homosexuels. Ainsi Kémi Séba, leader de la Tribu Ka, un groupuscule extrémiste dissous en 2006, n'hésitait pas à proclamer :

« [...] à une époque où le leucoderme [c'est-à-dire le Blanc] marchait encore à quatre pattes dans les cavernes, nous [les Khamites] étions déjà les rois et les propriétaires de ce globe. Par conséquent, nous rejetons l'intégration et proclamons notre droit à reprendre toutes nos possessions. »

Face à l'« impossible retour » vers une Afrique sublimée, certains « khamitistes » se réfugient dans le reconstructionnisme religieux ou dans une réécriture fantasmatique de l'Histoire, adoptant une perspective radicalement « mélanocentrée ». Les uns prient Horus ou Anubis, certains vont jusqu'à déifier leurs héros, tel le Martiniquais René Louis Parfait Etilé, qui dédicace l'un de ses livres au « dernier pharaon » :

« Osiris Diop, tu es la chair même de Rê dans sa barque. Ton âme est le corps de Rê. Ton âme a gagné l'éternité par ses propres efforts. »

D'autres font de Jésus-Christ un marabout africain ou soutiennent que l'Amérique a été découverte dès le XIVe siècle, par une flotte de deux mille pirogues sous la conduite d'Aboubakri II, empereur du Mali. A moins que des Egypto-Nubiens n'aient fondé la civilisation olmèque, dont les statues présentent un aspect étrangement négroïde…

Malgré ses outrances, l'afrocentrisme a sans doute participé d'une certaine prise de conscience. C'est là le mérite de Cheikh Anta Diop, qui s'insurgeait en 1954 : « […] s'il faut en croire les ouvrages occidentaux, c'est en vain qu'on chercherait jusqu'au cœur de la forêt tropicale une seule civilisation qui, en dernière analyse, serait l'œuvre de Nègres. »

Depuis cette date, l'histoire de l'Afrique précoloniale a progressé à pas de géant. Et l'on sait désormais qu'il a existé sur le continent noir de grands Etats, brillants et prospères, au Ghana, au Kanem, au Mali, en Ethiopie, au Zimbabwe ou au Songhaï. Même si ces royaumes, d'une grande diversité culturelle et ethnique, n'étaient pas les héritiers d'une Egypte fabuleuse…

### ***Références et bibliographie***

Martin Bernal, *Black Athena – Les racines afro-asiatiques de la civilisation classique*, Paris, PUF, 1996-1999 (deux tomes)

Cheikh Anta Diop, *Nations nègres et Culture – De l'antiquité nègre égyptienne aux problèmes culturels de l'Afrique noire d'aujourd'hui*, Paris, Editions Présence africaine, 2000

François-Xavier Fauvelle-Aymar, *La Mémoire aux enchères. L'idéologie afrocentriste à l'assaut de l'histoire*, Paris, Verdier, 2009

Bernard Lugan, *Histoire de l'Egypte, des origines à nos jours*, Monaco, Editions du Rocher, 2002

# Hitler s'est caché au pôle Sud

*Quand un personnage historique disparaît dans des conditions obscures, il se trouve toujours quelqu'un pour murmurer qu'il y a eu mise en scène et qu'il a survécu. C'est le cas de Hitler. Au lieu de se suicider à Berlin, le Führer déchu serait allé se terrer... sur le continent Antarctique. En empruntant une soucoupe volante, précisent les plus hardis.*

Le 10 juillet 1945, un sous-marin allemand, le *U-530*, commandé par le lieutenant Otto Wermuth, fait sa reddition dans la base navale de Mar del Plata, en Argentine. Le régime nazi s'est effondré depuis déjà deux mois, à la suite de l'annonce du suicide d'Adolf Hitler dans son bunker de Berlin, le 30 avril. Peu après, le 16 juillet, dans *La Crítica* de Buenos Aires, un journaliste d'origine hongroise, Ladislao Szabo, interprétant à sa manière l'arrivée de l'*U-530*, assure que le Führer n'est pas mort, qu'il s'est enfui avec Eva Braun pour aller se cacher sur une île du cercle Antarctique. Une carte illustre l'article, avec cette légende explicite : « Hitler s'est réfugié sur le sixième continent ».

Le gouvernement argentin a beau démentir, la rumeur ne fait qu'enfler, surtout lorsqu'un second submersible, l'*U-977*, accoste à son tour à Mar del Plata, le 17 août. Les capitaines et les équipages des deux bâtiments sont longuement interrogés, sans résultats. Cependant, les spéculations les plus folles continuent de courir. En 1947, Ladislao Szabo publie un livre résumant son intime conviction, *Hitler está vivo* – « Hitler est vivant » –, sous-titré « *Nuevo Berchtesgaden en el Antártico* » – « Un nouveau Berchtesgaden en Antarctique » –, et bientôt traduit en français sous le titre *Je sais que Hitler est vivant*. D'emblée, l'auteur énonce sa thèse :

« Non, l'homme de Braunau n'est pas mort parmi les ruines de la Chancellerie et sa fuite a été la phase finale de l'exécution d'un des plans les plus hallucinants de l'Histoire, un plan dont les préparatifs exigeaient un travail ardu, une patience de longues années. »

Avec la complicité du grand-amiral Karl Dönitz – qu'il a désigné par testament pour lui succéder en tant que chef de l'Etat et des armées –, Hitler se serait embarqué avec un dernier carré de fidèles, depuis un port norvégien, entre le 22 avril et le 2 mai 1945. Un « convoi fantôme » de sous-marins aurait alors mis le cap vers l'Atlantique

Sud, pour une destination inconnue. Szabo en est certain, aucun pays neutre n'aurait osé accueillir « l'Ennemi mondial numéro un ». Ce n'est donc pas sur les côtes d'Amérique latine que Hitler a transporté ses pénates. Ni même sur quelque île perdue, non mentionnée sur les atlas :

« Existe-t-il quelque part dans le monde un lieu assez inhabité, assez vaste pour qu'il soit presque impossible d'y trouver Hitler et ses compagnons, existe-t-il un refuge dont la caractéristique principale soit son immensité, son étendue telle que l'on ne puisse pratiquement l'englober dans les recherches ?

« Eh bien oui, si incroyable que cela paraisse, cet endroit existe. Sa superficie atteint le chiffre fantastique de quatorze millions de kilomètres carrés, soit quatre millions de plus que le territoire de l'Europe. Ce pays, c'est l'Antarctide, la sixième partie du monde, dont les terres inhospitalières et difficilement accessibles ne sont habitées par aucun être humain. »

A l'intérieur du vaste continent glacé, encore presque inexploré, le dictateur exilé pourrait se cacher « loin du monde habité, aussi éloigné que s'il se trouvait dans une autre planète. [...] Il pourrait vivre en absolue sécurité et continuer ses préparatifs de revanche jusqu'à l'heure où sa réapparition pourrait être opportune ».

Ladislao Szabo, qui n'a rien d'un nostalgique du III^e^ Reich, s'inquiète des conséquences d'une pareille éventualité. Dans son « Berchtesgaden antarctique », Hitler et son groupe ne préparent-ils pas des engins de destruction nouveaux et terribles, peut-être atomiques ? Tapi au milieu de cet arsenal gigantesque, « le monstre qui menace à nouveau de dominer le monde, [...] après avoir trompé la vigilance de ceux qui le poursuivaient, prépare actuellement sa réapparition apocalyptique sur les terres d'Europe, encore fumantes ».

Heureusement, les puissances alliées recherchent activement le Führer et ses séides ! Grâce à leurs radars et autres capteurs thermomagnétiques, ils ne tarderont plus à repérer ce « nouveau Berchtesgaden », avant de le détruire :

« Car l'homme de Braunau doit savoir déjà qu'il ne pourra échapper à son destin. Cette fois le Crépuscule des Dieux sera réel et la dernière bataille livrée par le nazisme se terminera avec la fin que mérite son chef, la figure la plus ténébreuse de l'Histoire. »

Avant d'aller plus loin, précisons qu'il aurait été impossible à un sous-marin du milieu du XX^e^ siècle de rallier, en plein hiver austral, la côte antarctique plongée dans une nuit permanente, par – 40 °C de température moyenne. Auparavant, il lui aurait fallu naviguer sous plus de mille kilomètres de banquise...

Quel chemin tortueux le chroniqueur argentin a-t-il emprunté pour échafauder une théorie aussi fantasmagorique ? Sur quels éléments concrets s'appuie-t-il ? Sur peu de choses en vérité, hormis une expédition scientifique de quelques semaines, menée par l'Allemagne nazie à la veille de la Seconde Guerre mondiale.

Parti de Hambourg le 17 décembre 1938, le *Schwabenland,* ancien cargo de huit mille tonneaux, équipé d'une catapulte pour hydravions par la Lufthansa, jette l'ancre devant la côte de la Princesse-Martha, ainsi baptisée par les Norvégiens neuf années auparavant. Cette zone de l'Antarctique, quasi inviolée, a reçu le nom de terre de la Reine-Maud, en hommage à l'épouse du roi Haakon VII. Mais aucune revendication formelle n'a encore été formulée par la Norvège.

Les buts de l'opération allemande sont limités, et ses moyens modestes. Les trente-trois personnes qui y participent sont essentiellement des savants, topographes, météorologues ou biologistes. Si le *Schwabenland* est placé sous l'autorité d'Alfred Ritscher, capitaine de la Kriegsmarine, il a été choisi en raison de ses campagnes dans l'Arctique et il intervient à titre civil. Plutôt que militaire, l'objectif est économique. L'approvisionnement de l'Allemagne en huile de baleine – utilisée alors pour les savons, la margarine, mais aussi la nitroglycérine – dépend excessivement de ses importations. Créer un secteur de pêche exclusif dans l'océan glacial Austral permettrait de les réduire. Le III$^{e}$ Reich compte également augmenter son prestige international par une prise de possession symbolique. Enfin, le maréchal Hermann Goering, ministre de l'Aviation, souhaite tester de nouveaux moteurs par basse température, dans l'éventualité d'une guerre contre les Soviétiques.

Deux hydravions Dornier Do J – le *Passat* et le *Boreas* – effectuent dans ce cadre une quinzaine de vols de reconnaissance et prennent environ onze mille photographies. En plein cœur de l'été austral, les conditions atmosphériques sont optimales. Une superficie de six cent mille kilomètres carrés est ainsi quadrillée, entre le 10$^{e}$ méridien de longitude ouest et le 20$^{e}$ est, d'une part, les 70$^{e}$ et 75$^{e}$ parallèles de latitude sud d'autre part.

Balisé par des drapeaux à croix gammée, ce territoire reçoit le nom de Neuschwabenland – Nouvelle-Souabe – en référence au navire de l'expédition. Une chaîne, culminant à trois mille cent mètres, le traverse, à deux cents kilomètres du littoral. Elle devient les monts Mühlig-Hofmann, hommage à un directeur du ministère de l'Aviation. Enfin, le pilote Richard Heinrich Schirmacher immortalise son patronyme en repérant, à faible distance du littoral, l'existence d'une « oasis », zone dépourvue de glace de vingt-cinq kilomètres de long sur trois de large, aride et parsemée d'une centaine de lacs.

La mission prend fin le 15 février 1939. Les émissaires de Berlin auront séjourné moins d'un mois dans l'Antarctique, et le déclenchement de la Seconde Guerre mondiale entraîne l'annulation des expéditions qui auraient dû suivre. Aucun Allemand ne remettra plus les pieds sur l'inlandsis durant le conflit. Il faudra attendre 1981 pour que la République fédérale installe la base permanente Georg-von-Neumayer, sur la barrière d'Ekström. En outre, nul document ne laisse supposer que le capitaine Ritscher ait envisagé un établissement de ce genre en 1939, d'autant que le temps lui aurait manqué pour parvenir à ses fins.

Malgré cela, Ladislao Szabo et ses successeurs imaginent plusieurs expéditions clandestines à partir de 1940, et jusqu'en plein cœur du conflit :

« Les techniciens et ouvriers "antarctiques" du Führer eurent plus de quatre ans pour préparer un vaste refuge, doté de tout le confort souhaitable pour un nombreux groupe d'occupants, ils ont pu excaver toute une montagne pour y construire une sorte de Shangri-La, un paradis terrestre en miniature à l'intention du Führer et de ses compagnons, dans un lieu presque inaccessible et habilement dissimulé. Peut-être n'eurent-ils pas même besoin de procéder à des travaux de camouflage. Le manteau de neige, qui s'étend comme un gigantesque linceul sur les quatorze millions de kilomètres carrés du continent, se charge de tout couvrir, sans laisser aucune trace. »

Ces nazis des antipodes, sortis du cerveau fertile de Szabo, édifient des serres chauffées par géothermie pour y cultiver fruits et légumes frais... Ils bâtissent des poulaillers, des étables pour le bétail ! « On y a, sans doute, accumulé, par milliers de tonnes, du mazout, du naphte, des vêtements, du linge, des médicaments, des aliments condensés, des produits vitaminés, des appareils de distillation, des avions, des tracteurs, des armes, des stations de radio et d'autres objets nécessaires à un groupe de quelques centaines de personnes pour vivre là pendant plusieurs dizaines d'années le cas échéant. »

Encore quinquagénaire, Adolf Hitler a dû s'entourer de jeunes hommes et femmes entièrement à sa dévotion, susceptibles de ressaisir le flambeau une ou deux décennies plus tard. N'a-t-il pas eu lui-même – toujours selon Ladislao Szabo – deux héritiers de sa relation avec Eva Braun ? « [...] au cas où il mourrait pendant ce temps-là, ses enfants, qu'il doit avoir auprès de lui, pourraient le remplacer à la tête du mouvement de restauration nazi. »

Le terme Shangri-La est emprunté au roman de James Hilton, *Les Horizons perdus*, publié en 1933. Il désigne un lieu merveilleux, une lamaserie utopique située aux confins du Tibet, dans une atmosphère de quiétude tranquille. Plusieurs auteurs, sans citer leurs sources, affirment que le grand-amiral Dönitz aurait déclaré, durant la guerre, que « la flotte sous-marine allemande est fière d'avoir bâti pour le Führer, dans une autre partie du monde, un Shangri-La sur terre, une forteresse inexpugnable ». Au procès de Nuremberg, le même dignitaire aurait évoqué l'existence d'une « invulnérable forteresse, une oasis paradisiaque au milieu des glaces éternelles ».

En réalité, il s'agit là de citations apocryphes et Dönitz, qui se trouvait à son état-major de Plön, non loin de la frontière danoise, lorsqu'il a appris la mort de Hitler, n'aurait pu tremper dans une improbable évasion. Son principal souci était alors de négocier la capitulation. Et bien loin de défendre l'héritage du nazisme, il a condamné clairement le *Führerprinzip* – le Principe du Chef –, cause du malheur du peuple allemand, « parce que la nature humaine n'est manifestement pas capable d'utiliser pour le bien la puissance que donne ce principe sans succomber aux tentations qu'elle crée ».

Les partisans du « Nouveau Berchtesgaden » ne s'accordent pas, d'ailleurs, quant à sa localisation. Les uns placent cette « base 211 » dans quelque caverne de la côte, d'autres sur les rives des lacs de l'oasis Schirmacher, ou encore dans les profondeurs ignorées des monts Mühlig-Hofmann...

Quoi qu'il en soit, la base secrète nazie aurait été l'objet d'une première attaque des hommes du fameux Secret Air Service – SAS –, dans le cadre de l'opération Tabarin, à la fin de 1945. A cet égard, James Robert, qui a publié en 2005 dans le magazine *Nexus* une série d'articles intitulés *Britain's Secret War in Antarctica* – « Guerre secrète de la Grande-Bretagne en Antarctique » –, rapporte le prétendu témoignage du dernier survivant du commando, resté anonyme. Celui-ci évoque une « immense grotte » anormalement tiède et éclairée artificiellement, des « quais pour les sous-marins » et des « hommes polaires, produits de la science nazie ». Après plusieurs heures de marche dans un tunnel artificiel, les Anglais tombent en effet sur une véritable cité souterraine qu'ils tentent vainement de faire sauter :

« En observant d'en haut les galeries de la caverne, nous fûmes ébahis par le nombre d'ouvriers qui s'activaient ici et là, comme des fourmis. Mais ce qui était le plus impressionnant, c'était l'énormité des constructions en cours. Tout semblait indiquer que les nazis étaient dans l'Antarctique depuis longtemps. »

Bien entendu, ce récit tardif et de seconde main relève de l'affabulation pure et simple. L'opération Tabarin, d'envergure réduite, s'est concentrée autour de la péninsule Antarctique et des îles avoisinantes, dans le prolongement des possessions britanniques des Falkland et de la Géorgie du Sud, et n'a en rien concerné la terre de la Reine-Maud, ni la Nouvelle-Souabe. D'autre part, aucun SAS n'y a pris part, son objectif principal étant d'ordre scientifique.

Exit les Anglais. Alors les Américains ? Le 2 décembre 1946, treize navires, vingt-six avions et cinq mille hommes quittent la base de Norfolk, en Virginie, sous le haut commandement de l'amiral Richard Evelyn Byrd, qui avait survolé le pôle Sud en 1929. Cette opération Highjump, intitulée « Programme de développements navals des Etats-Unis en Antarctique », vise d'abord à établir la souveraineté américaine dans le secteur. Jusqu'au 23 février 1947, des patrouilles maritimes et aériennes sont déployées à partir de la base Little America, établie sur la barrière de Ross, à l'opposé géographique de la terre de la Reine-Maud. Toutes ces manœuvres se font au grand jour et sont couvertes par onze journalistes, qui rédigeront de nombreux articles et ouvrages. Le rapport officiel comportera trois volumes et vingt-quatre annexes. Il détaillera les diverses missions minute par minute. Nulle part il n'est question de nazis, et encore moins de leur chef.

Malgré cela, on prête à l'amiral Byrd des propos qu'il n'a jamais tenus au sujet du « Nouveau Berchtesgaden ». Ainsi, dans de prétendus « Carnets de vol », publiés en 1989 sous son nom mais jamais authentifiés, il aurait consigné l'exploration, au-delà du pôle, d'une région tempérée, aux collines couvertes d'herbe verte où paissaient des mammouths ! Son avion aurait ensuite été escorté par des « disques resplendissants » frappés d'un svastika jusqu'à une « cité miroitant dans les nuances de l'arc-en-ciel ». Là, conduit vers un bâtiment de cristal, l'amiral est reçu par le chef des « Arianni », qui lui délivre un message de paix...

On perçoit dans un tel récit des réminiscences des théories fantastiques de la « Terre creuse », selon lesquelles notre globe posséderait une face interne habitable, accessible par deux larges ouvertures aux pôles et éclairée par un soleil central. Quoi qu'il en soit, cette affabulation paraît s'éloigner de la légende de la survivance du Führer, si ce n'est l'allusion aux croix gammées et aux Aryens.

Pourtant, dès l'aube des années 1950, s'établit une connexion entre le phénomène des soucoupes volantes et le nazisme, qui commence à sécréter sa propre mythologie. Vers la fin de la guerre, la propagande allemande avait cherché à accréditer l'existence de « super-armes » secrètes, capables de retourner la situation militaire. Mais, hormis les fusées V1 et V2 lancées sur l'Angleterre, les savants de Hitler ne développeront aucune technologie révolutionnaire. Ici encore, la fiction va prendre le pas sur la réalité. Les nostalgiques du Grand Reich millénaire, avides de revanche, s'enflamment pour l'idée d'engins volants opérant à partir de la « base 211 », où se terre le dernier bataillon des fidèles du Führer. A les en croire, l'Allemagne d'avant 1945 avait déjà financé, dans le plus grand secret, des projets de « toupies spatiales » utilisant l'antigravitation, le moteur à implosion ou une énergie cosmique, le « vril ». Ainsi aurait été conçu le prototype du *Haubenu III*, d'un diamètre de soixante et onze mètres. Avec une vitesse maximale de quarante mille kilomètres-heure, il aurait pu rallier la planète Mars. Un film récent, *Iron Sky*, suppose, sur le mode humoristique, que des rescapés se seraient établis sur la face cachée de la Lune...

C'est d'ailleurs à bord de ce type d'appareil – et non dans un vulgaire sous-marin – que Hitler aurait gagné son repaire dans l'Antarctique. Inutile de préciser qu'aucun engin de ce genre n'a jamais fonctionné. Et que les essais de disques volants seront abandonnés par les Américains comme par les Soviétiques avant 1960...

Cette idée que les nationaux-socialistes allemands auraient pu disposer de connaissances ésotériques, transmises à eux par des « Supérieurs inconnus », s'épanouit dans le sillage du *Matin des magiciens*, le best-seller de Louis Pauwels et Jacques Bergier déjà évoqué. Hitler y est dépeint comme nourri d'ésotérisme luciférien, car « le nazisme a été un des rares moments, dans l'histoire de notre civilisation, où une porte s'est ouverte sur autre chose, de façon bruyante et visible ».

Par cette porte va s'engouffrer une nouvelle génération de néo-nazis, adeptes d'un « occultisme germanique » revisité, bizarre bric-à-brac de gnose *völkisch*, d'ariosophie, d'irminisme, d'armanisme, de théozoologie, de néo-paganisme et de religions orientales. Le représentant le plus emblématique de ce courant est sans doute l'ancien diplomate argentin Miguel Serrano, mort en 2009. Au fil de ses nombreux ouvrages, celui-ci déroule une hallucinante philosophie, assez cohérente dans sa démence, qui reconnaît en Hitler l'« ultime avatar » des anciens dieux hindous.

Selon la cosmogonie de Serrano, la « race aryenne » aurait été créée par les Hyperboréens venus des étoiles, établis sur la terre mythique de Thulé, à l'extrême-nord de l'Europe. Quant aux Juifs, ils seraient les rejetons d'un mauvais démiurge, des robots génétiques destinés à contaminer les hommes véritables. Reprenant la notion brahmanique de Kali Yuga, il explique que le monde traverse actuellement l'âge de fer, caractérisé par une dégénérescence et une involution irrésistibles. Le seul capable de restaurer l'âge d'or est Adolf Hitler, caché dans le royaume tibétain de Shambhala, où il fourbit ses armes formidables. Car le Führer éternel demeure dans quelque univers parallèle, après avoir été revivifié à l'intérieur de la terre, sous la calotte glaciaire de l'Antarctique :

« Ainsi, le mythe hyperboréen de la résurrection du héros, dans le royaume de Laurin, dans la montagne de Barberousse, de l'oiseau Phénix, s'est déplacé vers la Thulé inversée du pôle Sud. Qu'ils viennent maintenant à nous, les Hyperboréens du Grand Sud ! »

Qu'on se rassure. L'avènement du IVe Reich n'est pas pour demain. L'Antarctide, aujourd'hui entièrement cartographiée, ne dissimule aucune cachette nazie ! Plus d'un millier de scientifiques ont visité la terre de la Reine-Maud. Depuis 2002, des vols réguliers permettent aux touristes de venir pratiquer l'alpinisme sur les contreforts des monts Mühlig-Hoffman. Aucun d'entre eux n'a encore trouvé l'entrée du tunnel conduisant au « Nouveau Berchtesgaden ». En plus de la station allemande Neumayer III située sur la barrière d'Ekström, la base indienne Maitri et la base russe Novolazarevskaya se sont implantées dans l'oasis de Schirmacher, qui n'a rien d'un paradis torride, puisque la température moyenne annuelle n'y excède pas – 10 °C.

Néanmoins, l'imagination ne s'avoue jamais vaincue. Et la découverte récente d'un immense lac sous-glaciaire près de la station russe Vostok a ravivé les espérances les plus folles. N'est-ce pas là qu'il conviendrait de chercher l'improbable base 211 ? A défaut d'une colonie en activité, peut-être y trouverait-on les cendres de Hitler, convoyées par le sous-marin *U-977*, et placées dans un coffret de bronze et de plomb ? L'ufologue russe Constantin Ivanenko en reste convaincu : il existe quelque part un « Empire antarctique germano-slave », rassemblant deux millions de sujets. En 1942, Martin Bormann, l'éminence grise de Hitler, aurait déporté vers le pôle Sud dix mille Ukrainiennes « racialement pures », grandes, blondes et aux yeux bleus. Elles y ont été rejointes par deux mille cinq cents jeunes Waffen-SS, eux aussi triés sur le volet. Leur descendance vit à Neu Berlin – le Nouveau Berlin –, dans des galeries sous-glaciaires chauffées par le volcanisme. Près des ruines préhistoriques de Kadath, bâtie par des colons atlantes, il y a cent mille ans de cela...

### *Références et bibliographie*

René Alleau, *Hitler et les sociétés secrètes – Enquête sur les sources occultes du nazisme*, Paris, Cercle du Nouveau Livre d'Histoire, 1969 (Réédition Tallandier 2014)

Jean-Paul Bled, *Les Hommes d'Hitler*, Perrin, 2015

*Théories folles de l'Histoire*

Nicholas Goodrick-Clarke, *Soleil noir, Cultes aryens, Nazisme ésotérique et Politiques de l'identité*, Editions Camion Noir, 2007

François Kersaudy, *Les Secrets du III^e Reich*, Perrin, 2013

# On n'a jamais marché sur la Lune

*Les expéditions Apollo constituent la plus grande escroquerie de tous les temps. Au centre de cette formidable conspiration, la Nasa, qui a demandé à Stanley Kubrick de tourner les scènes en studio. Heureusement, l'étude attentive des photos et des vidéos le prouve. Enfin, peut-être...*

Le lundi 21 juillet 1969, à 2 heures 56 minutes et 20 secondes UTC, Neil Armstrong foulait le sol lunaire en prononçant sa phrase devenue historique : « Un petit pas pour l'homme, un bond de géant pour l'humanité. » Quelques heures auparavant, le module d'excursion lunaire – Lem – *Eagle* s'était posé sans dommage sur la mer de la Tranquillité, à sept kilomètres du site initialement prévu. Pour l'occasion, les journalistes ont forgé un néologisme : l'alunissage.

Quinze minutes après son coéquipier, Buzz Aldrin descend l'échelle à son tour en s'exclamant, plus prosaïquement : « Belle vue ! Magnifique désolation. » Tous deux dévoilent une plaque commémorative : « Ici des hommes de la planète Terre ont pris pied pour la première fois sur la Lune, juillet 1969 après J.-C. Nous sommes venus dans un esprit pacifique au nom de toute l'humanité. » Ce qui ne les empêche pas de déployer un drapeau des Etats-Unis et de recevoir par téléphone les félicitations du président Richard Nixon : « Jamais les Américains ne se sont sentis aussi fiers. » En pleine guerre froide, la conquête de la Lune – cette Nouvelle Frontière promise dès 1961 par John F. Kennedy – est aussi une victoire sur l'Union soviétique...

Les astronautes regagnent leur module après une sortie de deux heures et trente et une minutes. Ils ont parcouru deux cent cinquante mètres, récolté plus de vingt et un kilos d'échantillons, pris de nombreuses photographies et procédé à plusieurs expériences scientifiques. « La fantastique danse sur la Lune », titre *France-Soir*, tandis que *Le Parisien* annonce : « Ils rentrent de la Lune avec des richesses inestimables. »

Trois jours plus tard, la capsule Apollo 11 retombait dans l'océan Pacifique, ramenant sains et saufs Armstrong, Aldrin et le troisième membre d'équipage, Michael Collins, qui était resté en orbite autour de la Lune. Près de sept cents millions de personnes ont assisté en Mondovision à cette fantastique odyssée. Durant les trois années suivantes, six autres missions Apollo prendront le chemin de l'astre des nuits. Au total, douze hommes auront ainsi le privilège d'accomplir les rêves de Cyrano de Bergerac, de Jules Verne et de Hergé.

« Les cieux font désormais partie du monde des humains », selon la formule de Nixon. Nul ne doute qu'il ne s'agit là que d'une première étape. Que, très bientôt, des colonies permanentes s'établiront sur notre satellite, que de hardis pionniers s'élanceront vers Mars, Vénus et Jupiter… Hélas, les contraintes budgétaires conduisent à annuler les missions Apollo 18 et 19. Depuis lors, des robots ont poursuivi l'exploration de l'espace. Aucun homme n'est retourné sur la Lune…

Sans doute cette désillusion a-t-elle contribué à semer le doute dans certains esprits. En 1976, un certain Bill Kaysing – ex-employé de la Rocketdyne, sous-traitant de la Nasa pour les moteurs de fusée – signe un livre au titre-choc : *We Never Went to the Moon* – « Nous ne sommes jamais allés sur la Lune » –, sous-titré « Une escroquerie à trente millions de dollars ». Selon l'auteur, les Etats-Unis n'auraient pas eu l'expertise technique suffisante pour mener à bien un tel projet. Aussi une fausse opération a-t-elle été montée, en liaison avec la DIA – Agence de renseignement de la Défense. Kaysing relève des anomalies et dénonce un vaste complot : « Ma conviction ne se fonde pas sur une preuve unique, explique-t-il, mais sur tout un ensemble d'éléments. »

D'autres raisons sont avancées pour justifier l'impossibilité des missions Apollo ou leur occultation. Soit la Lune serait déjà occupée par des extraterrestres, soit elle serait un gigantesque mécanisme artificiel – peut-être même un hologramme projeté dans le ciel pour nous tromper ! Pour les plus radicaux, réunis au sein de la Société de la Terre plate précédemment citée, l'idée même d'astronautique est un non-sens, puisque la Lune n'est qu'un luminaire de cinquante kilomètres de diamètre accroché à un peu moins de cinq mille kilomètres d'altitude. *Capricorne One* de Peter Hyams, sorti sur les écrans en 1978, exploite la même veine. Trois astronautes, censés s'envoler vers Mars, se retrouvent dans une base aérienne désaffectée reconvertie en décor de cinéma...

Le poison du soupçon se répandra surtout à partir des années 1990, avec l'essor d'Internet. Au tournant du millénaire, 11 % des Américains croyaient que les missions Apollo relevaient du trucage ou n'avaient pas d'avis sur la question. En 2001, John Moffet produit pour Fox TV un documentaire intitulé *Conspiracy Theory : did we land on the Moon ?* – « Théorie de la conspiration : nous sommes-nous posés sur la Lune ? ». Les élucubrations de Bill Kaysing y sont habilement exposées.

Quels sont ses arguments ? Ils sont pour la plupart basés sur une analyse critique des clichés et des vidéos réalisés par les astronautes. Voici quelques-unes des « preuves », telles qu'elles sont développées sur la Toile…

Sur les images de la mission Apollo 11, la bannière étoilée plantée par Armstrong et Aldrin présente un aspect plissé et semble flotter. Or, chacun sait qu'il n'y a pas d'air sur la Lune, donc pas de vent. En réalité, les mouvements initiaux du drapeau sont dus à l'inertie, après que les deux astronautes ont tenté de l'enfoncer dans le sol très dur. Il s'immobilise très vite et demeurera ensuite parfaitement immobile, maintenu à l'horizontale par une potence métallique. Sa toile a été renforcée de fil de fer rigide, afin d'imiter un aspect fripé. Dans l'émission de vulgarisation américano-australienne *Mythbusters*, l'expérience a été reproduite dans une chambre sous vide. Le comportement du drapeau y est exactement le même que sur la Lune.

La plupart des photographies comportent des croix de repérage – ou réticules – placées sur le plan focal. Cependant, certaines croix disparaissent, comme derrière des éléments clairs du premier plan. Ces éléments n'auraient-ils pas été ajoutés par montage et maladroitement masqués ? Absolument pas. Il s'agit là d'un phénomène optique très connu. Les parties brillantes d'une image « saignent », surexposant ainsi les réticules plus foncés.

Les problèmes d'ombres et de luminosité ont beaucoup préoccupé les sceptiques. Etant donné que le soleil est la seule source directe de lumière sur la Lune et qu'aucun flash ni projecteur n'a été utilisé par les astronautes, comment se fait-il que ceux-ci paraissent parfois très éclairés, alors qu'ils devraient être drapés de pénombre. Ici encore, la réponse est simple. Nul n'ignore que la surface lunaire, en dépit d'un faible albédo, reflète parfaitement le rayonnement solaire. Il suffit de lever les yeux par une nuit de pleine lune pour s'en convaincre ! Sa luminance est plus que suffisante pour déboucher les ombres. D'autre part, les combinaisons claires des astronautes, les parties métalliques du module font également office de réflecteurs. Quant aux ombres projetées, c'est le relief qui donne l'illusion qu'elles ne sont pas parallèles. Selon les lois élémentaires de la perspective, elles deviennent concourantes vers un point de fuite sur le plan de l'image. Enfin, s'il y avait eu plusieurs sources d'éclairage directes – telle une batterie de sunlights –, les objets éclairés projetteraient des ombres dédoublées, ce qui n'est pas le cas.

Les empreintes de bottes photographiées par les astronautes apparaissent bien trop nettes, comme si elles avaient été prises dans du sable mouillé. Or, il n'y a pas d'eau sur la Lune. En fait, le sol lunaire se compose d'une couche d'une vingtaine de centimètres de régolithe, une très fine poussière produite par l'impact incessant des météorites. Fortement chargé par le rayonnement solaire, en l'absence d'atmosphère, le régolithe adhère aux objets, à la manière du charbon de bois pulvérisé ou de la cendre volcanique.

La poussière sélénienne n'a pas fini de s'insinuer dans les neurones des complotistes... Pourquoi n'en aperçoit-on pas le moindre grain sur les pieds du Lem ? D'ailleurs, on ne voit aucun cratère sous l'engin ! Pareillement, au cours du décollage, la poussière déplacée aurait dû recouvrir les traces des astronautes alentour. L'explication est simple, là encore. Il n'y a aucun déplacement d'air sur la Lune, donc les seules choses qui bougent sont celles avec lesquelles on interagit directement. Dans ce cas, la poussée du module n'a mis en mouvement que la poussière qu'elle a atteinte directement, en n'affectant pas son environnement. Comme le réacteur a été coupé juste avant de toucher le sol, par souci de stabilité, la poussière déplacée est retombée immédiatement.

Et les étoiles ? Pourquoi n'en voit-on presque aucune dans un ciel d'un noir d'encre ? Les réalisateurs de « l'alunissage en studio » auraient-ils craint de se trahir en plaçant mal les constellations ? La réponse n'exige qu'une connaissance du b.a.-ba de la photographie. Les appareils utilisés ont été réglés sur un temps de pause très court, en raison de la forte luminosité du jour lunaire et de la vive réflexion de la surface comme des combinaisons des astronautes. Sinon, les premiers plans et les personnages seraient apparus comme des ombres blanches se découpant sur un fond obscur. En revanche, un tel paramétrage interdit de capter la lumière des étoiles, pas assez intense. Certains clichés des différentes missions Apollo laissent d'ailleurs entrevoir la planète Vénus et quelques astres particulièrement brillants.

Sur deux photos prises en 1969, l'arrière-plan de collines est exactement superposable, alors que l'un montre le Lem au premier-plan et l'autre pas. Les faussaires étaient-ils à court de décor ? En fait, il faut cesser de regarder ces images avec des yeux de Terriens. Sur la Lune, l'horizon est plus rapproché à cause de la taille réduite du sphéroïde. En outre, l'absence d'atmosphère, mais aussi de repères – nuages, arbres, maisons, etc. –, rend très malaisée l'appréciation des distances. Les éléments éloignés restent nets et des montagnes situées à plusieurs dizaines de kilomètres peuvent passer pour des buttes proches. C'est pourquoi un même relief, photographié à quelques mètres devant le module, puis à quelques mètres derrière lui, semblera parfaitement identique.

Mais comment diable caméras et films ont-ils résisté aux températures extrêmes qui règnent sur la Lune, de + 125 °C au soleil à – 175 °C à l'ombre ? Ici aussi, le vide stellaire livre la clef de l'énigme. Sur un astre dépourvu d'atmosphère, la chaleur et le froid ne se transmettent que par rayonnement solaire. En conséquence, afin de résister aux variations thermiques, les boîtiers Hasseblad 500 EL ont été recouverts de peinture argentée. Les missions rapporteront plus de dix-huit mille clichés réalisés manuellement, dont près de mille cinq cents pour le seul voyage d'Apollo 11. Il est d'ailleurs possible de les consulter sur le site Internet du *Lunar and Planetary Institute*.

On pourrait multiplier à l'infini les réfutations. Pourquoi le moteur du Lem ne laisse-t-il échapper ni bruit ni fumée ? Toujours l'absence d'atmosphère. Ajoutons, pour faire savant, que le mélange utilisé – hydrazine et tétraoxyde de diazote – se consume sans produire de flammes. Une caméra radiocommandée depuis Houston avait été abandonnée sur la Lune, ce qui explique à la fois les images du décollage... et les défauts du cadrage. Enfin, si les téméraires chevaliers de l'espace n'ont pas péri en traversant les ceintures de Van Allen qui entourent la Terre, c'est que leurs trajectoires évitaient les zones les plus énergétiques. Protégés par des combinaisons spéciales et un blindage en alliage d'aluminium, ils ont reçu le dixième de la dose de radiations maximale admise annuellement pour les travailleurs du secteur nucléaire en France.

La Nasa a peu réagi à ce feu d'artifice de critiques sans fondements scientifiques. Les médias internationaux avaient été associés étroitement à la préparation et au déroulement des dix-sept missions lunaires. Ainsi, pour Apollo 11, un *Press kit* – dossier de presse – de deux cent cinquante pages avait été mis à la disposition des journalistes. Le 14 février 2001, un communiqué des Nasa Facts rappellera s'il en était besoin que « des astronautes américains se sont réellement posés sur la Lune ». L'année suivante, l'Agence nationale songe à demander à l'historien James Oberg d'écrire un livre sur le sujet, avant d'y renoncer.

Le spationaute français Patrick Baudry expliquait ainsi au *Nouvel Observateur* en juillet 2009 cette relative désinvolture :

« La Nasa n'a jamais répondu directement aux accusations de canular. C'est une administration avant d'être une institution. Et dans les pays dits démocratiques, les administrations ont une propension à ne pas s'adresser aux personnes qu'elles estiment peu recommandables. Je comprends cette réaction : vous êtes allés sur la

Lune, vous avez ramené des preuves et on vous demande encore si c'est bien vrai. C'est comme si on demandait à Louis XIV s'il a été roi. [...] La meilleure réponse que la Nasa pourrait donner pour faire taire ceux qui doutent serait d'accélérer le mouvement pour coloniser la Lune. »

Le simple bon sens devrait pourtant suffire. Pour réussir une mystification d'une telle ampleur, il aurait fallu mobiliser des dizaines de milliers de complices dans toutes les disciplines, en s'assurant par la suite de leur silence absolu. De nombreux observatoires et des centaines d'astronomes amateurs ont suivi les missions Apollo en orbite lunaire. Auraient-ils eux aussi été trompés ? Les transmissions venant de la Lune ont été captées par l'ensemble des nations, y compris par les Soviétiques, qui se seraient empressés de dénoncer cette incroyable forfaiture commise par les « impérialistes ». Et si l'alunissage d'Apollo 11 avait été falsifié, pourquoi six missions supplémentaires, elles aussi truquées, multipliant ainsi les risques d'indiscrétions ? Sans parler d'Apollo 13, qui manquera de s'achever tragiquement et n'atteindra jamais la Lune...

Au total, trois cent quatre-vingt-deux kilogrammes de roche lunaire seront rapportés, puis analysés dans un grand nombre de laboratoires indépendants, à travers le monde entier. David

McKay, chercheur en chef du Centre spatial Lyndon B. Johnson de Houston, insiste :

« Les échantillons lunaires sont absolument uniques, très différents des roches terrestres. En effet, ils sont criblés de petits cratères causés par des impacts de météorites. Cela ne peut arriver qu'à des pierres provenant d'une planète avec peu ou pas d'atmosphère, comme la Lune. »

Le géologue Marc Norman, de l'université de Tasmanie, quant à lui, précise :

« Les échantillons lunaires n'ont presque pas d'eau piégée dans leur structure cristalline, et des substances communes telles que les minéraux argileux, omniprésents sur terre, sont complètement absentes dans les roches lunaires. »

Envers et contre tout, Bill Kaysing et ses émules n'en démordent pas. Les photos de la Lune ont été prises sur la base aérienne de Norton, près de San Bernardino, au sud de la Californie, ou, mieux, à l'intérieur de la très mystérieuse « Zone 51 », dans le Nevada. Certains guides touristiques tunisiens préfèrent proposer les monts du désert de Matmata, réputés pour leur aspect aride...

Evoquant Kaysing, Jim Lovell, le commandant d'Apollo 13, se montre tranchant : « Le type est loufoque. Sa théorie me met en colère. Nous avons dépensé beaucoup de temps à nous préparer à aller sur la Lune. Nous avons dépensé beaucoup d'argent, nous avons pris de grands risques, et c'est quelque chose dont tout le monde dans ce pays peut être fier. » Quant à Buzz Aldrin, il lui est arrivé de répliquer aux importunités d'un Bart Sibrel qui le traitait de « couard » et de « menteur » par un coup de poing bien appliqué...

Aujourd'hui, les preuves surabondent. Les satellites de reconnaissance en orbite autour de la Lune ont photographié les sites d'atterrissage des six missions Apollo. Sur l'une d'entre elles, on distingue clairement le Lem d'Apollo 11, sur d'autres les instruments scientifiques laissés par Apollo 14. Des copies des bandes vidéo originales de la sortie de Neil Armstrong ont été retrouvées en 2009 et remastérisées. Cependant, ici comme dans d'autres spéculations insensées, la volonté de croire est acharnée, en dehors de toute rationalité. La science – comme l'Histoire – n'est pas une religion à laquelle on demande d'adhérer par un acte de foi, mais une discipline basée sur des faits. Et le merveilleux garde davantage d'attraits...

Ainsi, un Américain sur cinq considérerait toujours la conquête de la Lune comme une supercherie ! Sur le moteur de recherche en ligne Google, les expressions *Moon fake* et *Moon hoax* – « imposture lunaire » et « canular lunaire » – renvoient à plus de deux cent mille adresses. Dans la seule sphère francophone, les sites conspirationnistes sont légion : « Un pas de trop sur la Lune ! Ou comment la Nasa semble malheureusement avoir réussi le canular du siècle ! »... « L'homme sur la Lune en 1969, le plus gros mensonge de l'ère moderne »... « Mission humaine sur la Lune : le canular d'Apollo 11 »... ou encore : « Complot Lune – les preuves que la Nasa nous ment »...

Selon le dernier avatar de ce roman fantastique, le réalisateur des « faux » tournages d'Apollo ne serait autre que Stanley Kubrick, le père de *2001, l'Odyssée de l'espace* en personne. Le Pentagone l'aurait choisi dès 1963 en raison de ses compétences techniques. Jay Weidner, ex-animateur de radio à Seattle et amateur de théories alternatives, en est persuadé. Comme plus tard Dan Brown avec son *Da Vinci Code*, Kubrick aurait truffé son film d'horreur *Shining*, tiré d'un roman de Stephen King, d'allusions codées dévoilant son implication dans l'affaire.

Ainsi la sinistre « chambre 237 », où il ne faut pas entrer, symboliserait la Lune, éloignée de la Terre d'environ 237 000 milles. Dans la scène où il transgresse cette interdiction et manque d'être étranglé, le petit Danny porte un pull « Apollo 11 ». Quant aux sœurs jumelles fantômes, elles évoqueraient le programme Gemini – Gémeaux –, préparatoire aux missions lunaires. En proie à la psychose, le héros Jack Torrance tape sans fin sur sa machine à écrire la phrase : « *All work and no play make Jack a dull boy* – « A trop travailler sans s'amuser, Jack devient un type assommant » –, dont le premier mot doit en réalité se lire « A11 », c'est-à-dire « Apollo 11 »... Tout cela n'est guère convaincant. Stanley Kubrick était certes féru de symbolisme caché, peut-être doutait-il lui-même de la véracité de la conquête de la Lune, mais on ne saurait aller plus loin sans sombrer corps et biens dans la mer de la Crédulité...

### *Références et bibliographie*

Neil Armstrong, *J'ai marché sur la Lune*, Paris, Le Bouscat, L'Esprit du temps, 2008

Claude Lafleur, *Apollo, la plus formidable histoire du XX^e siècle*, Kindle Amazon Digital Services LLC, 2016

Philippe Lheureux, *Lumières sur la Lune – la Nasa a-t-elle menti ?*, Chatou, Editions Carnot, 2000

Philippe Nessmann, *Ceux qui rêvaient de la Lune : Mission Apollo*, Paris, Flammarion, 2009

# Napoléon descendait du Masque de fer

*Et si, dans les veines de Napoléon I$^{er}$, coulait le sang des rois de France ? Selon une invraisemblable légende, son ancêtre direct aurait été le fils du fameux Masque de fer, enfermé sur l'une des îles de Lérins, près de Cannes. L'enfant – venant* « de buona parte », « *de bonne part* » *– aurait été confié à une famille corse...*

Dans son *Mémorial de Sainte-Hélène*, Emmanuel de Las Cases rapporte une « fable ingénieuse ». Un jour que l'on évoquait le Masque de fer, quelqu'un avait expliqué que « travaillant à des cartes généalogiques, on était venu lui démontrer sérieusement que lui, Napoléon, était le descendant linéal de ce Masque de fer, et par conséquent l'héritier légitime de Louis XIII et de Henri IV, de préférence à Louis XIV, et à tout ce qui en était sorti ».

L'Empereur, qui avait déjà entendu l'anecdote, en tire, toujours selon Las Cases, cette morale :

« [...] la crédulité des hommes est telle, leur amour du merveilleux si fort, qu'il n'eût pas été difficile d'établir quelque chose de la sorte pour la multitude, et qu'on n'eût pas manqué de trouver certaines personnes dans le Sénat pour le sanctionner, et probablement celles-là mêmes qui plus tard se sont empressées de le dégrader sitôt qu'elles l'ont vu dans l'adversité. »

Après quoi Las Cases livre quelques détails :

« Le gouverneur des îles Sainte-Marguerite, disait-on, auquel la garde du Masque de fer était alors confiée, se nommait M. de Bonpart, circonstance au fait déjà fort singulière. Celui-ci, assurait-on, ne demeura pas étranger aux destinées de son prisonnier. Il avait une fille ; les jeunes gens se virent, ils s'aimèrent. Le gouverneur en donna connaissance à la cour ; on y décida qu'il n'y avait pas grand inconvénient à laisser cet infortuné chercher dans l'amour un adoucissement à ses malheurs, et M. de Bonpart les maria. [...] Les enfants qui naquirent de ce mariage furent clandestinement ou sans bruit écoulés vers la Corse, où la différence de langage, le hasard ou l'intention avaient transformé leur nom de Bonpart en Bonaparte et Buonaparte ; ce qui au fond présente le même sens. »

Selon une variante, on aurait recommandé à la nourrice d'entourer le nouveau-né des meilleurs soins, en l'assurant qu'il venait « *de buona parte* » – « de bonne part »...

On n'ignore pas aujourd'hui que les Bonaparte d'Ajaccio étaient issus d'une vieille lignée de notables de Sarzane, en Ligurie. L'Empereur lui-même – non sans une pointe de fausse modestie – confiera au docteur Antommarchi, qui le rapporte dans les *Derniers Moments de Napoléon* :

« Ma noblesse, à moi, date de Millesimo, de Rivoli, du 18 Brumaire, où je déjouai les trames ourdies contre la nation. Celle de ma famille est plus ancienne. Elle se perd dans la nuit du Moyen Age. [...] On essaya bien des fois de mettre en jeu ma vanité gentilhommière, mais l'amorce était mal choisie. Je ne voulus jamais rien entendre à cet égard. [...]

« L'expédition d'Egypte, le Consulat mirent les généalogistes en verve. Il n'y eut pas un parchemin qui ne fût compulsé, interrogé. J'étais allié à l'ancienne maison d'Este, à celle d'Angleterre ; je ne sais à qui je ne tenais pas. [...] Une Bonaparte avait été mariée à un Médicis ; une autre avait donné le jour à Paul V ; une troisième je ne sais à quel autre personnage. »

De telles fantaisies généalogiques ne sont évidemment pas le fait du seul Premier Empire. Les auteurs de jadis ne soutenaient-ils pas que les rois de France descendaient d'un cousin d'Enée, le Troyen Francion ? Pour leur part, les Habsbourg se donnaient pour ancêtre direct Cham, l'un des trois fils de Noé, tandis que les souverains anglais s'enorgueillissaient de compter parmi leurs aïeux le mythique roi Arthur et l'empereur Constantin, quand ils ne se disaient pas héritiers directs du roi David et des tribus perdues d'Israël.

Si Napoléon Ier – répugnant à se réclamer « le descendant de quelque odieux légitime » – ne s'est pas « prêté à ces momeries », il n'empêche que la légende du Masque de fer a donné lieu, depuis trois siècles, à bien des vaticinations historiques. Dans sa forme la plus achevée, le mystérieux captif ne serait autre qu'un frère jumeau de Louis XIV.

A l'origine de l'affaire, il y a, le lundi 19 novembre 1703, le décès avéré, à la Bastille, d'un prisonnier de marque, gardé au secret depuis cinq ans. Le lendemain, le défunt est inhumé au cimetière Saint-Paul sous le nom de Marchioly – ou Marchialy –, « âgé de quarante-cinq ans environ », comme l'atteste l'acte paroissial. Le registre d'écrou du lieutenant Etienne du Junca livre de précieux renseignements :

« [...] ce prisonnier inconnu, toujours masqué d'un masque de velours noir, que M. de Saint-Mars, gouverneur, avait amené avec lui, en venant des îles Sainte-Marguerite, qu'il gardait depuis longtemps, lequel s'étant trouvé un peu mal en sortant de la messe, il est mort le jourd'hui sur les 10 heures du soir [...] et ce prisonnier inconnu gardé depuis si longtemps a été enterré le mardi à 4 heures de l'après-midi, 20 novembre, dans le cimetière Saint-Paul, notre paroisse. » Avec cette adjonction en marge : « J'ai appris depuis qu'on l'avait nommé sur le registre M. de Marchiel, qu'on a payé quarante livres d'enterrement. »

On brûle les effets personnels et la literie de l'inconnu. Les murs de sa chambre sont grattés et blanchis à la chaux, le sol repavé, afin de faire disparaître les traces de son séjour. On craint en effet qu'il n'ait caché un billet ou laissé quelque marque permettant de l'identifier.

Avant la Bastille, ce mystérieux personnage avait été enfermé dans la forteresse de Pignerol, près de Turin, puis à Exilles et enfin au fort de l'île Sainte-Marguerite, au large de Cannes, toujours sous la garde d'un ancien mousquetaire, Bénigne Dauvergne de Saint-Mars. Le 4 septembre 1687, une feuille janséniste manuscrite se faisait l'écho de la translation de ce « prisonnier d'Etat » vers la Provence :

« Personne ne sait qui il est. Il y a défense de dire son nom et ordre de le tuer s'il l'avait prononcé. Celui-ci était enfermé dans une chaise à porteurs ayant un masque d'acier sur le visage, et tout ce qu'on a pu savoir de Saint-Mars était que ce prisonnier était depuis de longues années à Pignerol, et que tous les gens que le public croit morts ne le sont pas. »

Douze ans plus tard, une gazette parisienne annonçait :

« M. de Saint-Mars, qui était gouverneur des îles de Saint-Honorat et de Sainte-Marguerite, est arrivé ici depuis quelques jours pour prendre possession du gouvernement de la Bastille [...] où il a fait mettre un prisonnier qu'il avait avec lui, et il en a laissé un autre à Pierre-en-Cise, en passant à Lyon. »

Encore une fois, le registre d'écrou confirme :

« Du jeudi 18 de septembre [1698] à 3 heures après-midi, monsieur de Saint-Mars, gouverneur du château de la Bastille, est arrivé pour sa première entrée venant de son gouvernement des îles Sainte-Marguerite et Honorat, ayant avec lui dans sa litière un ancien prisonnier qu'il avait à Pignerol, lequel il fait tenir toujours masqué, dont le nom ne se dit pas. »

Qui donc était-ce ? Une cinquantaine de pistes ont été explorées. Citons les noms du ministre disgracié Nicolas Fouquet, du duc de Beaufort, de Henri II de Guise, d'un prétendu amant noir de la reine, d'un bâtard de Charles II d'Angleterre ou d'Oliver Cromwell, voire de d'Artagnan ou de Molière ! Aujourd'hui, beaucoup d'historiens s'accordent à penser que l'homme masqué était soit le comte Mattioli, secrétaire d'Etat du duc de Mantoue, soit un valet du nom d'Eustache Danger, détenteur de quelque secret politique. Il semble surtout que Saint-Mars, vieux briscard vaniteux et aigri, ait cherché à se faire valoir en entourant son captif de beaucoup plus de précautions qu'il n'était nécessaire. En laissant courir la rumeur, en inventant des « contes jaunes », selon sa propre expression, il lui a accordé une importance qu'il n'avait sans doute pas.

Le mythe ne fera que croître et embellir tout au long des XVIII^e et XIX^e siècles. Les *Mémoires secrets pour servir à l'histoire de Perse,* une satire à clef sur le règne de Louis XIV, imprimée à Amsterdam en 1745, laisse d'abord supposer que l'homme au masque aurait été le comte de Vermandois, fils légitimé du roi et de Louise de La Vallière, claquemuré pour avoir souffleté le dauphin :

« Le commandant de la citadelle d'Ormuz [Sainte-Marguerite] traitait son prisonnier avec le plus profond respect ; il le servait lui-même et prenait les plats à la porte de l'appartement des mains des cuisiniers, dont aucun n'avait jamais vu le visage de Giafer [Vermandois].

« Le prince s'avisa un jour de graver son nom sur le dos d'une assiette avec la pointe d'un couteau. Un esclave, entre les mains de qui tomba cette assiette, crut faire sa cour en la portant au commandant, et se flatta d'en être récompensé ; mais ce malheureux fut trompé dans son espérance, et l'on s'en défit sur-le-champ, afin d'ensevelir avec lui un secret d'une si grande importance.

« Giafer resta plusieurs années dans la citadelle d'Ormuz. On la lui fit quitter, pour le transférer dans celle d'Ispahan [la Bastille] [...]. On prenait la précaution, autant à Ormuz qu'à Ispahan, de faire mettre un masque au prince lorsque, pour cause de maladie ou pour tout autre sujet, on était obligé de l'exposer à la vue. Plusieurs personnes dignes de foi ont affirmé avoir vu plus d'une fois ce prisonnier masqué, et ont rapporté qu'il tutoyait le gouverneur qui, au contraire, lui rendait des respects infinis. »

En 1751, Voltaire évoque l'énigme dans son *Siècle de Louis XIV* sans se prononcer encore sur l'identité de ce prisonnier insolite. Il affirme que le personnage a été arrêté en 1661, après la mort de Mazarin. Il est aussi le premier à mentionner le détail – propre à exciter l'imagination – du « masque dont la mentonnière avait des ressorts d'acier qui lui laissaient la liberté de manger avec le masque sur le visage ». Voltaire précise que le prisonnier était traité avec des égards extraordinaires, qu'on faisait de la musique dans sa cellule et que « son plus grand goût était pour le linge d'une finesse extraordinaire et pour les dentelles ».

Une réédition, l'année suivante, ajoute l'anecdote de l'assiette d'argent sur laquelle le prisonnier aurait gravé son nom avant de la lancer par la fenêtre de son cachot. Au pêcheur illettré qui la lui rapporte, le gouverneur aurait déclaré : « Allez, vous êtes bien heureux de ne pas savoir lire. »

Il faut attendre 1764, et la septième édition du *Dictionnaire encyclopédique*, pour que le patriarche de Ferney – par le biais d'une prétendue « addition de l'éditeur » – dévoile ses batteries :

« Le Masque de fer était sans doute un frère, et un frère aîné de Louis XIV, dont la mère avait ce goût pour le linge fin sur lequel M. de Voltaire appuie. Ce fut en lisant les mémoires de ce temps, qui rapportent cette anecdote au sujet de la reine, que, me rappelant ce même goût du Masque de fer, je ne doutai plus qu'il ne fût son fils, ce dont toutes les autres circonstances m'avaient déjà persuadé.

« On sait que Louis XIII n'habitait plus depuis longtemps avec la reine, que la naissance de Louis XIV ne fut due qu'à un heureux hasard habilement amené ; hasard qui obligea absolument le roi à coucher en même lit avec la reine. Voici comme je crois que la chose serait arrivée. La reine aura pu s'imaginer que c'était par sa faute qu'il ne naissait point d'héritier à Louis XIII. La naissance du Masque de fer l'aura détrompée. Le cardinal, à qui elle aura fait confidence du fait, aura su par plus d'une raison, tirer parti de ce secret ; il aura imaginé de tourner cet événement à son profit et à celui de l'Etat. Persuadé par cet exemple que la reine pouvait donner des enfants au roi, la partie qui produisit le hasard d'un seul lit pour le roi et la reine fut arrangée en conséquence. Mais la reine et le cardinal, également pénétrés de la nécessité de cacher à Louis XIII l'existence du Masque de fer, l'auront fait élever en secret. Ce secret en aura été un pour Louis XIV jusqu'à la mort du cardinal Mazarin.

« Mais ce monarque, apprenant alors qu'il avait un frère et un frère aîné que sa mère ne pouvait désavouer, qui d'ailleurs portait peut-être des traits marqués qui annonçaient son origine, faisant réflexion que cet enfant, né durant le mariage, ne pouvait, sans de grands inconvénients et un horrible scandale, être déclaré illégitime après la mort de Louis XIII, Louis XIV aura jugé ne pouvoir user d'un moyen plus sage et plus juste qu'il employa pour assurer sa propre tranquillité et le repos de l'Etat : moyen qui le dispensait de commettre une cruauté que la politique aurait représentée comme nécessaire à un monarque moins consciencieux et moins magnanime que Louis XIV. »

Voltaire suggère donc que l'homme au masque était un frère utérin du roi qu'Anne d'Autriche aurait eu avec Richelieu. A la faveur de la Révolution vont s'échafauder sur cette base de nouveaux développements, de plus en plus extravagants. Ainsi, en 1790, Charpentier, dans *La Bastille dévoilée*, fait du malheureux inconnu le fils du duc de Buckingham. Dorat-Cubières, « citoyen et soldat », est probablement le premier à soutenir l'idée d'un frère jumeau de Louis XIV, dans son *Voyage à la Bastille fait le 16 juillet 1789 et adressé à Madame de G. à Bagnols*. Cet enfant inattendu serait né le soir du 5 septembre 1638, « pendant le souper du roi ». Or, les *Mémoires* du maréchal de Richelieu, parus entre 1790 et 1793, semblent conforter cette « révélation ». Un document, joint en annexe, en éclaire les derniers points obscurs. Il s'agit d'une *Relation de la naissance et de l'éducation du prince infortuné soustrait par les cardinaux de Richelieu et Mazarin à la société, et enfermé par ordre de Louis XIV*. Mademoiselle de Valois, maîtresse du maréchal, l'aurait obtenue de son père, le Régent.

Le fameux prince surnuméraire y naît effectivement dans la soirée, à 8 h 30. Or, selon certains juristes, le deuxième jumeau était réputé l'aîné. On entrevoit l'imbroglio dynastique ! Aussi les rares témoins présents jurent-ils de garder le silence. L'enfant sera d'abord élevé par la sage-femme « dame Perronnette », puis conduit en Bourgogne par Saint-Mars. A vingt ans, il découvre son funeste secret, qui le condamne à la détention perpétuelle…

La vérité était-elle enfin dévoilée ? Hélas, cette pseudo-*Relation* est truffée d'erreurs factuelles. Le nom même de M. de Saint-Mars – qui pourtant en serait l'auteur – est orthographié « Cinq-Mars » ! Le faussaire a confondu le geôlier du Masque de fer et le dernier favori de Louis XIII. En réalité, ce récit apocryphe se révélera le fruit de l'imagination de l'abbé Soulavie, secrétaire du maréchal de Richelieu. D'ailleurs, les conditions d'un accouchement d'une reine de France, en présence de la foule des princes et des courtisans, rendent une pareille supercherie inenvisageable.

Néanmoins, cette fable historique continuera sur sa lancée, reprise et amplifiée par des plumitifs imprudents et – avec plus de bonheur – par Alexandre Dumas, dans son *Vicomte de Bragelonne*. On y voit Aramis, éternel comploteur devenu évêque de Vannes et général des jésuites, pénétrer à la Bastille afin de dévoiler au jumeau du roi, prénommé Philippe, sa triste destinée :

« Vous allez entendre, dit Aramis, un récit que peu de gens sont en état de faire à l'heure qu'il est ; car ce récit est un secret que l'on croit mort avec les morts, ou enseveli dans l'abîme de la confession. [...]

« La reine donna donc le jour à un fils. Mais quand toute la cour eut poussé des cris de joie à cette nouvelle, quand le roi eut montré le nouveau-né à son peuple, et à sa noblesse, quand il se fut gaiement mis à table pour fêter cette heureuse naissance, alors la reine, restée seule dans sa chambre, fut prise, pour la seconde fois, des douleurs de l'enfantement, et donna le jour à un second fils. [...]

« On courut aussitôt à la salle où le roi dînait ; on le prévint tout bas de ce qui arrivait ; il se leva de table et accourut. Mais, cette fois, ce n'était plus la gaieté qu'exprimait son visage, c'était un sentiment qui ressemblait à de la terreur. Deux fils jumeaux changeaient en amertume la joie que lui avait causée la naissance d'un seul, attendu que ce que je vais vous dire, vous l'ignorez certainement, attendu qu'en France, c'est l'aîné des fils qui règne après le père. [...] Et que les médecins et les jurisconsultes prétendent qu'il y a lieu de douter si le fils qui sort le premier du sein de sa mère est l'aîné de par la loi de Dieu et de la nature. [...]

« Eh bien, continua Aramis, voilà ce qu'on rapporte, voilà ce qu'on assure, voilà pourquoi un des deux fils d'Anne d'Autriche, indignement séparé de son frère, indignement séquestré, réduit à l'obscurité la plus profonde, voilà pourquoi ce second fils a disparu, et si bien disparu que nul en France ne sait aujourd'hui qu'il existe, excepté sa mère... »

Même Jules Michelet, dans sa monumentale *Histoire de France*, s'y laisse prendre. Evoquant les Bourbons, il affirme : « Très probablement, l'enfant fut un aîné de Louis XIV, et sa naissance obscurcissait la question, capitale pour eux, de savoir si Louis XIV, leur auteur, avait régné légitimement. »

Dans les années 1960, l'écrivain et cinéaste Marcel Pagnol sera le dernier à mettre son talent au service de cette thèse impossible. Pour lui aussi, l'homme au masque était le frère de Louis XIV, et leur ressemblance explique son calvaire :

« Que l'on cache ce visage sous le masque et dans une litière aux approches de Paris, qu'on le cache à

Lauzun, à du Junca, au médecin de la Bastille, cela prouve qu'il doit être connu à Paris. Qu'on le cache avec tant de précautions au vieux curé d'Exilles, aux sentinelles, aux soldats de l'escorte, aux paysans provençaux que l'on pourrait rencontrer sur la route, entre Exilles et Sainte-Marguerite, qu'on le cache aux paysans du Palteau, c'est la preuve que ce visage est célèbre. A une époque sans photographies, sans journaux illustrés, sans cinéma et sans télévision, le seul visage reconnaissable partout, c'était celui du roi, que tout le monde avait dans sa poche, sur les pièces de monnaie. »

Pourtant le père de *César* et de *Marius* ne poussera pas la galéjade jusqu'à prétendre que cet illustre profil avait quelque similitude avec celui du Petit Caporal...

### *Références et bibliographie*

Nicolas Carreau, *Les Légendes du Masque de fer*, Paris, Vuibert, 2014

Emmanuel de Las Cases, *Mémorial de Sainte-Hélène*, Paris, Points, 2011

Marcel Pagnol, *Le Secret du Masque de fer*, Monte-Carlo, Editions Pastorelly, 1992

Jean-Christian Petitfils, *Le Masque de fer, entre histoire et légende*, Paris, Perrin, 2002

## Le Christ s'est arrêté à Shingo

*Selon une tradition locale, Jésus-Christ – alias Daitenku Taro Jurai – serait mort plus que centenaire dans le village de Shingo, au nord-est de la région de Tohoku, sur l'île de Honshu au Japon... On y visite la « Tombe du Christ », véritable attraction touristique. Canular ou légende aux origines obscures ?*

Quittant le port de Hachinohe, la route nationale 454 serpente au milieu d'une campagne silencieuse, aux paysages grandioses, où rien ne rappelle les fourmilières de Tokyo ou de Yokohama. Sous un ciel lumineux ennuagé de blanc, à l'air diaphane, s'étalent les rizières, les serres horticoles et les vergers, cernés au loin par le vert profond des forêts. Dans ce climat de moyenne montagne, les hivers sont longs et enneigés. Et le temps y semble comme suspendu...

A quelques kilomètres au-delà du village de Shingo, avant d'atteindre le lac Towada, principale attraction touristique de la région, un panneau indique, sur la droite, « Tombeau du Christ ». Si, intrigué, l'on gare sa voiture sur le petit parking aménagé près d'une baraque de souvenirs et d'un distributeur de boissons gazeuses, si l'on gravit ensuite la rampe puis l'escalier raide qui conduit au sommet de la colline surplombant l'endroit, l'on découvre dans une clairière deux monticules de terre battue entourés d'une palissade blanche. Sur chacun d'eux est plantée une haute croix de bois peinte. A en croire une pancarte rédigée en anglais et en japonais, le véritable Saint-Sépulcre serait ici, et non à Jérusalem :

« Arrivé au Japon à l'âge de vingt et un ans, Jésus-Christ y poursuivit sa formation spirituelle jusqu'à trente-trois ans. Retourné en Judée, il commença sa prédication. Mais les Juifs de l'époque, loin de suivre les préceptes du Christ, cherchèrent à l'arrêter et à le crucifier. Ce fut Isukiri, son petit frère, qui se sacrifia pour lui et finit sa vie sur la croix. Par ailleurs, Jésus, qui avait échappé à la crucifixion, mena un pénible voyage et arriva de nouveau au Japon. Installé dans ce village de Herai, il y mourut à l'âge de cent six ans. Ce lieu saint rend hommage à Jésus-Christ (à droite) et à son frère Isukiri (à gauche). Cette histoire aurait été dictée par Jésus dans son testament. »

Voilà qui ne ressemble guère aux récits des Evangiles canoniques ! Quoi qu'il en soit, l'un de ces tumulus renfermerait les ossements de

Daitenku Taro Jurai – le nom adopté par Jésus au Japon – et l'autre une oreille de son frère cadet et une mèche des cheveux de leur mère, la Vierge Marie ! Une plaque de marbre, scellée entre les deux tombes et inaugurée en 2004 par l'ambassadeur Eli Cohen, témoigne « de l'amitié entre l'Etat d'Israël, la ville de Jérusalem et Shingo ».

Non loin du site a été bâti un musée de la Légende – Den Syou Kan –, aux faux airs de temple méthodiste, avec ses murs de planches sombres et son clocher surmonté d'une croix blanche. Chaque année, entre dix mille et trente mille curieux viennent y contempler les « preuves » qu'il renferme, en particulier une copie du fameux « testament », dont l'original a malheureusement disparu…

D'autres vitrines présentent diverses coutumes locales propres à accréditer cette thèse incroyable. Ainsi, il paraît que les mères de Shingo – à moins que ce ne soient les moines bouddhistes – traçaient naguère, sur le front des nouveau-nés, une croix au fusain, avant leur première sortie. Les nourrissons étaient couchés dans des paniers ronds tressés, comme en Terre sainte, et les adultes se vêtaient de tuniques rappelant les costumes des prêtres juifs et des lévites. Un ancien du village, Kenji Kosaka, a rapporté que l'on dessinait également des croix à l'intérieur des cercueils, et que les enfants arboraient une étoile de David au revers du col. D'ailleurs, l'emblème de la famille Sawaguchi – descendants présumés de Daitenku Taro Jurai – n'est-il pas une sorte d'étoile, certes à cinq branches ?

Dans la boutique du musée, livres, brochures et DVD sont à la disposition de ceux qui voudraient approfondir la question. Quant aux gourmands, ils apprécieront un bol de « nouilles du Christ », avant de savourer un pot de glace Dracula parfumée à l'ail – une spécialité du pays –, dont le couvercle est orné d'un crucifix. Ou encore d'emporter en souvenir une bouteille de « saké de Jésus » !

Chaque premier dimanche de juin, depuis 1963, se déroule le Kirisuto Matsuri – ou « Festival du Christ ». Devant quelques centaines de curieux, des villageoises en kimono dansent une ronde autour des tombeaux en psalmodiant une vieille litanie aux paroles mystérieuses : « *Nanyado yara, nanyado nasareno, nanyado yara...* » Personne ne comprend leur signification, mais les gardiens de la légende assurent que ces mots viendraient de l'hébreu, déformés par deux millénaires de transmission orale. « Nasareno » n'évoque-t-il pas évidemment le « Nazaréen » ? Serait-ce une prière pour apaiser l'esprit tourmenté de Jésus-Christ ? Les plus hardis préfèrent y voir un hymne guerrier de l'ancienne Judée et traduisent : « Louez le Seigneur qui a chassé nos ennemis ! » Pour leur part, les linguistes sérieux y devinent les échos de quelque chanson paillarde aujourd'hui oubliée...

Cela étant, le Festival du Christ ne revêt nul aspect chrétien, ni même cultuel, nonobstant la participation de prêtres shintos, la religion autochtone du Japon. L'événement se termine par un concours de poésie, des libations et un repas convivial. Car il s'agit avant tout d'un spectacle folklorique, aux retombées commerciales non négligeables.

Que diable serait donc venu faire Jésus dans cette région perdue du nord-est de Honshu, la plus grande île de l'archipel nippon ? Dans cette bourgade isolée où ne réside qu'une seule chrétienne, Toshiko Sato, une dame âgée originaire de Kobé, sans aucune église à moins de cinquante kilomètres à la ronde ? Ce mythe – ou ce canular – trouve ses origines dans les années 1930.

Le maire de l'époque, un certain Denjiro Sasaki, désespère d'attirer des visiteurs à Shingo. Ce bourg d'à peine trois mille âmes, souvent inaccessible à la mauvaise saison, a en tout et pour tout une fabrique de yaourts pour unique centre d'intérêt. Le lac Towada vient d'être constitué en parc national, mais hélas le village n'a pas été inclus dans son périmètre.

C'est alors que Sasaki a l'idée de faire appel à deux experts dans le domaine de l'histoire mystérieuse : Katsutoki Sakai et Banzan Toya.

Le premier – un ex-missionnaire chrétien – professe que l'Empire du Soleil-Levant recèle les plus anciennes pyramides au monde, bien antérieures à celles d'Egypte ou du Mexique. Selon lui, le mot « pyramide » dérive d'ailleurs du japonais *hiramitto* ! Quant au cinéaste Banzan Toya, il s'est fait une spécialité des reportages d'archéologie fantastique.

Comme il se doit, les deux compères ne tardent pas à dénicher une « pyramide » au détour de quelque sentier escarpé. Mais n'allez pas imaginer Khéops ou Chichen Itza ! En réalité, le site d'Oishigami – à trois kilomètres du futur « Tombeau du Christ » – se résume à quelques gros rochers, vénérés depuis toujours sous l'appellation du « Grand Dieu Caillou ».

Afin d'« authentifier » leur découverte, Sakai et Toya s'adressent à un troisième larron, Kiyomaro Takenouchi, un grand prêtre shinto, fondateur de la secte nationaliste Amatsukyo. Ce curieux personnage, aux prétendus pouvoirs oraculaires, détiendrait en outre des « trésors sacrés » et des archives familiales si anciennes qu'elles relateraient des faits survenus il y a plus de trois cents milliards d'années ! Ces « documents Takenouchi », transmis pieusement de génération en génération, auraient été retranscrits vers le Ve siècle de notre ère par l'ancêtre direct de Kiyomaro, Takenouchi Matori, d'après des originaux rédigés en « caractères de l'ère divine » – *kamiyo moji*. L'ensemble de ces pièces, conservées au temple du Koso Kotai Jingu, à Isohara, dans la préfecture d'Ibaraki, constitue la « Chronique de toutes les nations à l'ère divine » – *Kamiyo no bankoku shi*. Inutile de préciser qu'il s'agit là d'une collection apocryphe, forgée pour les besoins de la cause, au plus tôt vers la fin du XIXe siècle.

Le contenu en sera livré beaucoup plus tard, par le journaliste Wado Kosaka. Mort en 2002, celui-ci a consacré sa vie à la divulgation de ces fameux « documents Takenouchi », dont il prétendait que « la vision de l'histoire du monde que nous avons aujourd'hui [en] sera totalement bouleversée ». On y apprend qu'en des temps immémoriaux les ancêtres de la race humaine sont venus du cosmos à bord de vaisseaux spatiaux. Ces *sumera-mikoto*, semblables à des dieux, ont instauré un gouvernement mondial au Japon, où les grands initiés – Moïse, Lao-Tseu, Confucius, Bouddha, Jésus ou Mahomet – se rendront tour à tour, afin de puiser à la source de toute sagesse.

L'Histoire a toujours été une lutte incessante contre les forces de décomposition. Plus d'une centaine de catastrophes planétaires – ou *tenpenchii* – ont ponctué la difficile marche de l'humanité. C'est ainsi que les fabuleuses civilisations de Mu ou de l'Atlantide ont véritablement existé, avant d'être submergées par les océans. Dans cet échafaudage fantasmagorique, l'archipel nippon – berceau des « cinq couleurs » qui ont peuplé la terre – tient une place prédominante. Et l'empereur – le *tenno* –, d'essence divine, est appelé à devenir monarque universel.

Dans le Japon de l'entre-deux-guerres, de telles théories entrent en résonance avec les aspirations totalitaires et expansionnistes de la faction dite de la « voie impériale » – *Kodoha* –, active au sein de l'armée. A l'avènement de Hirohito, en 1926, la secte Amatsukyo rassemble déjà près de dix mille disciples. Cependant, son essor finira par inquiéter les autorités et Kiyomaro Takenouchi, accusé de blasphème, sera poursuivi pour crime de lèse-majesté. Son sanctuaire sera rasé. Quatre mille documents et objets sacrés sont mis sous séquestre dans un tribunal de Tokyo. La plupart disparaîtront dans les bombardements américains, en 1944.

Auparavant, le grand-prêtre d'Isohara se sera rendu lui aussi à Shingo. Le 10 octobre 1935, dans le cimetière de la famille Sawaguchi, il remarque deux buttes artificielles, cachées au milieu d'un taillis de bambous – sans doute les sépultures de notables d'un passé reculé. Or, dans ses extraordinaires collections, Takenouchi vient d'exhumer, par hasard, le « testament de Jésus », mort non point en Palestine mais à Herai – l'ancien nom de Shingo ! Dès lors, tout concorde : les deux tombes mystérieuses sont celles du fondateur du christianisme et de son frère inconnu.

Que raconte exactement ce très hypothétique « testament », détruit par les flammes durant la Seconde Guerre mondiale, avec les autres trésors d'Amatsukyo ? En voici le récit, qu'il conviendrait d'écrire au conditionnel, si l'on ne craignait d'en alourdir la narration...

En quête de vérité, Jésus de Nazareth quitte ses parents dès l'âge de quatorze ans et gagne les Indes, sur les pas de Bouddha. Sur une montagne, un ermite l'initie aux connaissances les plus secrètes. Puis, sur ses conseils, le jeune ascète se dirige vers le Japon, pour y compléter sa formation. En 18 avant notre ère, sous le règne du légendaire empereur Suinin, il débarque ainsi sur la plage de Hodatsu, à Noto, dans l'actuelle préfecture d'Ishikawa, avant de se rendre au grand sanctuaire Koso Kotai, alors situé à Toyama.

Durant cinq années, sous la férule d'un grand maître du mont Fuji, Jésus étudie l'écriture japonaise, la religion, l'histoire et l'astronomie. Il parvient à accomplir vingt prodiges sur les cinquante répertoriés dans les manuels de magie, tels que l'art de guérir, de se rendre invisible, de monter et de descendre d'un seul bond sur un grand arbre, de marcher sur l'eau ou encore de purifier avec la flamme d'une bougie. A l'instar d'un guerrier ninja, le Christ fortifie son âme et son corps jusqu'aux plus extrêmes limites de sa résistance.

Lorsqu'il décide de regagner sa terre natale, en l'an – 13, Suinin-tenno lui confie une fleur de chrysanthème, symbole impérial qui, déformé, deviendra l'emblème du roi des Juifs. Par rescrit, il lui ordonne également de « ne pas perdre la vie avant de retourner au Japon ».

C'est quelque part sur la côte italienne que Jésus pose le pied, avant de traverser maintes contrées jusqu'en Judée, prêchant la vérité et multipliant les miracles. Son enseignement ayant provoqué la colère de ses compatriotes, il est convaincu d'hérésie et n'échappe au châtiment suprême que grâce au sacrifice de son frère cadet, Isukiri, qui est crucifié à sa place. Après quoi, obéissant aux injonctions de l'empereur Suinin, Jésus se remet en route vers l'est et le pays du Soleil-Levant, qu'il atteindra au terme d'une incroyable odyssée, quatre années d'épreuves et de souffrances, à travers la Scandinavie, l'Afrique, l'Asie centrale, la Chine, la Sibérie et l'Alaska.

Enfin, le 26 février de l'an 5, le Christ retrouve le Japon. Il a quarante et un ans. Son aspect physique serait à l'origine du mythe du *tengu*, sorte de démon au long nez et à la peau de couleur bistre. Après tant d'aventures, l'ancien messie, séduit par la beauté de la nature, décide de s'établir en un lieu retiré qui prend le nom de Herai – à rapprocher de *Heburai*, c'est-à-dire « les Hébreux » en japonais. Il y épouse Myuko, une sainte femme qui lui donnera trois filles. S'adonnant à la culture du riz et de l'ail, charitable envers les nécessiteux, il s'éteindra paisiblement, plus que centenaire, sous le nom d'emprunt de Daitenku Taro Jurai. Ses disciples laisseront son corps exposé pendant quatre ans, puis ils enterreront ses ossements sous un tertre, à côté des reliques d'Isukiri et de Marie.

L'actuel propriétaire des tombeaux, Junichiro Sawaguchi, regarde tout cela avec scepticisme. Son grand-père Sanjiro, probablement à cause de ses yeux clairs et de son allure « sémitique », aurait eu pour lointaine aïeule l'une des filles du Christ ! C'est du moins ce qu'affirmaient les promoteurs de la mystification. Il reste quant à lui dubitatif : « S'il s'agissait d'une histoire disant que mon ancêtre était un malfaiteur, je me sentirais déshonoré. Là, au contraire, je devrais être honoré ! Mais j'ai du mal à croire que je descends d'une personne mondialement célèbre. Comment voulez-vous que je le sache ? Il a vécu il y a deux mille ans. »

Pour juger de ce tissu d'invraisemblances, il suffit de préciser que le document est signé *Isukirisu Kurisumasu*, que l'on peut traduire par « Jésus-Christ, dieu de Noël » ! Comment une telle fable, bâtie sur des éléments de christianisme mal assimilés, a-t-elle pu trouver une créance aussi imméritée ?

C'est d'abord qu'elle s'appuie sur de fausses coïncidences. Ainsi, Herai – l'ancienne dénomination de Shingo – n'a rien à voir avec la Bible. Le nom ne date que de la fondation du village, en 861 après J.-C. La région est alors colonisée par des éleveurs de troupeaux venus du sud. Chaque nouvel établissement est désigné par le mot *he*, désignant la porte d'un enclos à bétail, suivi d'un nombre ordinal. Il y a ainsi la « Première Porte » – Ichinohe –, la « Deuxième Porte » – Ninohe –, et cela jusqu'à neuf. Pour sa part, le dernier village sera baptisé Herai, « la porte qui vient »... sous-entendu « à dix ».

La prétendue « étoile de David » des soi-disant héritiers de Jésus n'est qu'une fleur stylisée. L'originale ne s'est d'ailleurs imposée comme le symbole du judaïsme qu'à partir de la Renaissance, comme la croix n'est devenue celui du christianisme qu'au v^e siècle. Du reste, le terme « Christ », traduction grecque de l'hébreu *Machia'h* – « l'Oint [du Seigneur] » –, est également anachronique. Enfin, les caractéristiques morphologiques de Sanjiro Sawaguchi – que ne partage aucun de ses descendants – ne sont pas rares au Japon, moins ethniquement homogène que ne le proclame la doctrine officielle.

En réalité, l'Empire du Soleil-Levant a une histoire relativement récente, puisque son existence n'est guère attestée en deçà du VI^e siècle de notre ère, lorsque apparaît une écriture inspirée des idéogrammes chinois. Aussi les périodes précédentes démêlent-elles mal le vrai du légendaire. Pour combler ce vide, des auteurs à l'esprit fertile ont édifié de toutes pièces des mythes fondateurs, avec cette tendance au syncrétisme inhérente à l'âme japonaise. Au cours des temps, le shintoïsme des origines, animiste et polythéiste, s'est imbibé d'influences confucéennes, taoïstes, bouddhistes, et plus tard chrétiennes.

Certains ont même voulu faire des premiers Nippons les rescapés des tribus perdues d'Israël ! Au VII^e siècle avant J.-C., Isaïe et ses compagnons auraient posé le pied sur l'île de Shikoku, emportant le trésor du roi Salomon. Ils l'auraient caché dans une caverne du mont Tsurugi, avec l'Arche d'Alliance. Suivant une autre tradition, les trois rois mages de Bethléem seraient partis d'un village des environs. A leur retour, ils auraient fondé le Kurishito Jinja, un sanctuaire shinto en l'honneur du Christ. Quant à l'authentique tombeau de Moïse, il se situerait sur le mont Houdatsu, dans la préfecture d'Ishikawa. D'ailleurs, la « pierre visible » – *Omote* – des Dix Commandements se trouve à Isahora, parmi les « trésors » du Koso Kotai Jingu, gravés en caractères divins. Ainsi d'ailleurs qu'une étrange statuette, modelée par Jésus-Christ à partir des ossements de Marie et de Joseph, et qui exprimerait son âme.

Le prophète de Shingo n'a-t-il pas achevé son testament par cette prédiction : « Quand mon âme réapparaîtra à l'époque de la réunification des peuples des cinq couleurs, il n'y aura qu'un seul Dieu des Cieux. Isukirisu Kurisumasu va maintenant retourner au ciel. Les pays et les peuples qui respecteront le Japon recevront la paix et l'harmonie, ils seront protégés et les désastres seront écartés » ?

## *Références et bibliographie*

Pierre Dunoyer, *Histoire du catholicisme au Japon (1543-1945)*, Paris, Le Cerf, 2011

Jean Herbert, *Aux sources du Japon, le Shinto*, Paris, Albin Michel, 2013

Wado Kosaka, traduit et adapté par Marius Eden et Jean Sarde, *Les Documents Takenouchi*, tome 1, s. l., Marius Eden, 2014

Edwin Reischauer, *Histoire du Japon et des Japonais*, Paris, Le Seuil, « Points Histoire », 2014 (2 tomes)

# Cro-Magnon savait écrire

*L'écriture a-t-elle bien été inventée par les Sumériens, et le premier alphabet conçu en Phénicie ? Ou faut-il se tourner vers l'Occident pour en découvrir les traces les plus anciennes, héritage peut-être de la mythique Atlantide ? Autant de questions que pose la découverte, en 1924, d'étranges pièces archéologiques, au cœur de la France.*

A une vingtaine de kilomètres au sud-est de Vichy, l'ancien duché de Bourbon laisse onduler son décor vallonné, somptueusement paisible. Les champs de céréales et les prairies y alternent en un camaïeu de verts, avec les bois de hêtres et de vernes. A l'écart de la commune de Ferrières-sur-Sichon, le hameau de Glozel domine le cours paresseux du Vareille…

En ce 1er mars 1924, le jeune Emile Fradin, âgé de dix-sept ans, est en train de labourer le champ Duranthon avec son grand-père, lorsque la vache qui tire la charrue trébuche dans une large cavité. La scène restera gravée à jamais dans sa mémoire. Et il se souviendra toujours de sa surprise en trouvant des ossements humains et des morceaux de poteries...

La fosse de forme ovale, longue de trois mètres et profonde de cinquante centimètres, est pavée de seize larges dalles. Les parois latérales sont recouvertes de galets et de briques de glaise rouge, ces dernières apparemment vitrifiées.

Dévoré par la curiosité, Emile commence à creuser, sans méthode, à la pelle et à la pioche, espérant surtout dénicher un trésor. En réalité, il extrait seulement un crâne humain, quelques tibias, de grandes plaques en terre cuite et des pots de céramique. Mais nulle pièce d'or ni d'argent !

S'il dissimule mal sa déception, « l'inventeur » ne cache à personne sa découverte. La nouvelle se répand bientôt dans les environs. Amis et voisins accourent pour emporter des souvenirs sortis du « champ des Morts », comme Emile Fradin a baptisé l'endroit. En juillet, la Société d'émulation du Bourbonnais charge Benoît Clément, instituteur à La Guillermie, d'explorer le chantier et de recueillir des échantillons. Le résultat se révèle médiocre, et c'est en vain que Clément réclame une subvention afin de poursuivre les travaux.

Quelques mois plus tard, un médecin thermal de Vichy, le docteur Antonin Morlet, se passionne à son tour pour Glozel. Moyennant deux cents francs par an, il loue aux Fradin le « champ des Morts » en leur laissant la pleine propriété des objets trouvés. L'archéologue amateur creuse alors une tranchée de quarante mètres. Le docteur Louis Capitan, professeur au Collège de France, venu sur place en juin 1925, lui déclare d'emblée : « Vous avez là un gisement merveilleux. » Conforté par cet éminent patronage, Morlet publie un rapport détaillé dès le 23 septembre suivant, cosigné par Emile Fradin, sous le titre *Nouvelle Station néolithique*.

Capitan se montre aussitôt furieux de n'avoir pas été associé à la publication, tandis que le fameux abbé Henri Breuil – « le pape de la préhistoire » – rédige dans la foulée un autre article... sans citer Morlet. Bref, Glozel provoque une controverse nationale, d'autant que journaux et revues s'en mêlent. Ainsi, le 1er décembre 1925, dans le *Mercure de France*, le folkloriste Arnold van Gennep, après les précautions d'usage, n'hésite pas à signaler « l'extraordinaire importance de ces découvertes, qui permettent de supposer l'existence dans l'Allier, sinon d'un cycle de civilisation original, du moins d'un apport culturel méditerranéen, par essaimage ou par colonisation épisodique ».

Car, en plus de restes humains, d'armes en pierre et de poteries étranges, le sous-sol de Glozel aurait révélé quantité de tablettes et d'objets gravés de signes semblant appartenir à quelque mystérieux alphabet ancien. Là réside le principal problème : l'outillage évoque la fin de la dernière glaciation – au moins dix mille ans avant notre époque –, alors que les premières traces d'écriture cunéiforme n'apparaîtront que cinq millénaires plus tard, en Mésopotamie. Quant au système alphabétique, il naît en Phénicie, au XVIIe siècle avant J.-C. A l'époque de la découverte de Glozel, l'épigraphiste René Dussaud vient d'ailleurs d'achever l'étude du sarcophage du roi Ahiram de Byblos, dont les inscriptions offrent le prototype des alphabets actuels.

En bref, les objets présentés à Glozel appartiennent à la catégorie de ce que les Anglo-Saxons désignent aujourd'hui sous l'acronyme *oopart* – pour *out of place artifact*, c'est-à-dire « artefact hors contexte ». Pour tenter de résoudre ces contradictions, certains auteurs lâchent la bride à leur imagination. Et si l'écriture, au lieu d'avoir vu le jour au Moyen-Orient, était le fruit du génie européen ? Ou encore, si les pièces du « champ des Morts » représentaient les ultimes reliques d'une culture immémoriale, engloutie lors d'un cataclysme oublié, celle de la mythique Atlantide ?

Edmond Haraucourt, ancien directeur du musée de Cluny, n'hésite pas à l'affirmer, le 14 octobre 1926, dans *La Dépêche* de Toulouse :

« [...] on nous a enseigné que la civilisation, issue de l'Asie, s'est acheminée de l'est vers l'ouest, gagnant de proche en proche, à l'aide des migrations touraniennes et aryennes. Que devient cette thèse, si nous trouvons, dans notre propre sous-sol, l'origine d'une science que les Orientaux sont censés nous avoir apportée, et si nous la trouvons dès l'âge du renne et de la pierre polie ? [...]

« Plusieurs des éléments essentiels de ces signes sacrés se retrouvent également dans l'Atlantique et de l'autre côté de l'Atlantique : aux Canaries, aux Açores, aux Bermudes, aux Antilles, au Mexique, et dans l'Amérique du Sud, et dans les régions occidentales de l'Afrique ! Donc, l'hypothèse s'offre, imprudente mais défendable, et tout au moins digne d'examen : l'alphabet néolithique de Glozel ne serait-il pas un héritage de l'Atlantide disparue, une importation de l'ouest vers l'est, à l'aide de hordes humaines qui se seraient acheminées, passant du continent qui allait disparaître au continent qui allait se former ? En d'autres termes, est-ce que l'alphabet de Glozel ne serait pas un rescapé du Déluge, une survivance de la culture antédiluvienne ? »

La polémique enfle jusqu'à atteindre les dimensions d'une véritable « affaire Dreyfus » de l'archéologie. « C'est la première fois dans l'histoire de la science du passé, s'étonne Salomon Reinach, directeur du musée des Antiquités nationales de Saint-Germain-en-Laye, qu'une controverse où n'étaient intéressées ni la religion, ni la politique, ni la passion du jeu ou des femmes, a soulevé non seulement en France, mais dans toute l'Europe et même dans le Nouveau Monde, une pareille tempête de discussions. »

Les partisans de l'authenticité parlent d'un « alphabet néolithique ». Leurs opposants ironisent, à l'image du conservateur des Eyzies, Denis Peyrony, qui considère comme « impossible de prendre cet ensemble pour préhistorique » et conclut : « Rien ne permet de l'attribuer au paléolithique, ni au mésolithique, ni au néolithique, encore moins à l'âge des métaux. C'est tout simplement du glozélien... » En novembre 1927, une commission d'experts, composée par l'Institut international d'anthropologie, vient inspecter le site des fouilles. Elle conclut à « la non-ancienneté de l'ensemble des documents qu'elle a pu étudier à Glozel ». Le camp adverse se drape dans sa dignité : « Il ne manquait à la découverte de Glozel que la consécration la plus haute : celle dont l'inquisition romaine honora le génie de Galilée. »

Le 10 janvier 1928, Emile Fradin intente un procès en diffamation à l'archéologue René Dussaud, qui l'a qualifié de « faussaire ». Un mois plus tard, le chef de file des « anti-glozéliens », Félix Regnault, président de la Société préhistorique de France, porte plainte contre X, dénonçant une « entreprise pécuniaire pour montrer les produits d'une mystification ».

Le 25 février, un commissaire de police, mandaté par le procureur, perquisitionne dans le petit « musée » de Glozel. Fradin, qui tente de s'opposer à l'opération, est giflé sans ménagement. Des vitrines sont brisées, et plus de deux cents « pièces à conviction » emportées, en vue de les expertiser. Gaston-Edmond Bayle, chef des services de l'Identité judiciaire de Paris, après avoir examiné les objets litigieux, conclura à la fraude. Il s'appuie pour cela sur un faisceau d'arguments objectifs solides.

D'abord, les tablettes « alphabétiformes », qui n'ont pas été cuites, contiennent de nombreux fragments végétaux dont la teneur en chlorophylle exclut une datation ancienne. Ils sont « souples, colorés, aux cellules intactes encore pleines de leur contenu, [et ne montrent pas] la moindre trace de fossilisation ». Le chimiste y trouve également des fibres de laine et de coton, teints avec des matières colorantes synthétiques, inconnues avant le XIX^e^ siècle. Il ne décèle par ailleurs aucune trace d'enfouissement, même de courte durée : « [...] sur aucun point de la surface [...] on ne relève une trace de piqûre de racine ou de vers, ou une incrustation résultant du contact avec le milieu géologique. »

Quant aux signes imprimés en creux, ils sont « tous parfaitement nets et aucun n'est comblé ». Enfin, si l'on éclaire « les deux faces de la tablette en lumière frisante, on observe un grand nombre de stries formant des groupes parallèles et rappelant tout à fait les stries que laisse un pinceau. Par endroits, sur le verso, on discerne l'empreinte d'un fin quadrillage comme en produirait le contact d'un linge ».

Ainsi donc, la contrefaçon est d'ores et déjà avérée, sans même faire appel à la critique philologique, grâce à l'analyse physique des matériaux composant les étranges tablettes.

Sur la base du rapport Bayle, Emile Fradin est inculpé d'escroquerie le 4 juin 1929. Malgré d'interminables interrogatoires et une surveillance tatillonne guettant le flagrant délit, le jeune paysan ne pourra jamais être pris en faute. Au terme de deux ans et demi d'enquêtes et de contre-expertises, il est blanchi par un non-lieu, tandis que son accusateur, René Dussaud, est condamné pour diffamation.

Le docteur Morlet poursuivra ses investigations jusqu'en 1941, date à laquelle la loi Carcopino interdira les fouilles sans autorisation de l'Etat. Au total, environ trois mille vestiges auraient été extraits du sous-sol du « champ des Morts » : haches de pierre polie, bijoux en os ou en bois de cervidés, aiguilles, pointes de flèches, harpons, galets d'argile, urnes funéraires aux masques étranges dépourvus de bouche, idoles bisexuées, poteries et tablettes, fragments de verre, empreintes de mains…

Entre-temps, un comité d'études constitué d'alliés du docteur Morlet, venu sur place en 1928, a statué à l'inverse du rapport Bayle : « Les trouvailles faites dans le champ dit des Duranthon appartiennent au début de l'âge néolithique, sans mélange d'objets postérieurs. » Suivent les signatures prestigieuses de Joseph Loth, professeur au Collège de France, et de Salomon Reinach, directeur, on l'a dit, du musée des Antiquités nationales de Saint-Germain-en-Laye. Cependant, on se souviendra que ce dernier s'était, trente ans plus tôt, fourvoyé en recommandant l'achat par le Louvre de la fausse « tiare de Saïtapharnès », œuvre d'un habile orfèvre d'Odessa…

Durant trois décennies, le silence va retomber sur la campagne bourbonnaise. Arrivent les années 1960, et l'efflorescence du « réalisme fantastique », dans le sillage de Louis Pauwels et Jacques Bergier, déjà rencontrés. Phénomènes inexpliqués et énigmes historiques sont passés au crible d'une vision d'un monde dont la vérité cachée reste à dévoiler. Extraterrestres et civilisations perdues serviront donc à expliquer Glozel…

L'un des principaux tenants de ce mouvement, Robert Charroux, accuse, dans son *Histoire inconnue des hommes depuis cent mille ans* :

« Pourquoi veut-on taire que le monde entier accepte "l'authenticité irréfutable" de Glozel et de l'écriture linéaire alphabétique ? Pourtant la découverte est prodigieuse : une bibliothèque néolithique de plus de cent tablettes à caractères alphabétiques – le premier alphabet connu –, des outils en pierre éclatée, de merveilleux galets gravés, dessinés, des poteries absolument uniques. C'est à Glozel que la science et le monde entier trouvent la filière incontestable reliant notre civilisation à celle de nos lointains aïeux. [...]

« La science et les techniques de fabrication se transmettaient sans doute entre initiés qui accaparaient le pouvoir. Ce qui était écrit en écriture hiératique sur les briques de Glozel était absolument impénétrable au vulgaire. [...] Les connaissances supérieures étaient-elles un legs de civilisations terrestres très anciennes ou avaient-elles une origine extraterrestre ? Deux quasi-certitudes nous guident : une civilisation très avancée a précédé notre époque préhistorique ; l'aventure cosmique que nous allons vivre a été vécue par d'autres humains. »

Plus loin, Charroux suggère que les poteries anthropomorphes de Glozel « paraissent reproduire une tête de cosmonaute et un animal-soucoupe volante ». L'un de ses plus récents épigones, Roger Eléfant, creuse dans la même veine. Selon lui, les cloches en terre cuite évoqueraient « l'ovni qui a atterri il y a bien longtemps dans ces montagnes pour visiter les anciens habitants de Glozel » ! D'ailleurs, poursuit-il : « Figurent sur le flanc de la poterie des stries inclinées, superposées à droite et à gauche, comme pour représenter un vol stationnaire. »

Les hypothétiques visiteurs de l'espace auraient mesuré de trois à cinq mètres de haut, comme le prouvent « les empreintes de mains géantes imprégnées dans l'argile ». Les masques sans bouche ni oreilles ornant certaines urnes seraient à « l'image de l'un (ou de plusieurs) des extraterrestres descendus de l'ovni en forme de cloche, décédés malencontreusement lors de cette visite. [...] On pourrait alors assez facilement imaginer que ces urnes contiendraient en fait les cendres de ces extraterrestres décédés et incinérés. Les potiers ayant pu reproduire leur image casquée à la surface des urnes, tels qu'ils sont apparus aux yeux des habitants »...

La revue *Kadath, chroniques des civilisations disparues*, dans son numéro « spécial Glozel » de mars-avril 1974, tire la leçon de tous ces délires :

« L'Europe fut bel et bien, à l'encontre de l'avis des diffusionnistes, le berceau d'une civilisation originale et très ancienne. [...] Il nous faut donc admettre qu'un peuple inconnu rendit, pour des raisons mystérieuses et à un moment déterminé, visite aux Glozéliens. Ne nous demandez pas de quel peuple il s'agit, ne nous parlez pas des Atlantes… nous n'en savons rien, nous n'avons rien dit ! »

Dans le dernier quart du XXe siècle cependant, les nouvelles techniques scientifiques vont jeter un peu de raison sur les fantasmes de Glozel. Après quelques tâtonnements, la datation par thermoluminescence répartit les objets façonnés autour de trois époques distinctes : la Gaule celtique et romaine, le XIIIe siècle et une période récente – ce qui confirmerait l'intervention d'un faussaire. Quant au carbone 14 analysé sur des fragments d'ossements et de charbon de bois, il détermine une fourchette chronologique allant du Ve au XXe siècle. Enfin, des débris de verre, étudiés par spectrographie, remontent à la période médiévale. Entre 1983 et 1990, des fouilles sont pratiquées sous l'égide du ministère de la Culture, aux environs du champ des Morts. Comme les résultats tardent à être révélés, le biologiste Rémy Chauvin, friand de paranormal, s'insurge contre la « science officielle » :

« S'ils ne publient pas c'est qu'ils ont probablement trouvé des choses qui les ennuient, alors pourquoi ? De quoi a-t-on peur ? On a peur de contrarier quelques vieux professeurs, on a peur de démolir les théories en cours ? Mais est-ce que les théories scientifiques sont des monuments religieux ? Qu'y a-t-il donc à Glozel qui soit responsable d'une telle levée de boucliers ? »

Un résumé des recherches, édité en 1995 dans la *Revue archéologique du centre de la France*, confirmera une grande disparité d'âges. S'il n'y a nulle trace d'un gisement néolithique, le site a été occupé au Moyen Age par des verriers et des charbonniers, et l'on retrouve de nombreux artefacts de l'Age du fer, « enrichis » à une époque indéterminée de contrefaçons modernes. Cependant, Robert Liris, président des Amis de Glozel, contre-attaque dans une interview au magazine *Point de vue* :

« On n'a toujours pas compris ni étudié le site de Glozel. On a laissé des portions de territoire sans sondage et les relevés magnétométriques de 1974 laissent supposer que le gisement est beaucoup plus étendu. [...] Pour moi, au-delà de son hétérogénéité apparente, la collection de M. Fradin présente une cohérence esthétique et symbolique. »

Plusieurs mythographes chercheront en vain à décrypter l'« alphabet » de Glozel. Ainsi, Hans-Rudolf Hitz, microbiologiste suisse, imaginera l'existence d'un lieu sacré, le « Nemu Chlausei », vers lequel auraient convergé des pèlerins venus de l'ensemble du monde celte. D'autres n'y voient que le bric-à-brac ésotérique d'un sorcier gaulois. Moins prudents, certains « épigraphes » à l'esprit agile croient discerner – en plus de caractères étrusques, ibériques, grecs et romains – des « runes sibériennes », voire des idéogrammes chinois ! Les uns s'essaieront à traduire le « glozélien » à partir du basque ou du berbère, d'autres préféreront le chaldéen, l'hébreu, le slavon ou le turc ancien...

Plus sérieusement, l'archéologue Jean-Pierre Adam ne voit, sur ces étranges tablettes, qu'une succession de signes lapidaires, recopiés de sources distinctes, surtout phéniciennes, et placés d'une manière totalement aléatoire. Dès lors, aucune lecture de ces « textes » n'est possible. Sinon, il faudrait admettre « l'abandon d'une écriture utilisée à Glozel à l'époque magdalénienne, puis réinventée de toutes pièces à l'identique dans l'Orient méditerranéen quelque dix ou douze mille ans plus tard ». En outre, des macrophotographies démontrent des anomalies : les « lettres » sur os sont assurément d'une facture différente de celle des dessins.

L'aspect stylistique des gravures et des sculptures plaide lui aussi pour la mystification. Dès 1926, Henri Breuil note que les « harpons » ne ressemblent en rien à des pièces connues. « Sauf trois, moins mal faits, leur technique est stupide et leur forme inutilisable. » L'année suivante, l'anthropologue André Vayson de Pradenne précise que les os gravés « portent des traces de travail qui ne peuvent être la marque d'outils de pierre, mais de couteaux et de râpes en acier. De même, les haches de pierre polie sont de simples galets de schiste fraîchement limés à une extrémité. Les poteries sont si mal cuites qu'elles n'auraient pu résister à un long enfouissement dans une terre aussi humide et à si peu de profondeur ».

Plus significatif encore, certains dessins – d'une facture très médiocre – semblent être des copies grossières d'œuvres préhistoriques authentiques mais inversées « en miroir », comme si on les avait calquées avant de les reproduire. Une tête de statuette féminine reproduit maladroitement les caractéristiques de la Dame de Brassempouy, chef-d'œuvre du Paléolithique supérieur… jusqu'à la cassure accidentelle de la base.

L'auteur du canular possédait quelque culture archéologique, puisqu'il avait puisé ses modèles dans des ouvrages de vulgarisation. Quant à ses motivations, elles restent nébuleuses : désir de gloire et de reconnaissance, ou vulgaire « farce » destinée à berner les préhistoriens universitaires ? Emile Fradin n'aurait certainement pas eu les connaissances nécessaires pour monter une telle opération, du moins seul. Décoré des Palmes académiques en 1990, il s'est éteint paisiblement à l'âge de cent trois ans, le 20 février

2010, emportant son secret... Comme au premier jour, le vieux paysan se contentait d'admirer ces objets étranges qu'il avait rendus à la lumière du soleil, un impénétrable sourire au coin des lèvres.

### *Références et bibliographie*

Jean-Pierre Adam, *L'Archéologie devant l'imposture*, Laffont, Paris, 1975

Robert Charroux, *Histoire inconnue des hommes depuis cent mille ans,* Robert Laffont, 1963

Roger Eléfant, *Glozel et les extraterrestres géants*, The Book Edition, Hallennes-lez-Haubourdin, s. d.

Emile Fradin, *Glozel et ma vie*, Robert Laffont, Paris, 1979

# La caméra à explorer le temps

*Photographier les grands événements du passé en 3D, avec le mouvement et le son ? Un obscur moine italien a prétendu y être parvenu. Il aurait été aussitôt dépossédé de sa géniale invention – baptisée « chronoviseur » – par les sbires du Saint-Siège. Dommage pour les historiens curieux...*

Depuis Herbert George Wells, les auteurs d'anticipation ont exploité à l'envi le thème de la machine à explorer le temps, se délectant à en déjouer les mille et un paradoxes ! Les plus timides se sont contentés d'imaginer une sorte de caméra capable de filmer les événements passés... Quel historien n'a jamais rêvé d'assister en personne à l'assassinat de César ou au Serment du Jeu de Paume ? D'interviewer Néfertiti, Charlemagne ou Louis XIV ? Aussi incroyable que cela paraisse, un religieux italien, Pellegrino Alfredo Maria Ernetti, aurait conçu et réalisé un tel appareil !

« Si ce qu'on m'a dit est vrai, il s'agit tout simplement de la découverte la plus étonnante de tous les temps, qui ferait plus de bruit que la bombe atomique. J'adore la science-fiction, surtout quand elle est réelle. » C'est en ces termes enthousiastes que le biologiste Rémy Chauvin, professeur émérite à la Sorbonne et féru de sciences parallèles, évoquait naguère le « chronoviseur »...

Précisons d'emblée que nous ne disposons, pour étayer cette « fable », que des rares interviews accordées à la presse par Ernetti lui-même, ainsi que des confidences qu'il aurait faites à son confrère français, le théologien François Brune, spécialiste des mystiques et des phénomènes paranormaux. Quant au « chronoviseur », il aurait été démonté sur ordre du Vatican, et toutes les preuves détruites ou classées top secret. En fin de compte, toute l'histoire ne repose que sur la bonne foi de Pellegrino Ernetti...

Musicologue bénédictin, expert en chants anciens, grégoriens et « pré-polyphoniques », don Ernetti aurait travaillé, au début des années 1950, avec le père Agostino Gemelli, président de l'Académie pontificale des sciences et fondateur de l'université du Sacré-Cœur de Milan. Le 17 novembre 1952, les deux hommes se livrent, dans un laboratoire d'électro-acoustique, à des expériences sur les harmoniques. Pour ce faire, ils utilisent un magnétophone archaïque, à fil d'acier. Le fil se casse souvent, et il faut alors le réparer en faisant un nœud. Or, à chaque nouvel incident, Gemelli a l'habitude de s'écrier : « Papa, aide-moi ! » Cette fois, lorsque l'on repasse l'enregistrement, une réponse se fait entendre : « Mais bien sûr que je t'aide ! » Et plus loin : « Mais oui, Zuccone, tu ne vois pas que c'est moi qui te parle ? » Agostino Gemelli n'a plus aucun doute : « Zuccone » – « courge » ou « cabochard » en italien – est le surnom affectueux que lui donnait son père. La voix mystérieuse vient de l'au-delà…

Aujourd'hui, de telles manifestations de « transcommunication instrumentale » sont devenues monnaie courante. Elles font florès sur les réseaux Internet, et leurs initiateurs se flattent d'interroger les défunts via leurs écrans de télévision ou d'ordinateur, leurs magnétoscopes ou leurs téléphones portables. Mais il y a soixante ans, l'expérience était inédite. Pour Pellegrino Ernetti, c'est le signe qui orientera son destin, comme l'explique François Brune dans *Le Chronoviseur, machine à explorer le passé – Enquête sur un secret du Vatican* :

« Il rêvait d'assister aux grands concerts de cithares de la cour des pharaons, d'entendre chanter les psaumes dans le temple de Jérusalem, de savoir enfin comment résonnaient vraiment les chœurs antiques dans les tragédies grecques… »

Cet adorateur de Melpomène entreprend donc de construire un mécanisme susceptible de réceptionner les ondes sonores et visuelles émises autrefois et conservées dans une supposée dimension quantique, « sans être prisonnières de notre temps et de notre espace ». Pour y parvenir, il aurait étudié la physique et sollicité les conseils des savants les plus distingués. Il cite en vrac Enrico Fermi – disparu en 1954 –, un prix Nobel japonais non identifié, le Portugais de Matos, expert en « désagrégation des sons », et même l'illustre Wernher von Braun, le pionnier de l'astronautique.

« Nous fûmes environ une douzaine à collaborer, à un moment ou à un autre, à la conception et à la construction de cet appareil », précisera don Ernetti, qui poursuit, dans un entretien accordé au journaliste Vincenzo Maddaloni et publié le 2 mai 1972 dans *La Domenica del Corriere* :

« Nous sommes parvenus, avec l'aide de la science et de la technique, à réaliser une chose dont les pythagoriciens avaient eu déjà l'intuition, ainsi que les émules d'Aristote car, depuis déjà le lointain IVe siècle avant le Christ, ils avaient compris que, par le fait de la désagrégation des sons, on pouvait parvenir à la reconstitution des images. Mais, en ces temps-là, il leur manquait les moyens pour pouvoir y arriver. »

Toujours selon les dires du principal intéressé, le *cronovisore* – littéralement, le « téléviseur temporel » – commence à prendre forme en 1956, à Milan :

« J'ai le privilège d'avoir formulé l'idée, en ce qui concerne l'élaboration qui est basée sur un principe de physique, accepté par tous les savants, selon laquelle les ondes sonores et visuelles, une fois émises, ne se détruisent pas mais, au contraire, sont transformées et restent éternelles et omniprésentes. Donc il est possible de les reconstituer en tant qu'énergie puisqu'elles ne sont que cela, du reste.

« C'est le principe qu'il faut considérer, à savoir qu'aucune énergie ne se détruit mais que, néanmoins, elle se transforme… Je tiens à préciser que nos études n'ont rien à voir avec la parapsychologie, ou la métapsychique […]. Non ! dans notre cas, il ne s'agit que d'une question strictement scientifique, basée sur le principe que les ondes sonores sont de l'énergie et que, grâce à cela, elles peuvent se "capter" et donc se reconstituer. »

Cependant, lorsque le reporter lui demande de décrire son invention, Pellegrino Ernetti reste très vague :

« L'outillage est composé d'une série d'antennes devant permettre la syntonisation, particulièrement des voix et des images. L'on sait que chaque être humain, dès sa naissance et jusqu'à sa mort, laisse derrière lui un double sillon : l'un sonore, l'autre visuel, une sorte de carte d'identité différente pour chaque personne. Et c'est selon cette carte d'identité que l'on peut reconstituer sa personnalité particulière et tous ses faits et gestes, en actes et en paroles : voilà pourquoi l'on se trouve aujourd'hui en mesure de revoir et de réentendre les plus grands personnages de l'Histoire. »

Répondant aux questions du père Brune, le docte bénédictin aurait ajouté que « les antennes étaient faites d'alliages comprenant tous les métaux et [qu'] elles étaient reliées entre elles ». Les images reçues arrivaient en relief, à la manière d'un hologramme. Elles étaient animées et sonores, mais de petites dimensions et en noir et blanc :

« Nous pouvions régler notre appareil sur le lieu et l'époque que nous voulions. Plus exactement, nous choisissions quelqu'un que nous voulions suivre. [...] Chaque homme a une espèce d'onde, d'émanation qui lui est propre, un peu comme une signature ou comme des empreintes digitales. [...] Le problème était d'abord de la trouver, par tâtonnement. On réglait ensuite l'appareil sur l'onde qui émanait de lui et l'appareil le suivait automatiquement. »

Les détails techniques sont succincts et peu convaincants, mais don Ernetti n'ira jamais plus loin dans ses révélations. En revanche, il se montrera intarissable sur les résultats merveilleux qu'il aurait obtenus en parcourant cette « gamme d'ondes inconnues ».

Soucieux de vérifier l'authenticité des scènes reçues, il règle d'abord sa machine sur la période récente, afin de pouvoir comparer avec une vaste documentation disponible. C'est ainsi que le chronoviseur retransmet des discours de Benito Mussolini et du pape Pie XII... S'enhardissant, don Ernetti remonte jusqu'à 1797 et surprend le général Bonaparte proclamant l'abolition de la Sérénissime République de Venise ! Puis il plonge résolument vers l'Antiquité pour récolter les échos d'un marché aux fruits et aux légumes sous Trajan. Avant de s'enflammer à l'écoute de Cicéron déclamant sa première Catilinaire :

« Nous l'avons vu et entendu, le fameux *Quousque tandem Catilina*... Le geste, l'intonation, tout y était. Quelle envolée ! C'était magnifique. Mais j'ai l'impression que la prononciation n'était pas tout à fait celle que l'on enseigne aujourd'hui dans les écoles. Il me semble qu'il ne prononçait pas *ae* en détachant les deux syllabes, mais simplement comme un *â* allongé. »

Le père Pellegrino Ernetti se montre encore plus fier d'avoir exhumé une saynète de Quintus Ennius, précurseur de la poésie latine, jouée à Rome en 169 avant J.-C., au cours des jeux Apollinaires. De cette brève tragédie – intitulée *Thyeste* et dont le thème aurait inspiré Shakespeare – ne restaient que quelques courts fragments. Par la grâce du chronoviseur, une partie de cette œuvre perdue serait ressortie des limbes :

« Nous avons tout vu et tout entendu, le texte, les chœurs, la musique. D'ailleurs j'ai publié le texte de cette saynète et j'ai pu en noter également la musique. Elle était dans le mode dorien. »

A Vincenzo Maddaloni, qui lui demande s'il avait aperçu les visages des spectateurs et les masques des acteurs, don Ernetti répond prudemment : « Ne me forcez pas à dévoiler des choses dont je ne dois pas encore parler pour le moment. » Puis, quand l'interviewer lui présente une « photographie du Christ » prétendument tirée du chronoviseur, le moine esquisse un sourire énigmatique : « Viendra le temps où je pourrai parler… »

Apparemment, il se sentira plus libre de s'épancher devant François Brune, peut-être parce que celui-ci est aussi un prêtre catholique :

« Nous avons d'abord cherché à capter la Passion, le Christ en croix. Mais ce n'était pas si facile. Des crucifiés, à cette époque, il y en avait beaucoup. […] Alors nous avons essayé de remonter plus haut, à la Dernière Cène. Ça a marché ! Et à partir de là, nous ne l'avons plus quitté. C'était en l'an 36 de notre ère […].

« Nous avons tout vu : l'Agonie au jardin des Oliviers, la trahison de Judas, le procès, le Calvaire.

[...] Le Christ n'est jamais tombé, d'ailleurs il ne portait pas toute la croix. Elle eût été bien trop lourde. Il ne portait que la traverse horizontale attachée à ses épaules, le *patibulum*. Ses pieds étaient liés à ceux des deux autres condamnés qui furent crucifiés avec lui. Il était très défiguré. La flagellation lui avait arraché des lambeaux de chair. On voyait jusqu'aux os... » Et même la Résurrection : « C'est très difficile à décrire. C'était comme une silhouette, une forme à travers une mince lamelle d'albâtre illuminé, ou comme à travers un cristal... »

Yahvé remettant à Moïse les Tables de la Loi sur le mont Sinaï, mais aussi la destruction de Sodome et Gomorrhe... Pellegrino Ernetti aurait filmé quelques-uns des principaux épisodes de l'Ancien Testament, à la manière d'une superproduction de Cecil B. DeMille ! Hélas, après avoir présenté sa découverte à Pie XII et aux autorités civiles italiennes, il se serait vu intimer l'ordre de la démonter. Le souverain pontife aurait alors ordonné de remiser les pièces de cette invention diabolique dans les caves du Vatican, tandis que ses plans s'en allaient dormir au fond d'un coffre-fort secret...

Pellegrino Ernetti justifie cette décision dans l'article de *La Domenica del Corriere* :

« Cette machine peut provoquer une tragédie universelle !... Parce qu'elle supprime la liberté de parole, d'action et de pensée. En fait, la pensée aussi est une émission d'énergie, donc elle est captable. On pourra, avec l'aide de cette machine, savoir tout ce que l'adversaire ou le voisin pensent. Alors il n'y aurait que deux conséquences : ou un massacre de l'humanité, ou bien l'on assisterait à la naissance d'une nouvelle morale, plus élevée. Voilà pourquoi il devient indispensable que de tels appareils ne soient pas mis à la portée de tout le monde, mais qu'ils puissent rester toujours sous le contrôle direct des autorités. »

Le chronoviseur ne pourra être révélé au grand public que lorsque « l'homme aura appris à agir bien, rien que pour le bien ! ». Autant dire jamais…

Sans preuves matérielles, sans témoin direct pour confirmer ses allégations, le moine savant n'a que deux maigres éléments à donner en pâture aux sceptiques. D'abord un portrait du Christ pris « en direct » sur le Golgotha. L'image est en très gros plan, de mauvaise définition. Fortement contrastée, elle se fond dans un arrière-plan obscur. Jésus paraît porter une barbe sombre et des cheveux longs et raides, conformément à l'iconographie classique. Les yeux, immenses et cernés de noir, sont révulsés. Une blessure barre le front. La moustache surmonte une bouche tuméfiée, entrouverte, d'où semble s'exhaler une lamentation sourde.

L'ensemble ne manque pas d'une certaine gravité poignante. Est-ce le véritable visage du Nazaréen ? Le pot-aux-roses sera dévoilé en 1980, par un article de Sergio Conti, dans le *Giornale dei Misteri*. Il s'avère que la mystérieuse photographie ne date pas de deux mille ans... Il s'agit simplement de la reproduction inversée d'une image pieuse, vendue pour la somme modique de cent lires au sanctuaire de l'Amour miséricordieux de Collevalenza, près de Todi. Elle cadre un détail d'un crucifix en bois, œuvre du sculpteur espagnol Lorenzo Coullot-Valera, réalisée en 1931...

Don Ernetti tente d'expliquer que l'artiste aurait été inspiré par une religieuse qui, en extase, aurait contemplé la Sainte Face. Ce qui ne convainc personne... Quant à la pseudo-pièce de Quintus Ennius, elle ne résistera pas non plus aux feux d'une saine critique philologique. Pourtant, le père Ernetti s'enorgueillira encore de sa découverte dans les colonnes d'*Oggi illustrato*, le 8 novembre 1986 :

« D'après ce que nous avons capté, cette tragédie est exceptionnelle tant du point de vue littéraire que du point de vue musical. Nous avons une versification plutôt libre, où pentamètres et hexamètres se mêlent. Cela forme un vrai flux littéraire absolument nouveau pour l'époque. [...] Musicalement, elle contient de véritables joyaux thématiques qui surprennent par leur esthétique

[...]. Le chant était accompagné de flûte et du battement des mains qui remplaçait les percussions. »

Quatorze ans plus tard, le professeur Katherine Owen Eldred, diplômée en littérature latine de l'université de Princeton, traduit en anglais les cent vingt et un vers attribués à Ennius. Elle souligne que plusieurs mots employés n'apparaîtront que deux siècles plus tard, elle décèle des répétitions et des emprunts à des auteurs connus. Bref, sa conclusion est que l'on se trouve en face d'un pastiche, probablement composé par Pellegrino Ernetti en personne...

L'étrange bénédictin, après avoir mené de front sa carrière d'« archéologue de la musique » et un ministère d'exorciste, s'est éteint à l'âge de soixante-huit ans, le 8 avril 1994, dans son monastère de San Giorgio Maggiore, à Venise. Emportait-il son secret avec lui ? Selon un document publié ultérieurement, le père Ernetti, à l'article de la mort, aurait confessé sa fraude à une sorte de « neveu » ou de fils spirituel. Ajoutant que, malgré cela, le chronoviseur aurait vraiment existé et qu'« il aurait presque fonctionné ». Il décrivait ainsi sa fantastique machine :

« C'était une sphère comme un appareil de plongée ou un sous-marin individuel, avec des ouvertures à hauteur des yeux dans toutes les directions. Elle était suspendue à un câble, avec un système qui lui donnait toute liberté de mouvement. Elle était faite de métal très léger, un alliage d'aluminium. Elle était mue par le seul pouvoir de la pensée. »

On quitte ici le domaine strict de l'objectivité scientifique – où don Ernetti a toujours prétendu se cantonner – pour pénétrer dans celui du paranormal, où « tout est subjectif jusqu'à l'exaspération et l'hystérie », suivant ses propres dires. Toutefois, cette « confession », rapportée par un témoin anonyme, paraît des plus douteuses, même si elle nous livre peut-être une part de vérité sur le mythe du chronoviseur.

Pellegrino Ernetti, par ailleurs musicologue réputé dans les milieux universitaires, était-il un hurluberlu ou un mythomane à l'imagination trop véloce ? Par un zèle inopportun, a-t-il cherché à faire la promotion du message chrétien en créant de toute pièce cette incroyable histoire ? S'est-il laissé enfermer dans son propre mensonge ? Nul ne le saura jamais, à moins d'inventer un chronoviseur opérationnel et d'aller l'interroger en personne…

Quoi qu'il en soit, la renommée du moine vénitien s'épanouit par-delà la tombe. Dans les années 2000, plusieurs ouvrages sont consacrés au chronoviseur, en Italie, en Allemagne, aux Etats-Unis, ou encore en France. L'affaire envahit la Toile, et plus particulièrement les sites et les forums traitant de thèmes conspirationnistes. Ainsi sur « quanthomme.info », le 28 février 2002 :

« Le chronoviseur du père Pellegrino ? Non, ce n'est pas de la science-fiction. Comment se fait-il qu'une invention d'une telle importance – peut-être la plus grande découverte de notre époque – soit aussi mal connue ? La vérité fait-elle peur ? Est-ce la principale raison qui fait que ce chronoviseur soit relégué au plus profond des sous-sols à Rome ? »

D'autres s'efforceront de fournir des bases théoriques à l'hypothétique invention de don Ernetti. Ils évoqueront le modèle holographique de l'univers, ou les fameuses « annales akachiques » inspirées de la philosophie hindouiste, où serait enregistré l'ensemble des paroles, des actions, des pensées de l'homme et de tous les êtres vivants, tous les événements advenus et à venir. Est-ce là que le concept de chronoviseur commencerait à prendre un sens ? Rémy Chauvin n'était pas loin de le penser :

« Je me souviens de l'affirmation énorme des physiciens des quantas, suivant laquelle il n'y aurait ni passé, ni futur, mais un éternel présent immobile. La seule mobilité serait induite par la conscience de l'homme. [...] Alors l'hypothèse d'un déplacement dans le temps n'est peut-être pas si folle que cela, puisqu'il s'agit seulement de se déplacer dans l'éternel présent. »

***Références et bibliographie***

François Brune, *Le Chronoviseur, machine à explorer le passé – Enquête sur un secret du Vatican*, Paris, Oxus, 2004

Peter Krassa, *Father Ernetti's Chronovisor : The Creation and Disappearance of the World's First Time Machine*, Pasadena, New Paradigm Books, 2000

Régis Ladous, « Voix et images d'ailleurs, les deux fables de dom [*sic*] Ernetti », *in Ethnologie française*, Lyon, faculté des lettres, PUF, 2003/4, volume 33, pages 601-609

# Les crânes qui chantent

*Vibrations subtiles, énergies positives et protections astrales... Les crânes de cristal concentrent une puissance infinie. Celle des anciens prêtres mayas, héritiers de nos ancêtres venus des étoiles. Il suffit d'y croire...*

« Quel pouvoir m'empêche de lancer incontinent par la fenêtre ce caillou maudit, cet appareil à savoir que Rodrigue est allé déterrer pour moi au fond d'une tombe mexicaine, ce crâne translucide dont il m'a fait présent par moquerie ?

« Eponge spirituelle, entre ma pensée et ces choses que la courbure de la terre m'empêche de voir, il est un intermédiaire unique. [...] Qui m'empêche de jeter ce caillou par la fenêtre, ce crâne sculpté dans de l'esprit ? si ce n'est l'avidité d'un cœur qu'aucun désastre n'est capable de rassasier et qui n'ouvre ses portes qu'à la sommation de la catastrophe. »

Dans l'un des monologues de son interminable *Soulier de satin*, Paul Claudel met en scène le roi d'Espagne Philippe II assistant à la déroute de son Invincible Armada au travers d'un crâne de cristal. Sans doute le dramaturge avait-il à l'esprit l'artefact de quartz alors exposé au musée d'Ethnographie du Trocadéro, ou son homologue du British Museum de Londres, tous deux réputés – à l'époque – chefs-d'œuvre de l'art aztèque.

Ces sculptures étranges, dont la transparence joue admirablement avec la lumière, ont souvent fasciné les écrivains, tel André Malraux, qui en fera l'une des sources d'inspiration de sa chimérique « tête d'obsidienne ». De taille variable – de quelques centimètres à l'échelle humaine –, les crânes de cristal sont crédités de pouvoirs miraculeux, comme d'« établir des connexions avec l'inconscient et d'ouvrir des portes vers de nouvelles dimensions », ainsi que le prétendait le médium et guérisseur Nick Nocerino, fondateur de la Society of Crystal Skulls International – Société internationale des crânes de cristal.

Leur histoire véritable commence vers 1860, dans le milieu des amateurs d'antiquités précolombiennes. Ils auraient été découverts en Amérique centrale et leur origine remonterait à la nuit des temps. Pourtant, le plus ancien des crânes de cristal connus, don de l'explorateur Alphonse Pinart, n'est déposé qu'en 1883 au musée d'Ethnologie du palais de Chaillot, à Paris. Pièce de quartz limpide d'une grande pureté, le crâne mesure onze centimètres et pèse un peu moins de trois kilos. Il a longtemps été présenté comme l'effigie de Mictecacihualt, déesse aztèque des Enfers.

On sait que le crâne de Paris avait transité auparavant par la boutique du négociant et antiquaire André Eugène Boban-Duvergé. Ce Français, installé au Mexique à la faveur du bref règne de l'empereur Maximilien, s'y est bâti une réputation de spécialiste éclairé – ce qui ne l'empêchera pas de commettre nombre d'erreurs d'interprétation et de datation. Servant d'intermédiaire à des archéologues, des militaires ou autres pilleurs de sites, il fournira en objets plus ou moins authentiques les collections de l'Ancien et du Nouveau Monde.

C'est ainsi qu'un autre crâne de même provenance aboutira en 1897 au British Museum de Londres. Celui-ci pèse près de cinq kilos et demi, pour une hauteur de vingt-cinq centimètres. Boban-Duvergé, qui n'était pas parvenu à le vendre au musée national du Mexique, l'avait fait figurer dans son catalogue, dès 1881, sans indication de provenance. Cédé d'abord au magnat George H. Sisson, ce crâne est exposé en 1887 par l'Association américaine pour l'avancement des sciences, à New York. Mis aux enchères, il est acheté par le bijoutier Tiffany, puis revendu à la célèbre institution londonienne.

Cependant, le crâne de cristal par excellence, entouré d'un halo de merveilleux et du parfum de l'aventure, reste celui que l'explorateur et globe-trotter Frederick Albert Mitchell-Hedges aurait rapporté du Honduras britannique – l'actuel Belize – au cours des années 1920. Curieusement, la première allusion à cette prétendue trouvaille n'apparaît qu'en 1954, dans l'autobiographie très romancée de Mitchell-Hedges, *Danger my ally* – « Danger mon allié » –, traduite en France deux ans plus tard sous le titre *Des ruines mayas aux repaires de la flibuste*.

« Nous emportâmes également le sinistre crâne de la Destruction, au sujet duquel on a beaucoup écrit. J'ai mes raisons pour ne pas révéler comment il est entré en ma possession. Il est en cristal de roche très pur et, d'après les savants, il a fallu plus de cent cinquante ans de travail, de génération en génération, pour roder l'immense bloc avec du sable et lui donner sa forme parfaite. Il date d'au moins trois mille six cents ans et, selon la légende, il servait au Grand Prêtre des Mayas au cours de certains rites ésotériques. Lorsqu'il décrétait une mort, avec l'aide de ce crâne, dit-on, elle survenait inévitablement. Je ne désire pas essayer d'expliquer ce phénomène. »

La légende de ce *skull of Doom* – ou « crâne du Destin funeste » – censé « concentrer en lui l'essence même du mal » allait bien vite prospérer. Après la mort de Mitchell-Hedges, en 1959, sa fille adoptive Anna racontera que c'est elle qui l'a exhumé sous l'autel effondré d'une pyramide de la cité maya de Lubaantum, où son père recherchait les traces de la mythique Atlantide. Cela le jour même de son dix-septième anniversaire : « [...] Il y avait un rayon de lumière qui m'éblouissait. Là, tout en bas, à l'intérieur, je voyais briller quelque chose par une fissure. »

Toujours selon le récit d'Anna Mitchell-Hedges, quand la relique, sortie de terre, a miroité aux rayons du soleil, les indigènes témoins de la scène se sont mis à rire, à pleurer et à embrasser le sol. Puis ils ont allumé un feu et béni le crâne, avant de passer la nuit à danser et à chanter :

« Les Mayas nous ont raconté que le crâne avait été sculpté d'après la tête d'un grand prêtre mort bien des milliers d'années auparavant, parce que ce prêtre était très aimé et que l'on voulait préserver à jamais la vérité et la sagesse de ses paroles. »

En réalité, le « crâne du Destin » – quartz de treize centimètres de haut et de cinq kilos – étant le principal héritage que Mitchell-Hedges a légué à sa fille, celle-ci compte bien en tirer un bon prix. Auparavant, il lui faut obtenir l'authentification d'un expert confirmé. Elle se rend donc outre-Atlantique, où elle s'abouche avec un ancien ingénieur, expert en art de San Francisco, Frank Dorland, qui lui propose d'orchestrer une campagne de promotion autour de l'artefact, auquel on commence à attribuer des vertus surnaturelles.

A en croire Dorland, qui s'adjoint des parapsychologues et des magnétiseurs, le cristal produit des manifestations inexplicables. Une musique, des chants et des voix très suaves semblent en émaner, de même qu'une subtile fragrance de pommiers en fleur, de vinaigre et de torrent de montagne. A son contact, on ressent de la chaleur, des picotements électriques. Des formes indistinctes et des ombres s'y entrelacent… « Le cristal stimule une partie inconnue du cerveau, ouvrant une porte psychique vers l'absolu. » Dans une lettre à Anna Mitchell-Hedges, Dorland est catégorique :

« Il éloigne le mauvais œil et transmet une protection céleste. Grâce à son cristal de roche extrêmement poli, il met en échec tous les démons et la sorcellerie. »

Plutôt que de s'en défaire, la fille de l'aventurier décide d'organiser des tournées pour exhiber ce trésor inestimable. Dorland enjolive encore le récit : le crâne serait âgé de douze mille ans, il proviendrait de Chine, du Tibet ou bien d'Egypte, via l'Atlantide ! Ses propriétés prismatiques sont incomparables. Il agit comme une loupe. Ses yeux, sa bouche, son nez lancent des rayons capables d'allumer un feu. La publicité fait le reste, et Anna Mitchell-Hedges engrange des revenus confortables…

En 1970, le « crâne du Destin » est soumis à une expertise rapide au laboratoire de cristallographie de Hewlett-Packard, à Santa Clara, en Californie.

Les tests effectués confirment qu'il s'agit bien de quartz naturel très pur composé presque exclusivement de dioxyde de silicium. A la lumière polarisée, il apparaît que la boîte crânienne et la mâchoire amovible sont issues d'un même morceau de pierre. Toutefois, aucune conclusion n'est formulée quant au procédé de fabrication ni à l'ancienneté de l'artefact. Jim Pruett, directeur de l'équipe, se borne à conclure : « Je le regarde comme une belle œuvre d'art, indépendamment de son âge ou de son authenticité. C'est indéniable. »

L'époque est celle du mouvement hippie, de l'attrait pour les philosophies orientales et d'un certain ésotérisme de pacotille, prélude au Nouvel Age. Anna Mitchell-Hedges et son crâne font des émules... C'est ainsi qu'en 1990 le département d'anthropologie de la Smithsonian Institution, à Washington, reçoit un autre crâne de cristal « aztèque », adressé par un bienfaiteur anonyme. Selon la note non signée qui l'accompagne, il aurait été acquis au Mexique vers 1960 après avoir appartenu au président Porfiro Díaz. Il s'agit du plus grand crâne recensé à ce jour, d'une hauteur de vingt-cinq centimètres et pesant quatorze kilos. Translucide, il est totalement creux, à la différence des autres spécimens connus.

Nick Nocerino – que nous avons déjà cité – possédait un autre crâne, d'un blanc jaunâtre laiteux, aux yeux bridés, aux pommettes saillantes.

Il l'aurait déniché quelque part dans l'Etat du Guerrero, en amont du Rio Bravo, en pratiquant « l'archéologie psychique ». Guidé par ses dons de voyance, il aurait creusé le sol durant plusieurs jours jusqu'à trouver une tombe cachée, et ce « Sha Na Ra », dont le nom mystique lui aurait été transmis par télépathie...

« Max » – alias le « crâne qui guérit » – viendrait, quant à lui, d'une sépulture maya du Guatemala. Il est actuellement en possession de Joann Parks, de Houston, au Texas. Pesant environ huit kilos, mi-transparent, mi-translucide, il ressemble à une ébauche grossièrement taillée. Malgré cela, il aurait soigné la fille aînée de Joann, Diana, d'un cancer des os, alors qu'il appartenait encore à un guérisseur tibétain dénommé Norbu Chen. Lui-même le tenait – disait-il – d'un chamane guatémaltèque. Depuis lors, « Max » et Joann sillonnent les Etats-Unis afin de dispenser la joie et la paix de l'esprit... contre espèces sonnantes et trébuchantes.

Citons encore, pêle-mêle, le « crâne Synergie » qui sert à Sherry Whitfield, de Tucson, dans l'Arizona, lors de séances de thérapie holistique – « symbole de la transcendance de l'âme au-delà de la mort », le « crâne E.T. », qui doit son surnom à sa forme allongée évoquant l'anatomie que l'on prête parfois aux extraterrestres. Ou encore le « crâne Maya », le « crâne de Cristal rose », le « crâne d'Améthyste », le « crâne à la Croix reliquaire »...

En 2008, *Le Royaume du crâne de cristal*, quatrième film de la série des *Indiana Jones*, de Steven Spielberg, relance l'engouement du public pour le sujet. Et en particulier pour le mythe des « treize crânes de cristal ». A en croire cette légende à connotation nationaliste – et sans doute guère antérieure au XX^e^ siècle –, treize crânes auraient été dispersés à la surface de la terre au lendemain de la conquête du Mexique par les Espagnols. Une fois réunis, ils éclaireront l'humanité sur ses origines tandis que ressuscitera la splendeur de l'empire aztèque.

Au cours des dernières décennies, la fable a connu des développements inattendus. Les crânes auraient été façonnés par des visiteurs de l'espace venant de douze planètes, ou par les Itzas, survivants de l'Atlantide. Le treizième d'entre eux, le « cristal Maître » – ou le « crâne Dansant » –, devra être placé au centre d'un cercle constitué par les douze autres, afin de les mettre en connexion. La vérité ultime sera alors révélée et le monde entrera dans une nouvelle ère. Jusqu'au 21 décembre 2012, certains ésotéristes reliaient cette histoire des crânes de cristal avec le cataclysme universel qu'aurait présagé le calendrier maya. Nous en reparlerons dans le dernier chapitre…

Qu'en est-il donc de ce terrible « treizième crâne » ? Les uns chuchotent qu'il serait caché à Carcassonne ou dans quelque endroit secret gardé par des templiers. Serait-ce le même « crâne du Sang du Christ » que Nocerino aurait aperçu lorsqu'il voyageait en France ? On songe alors au Saint Graal, que Wolfram d'Eschenbach présente dans son *Parzival* comme une « pierre précieuse rayonnante et étincelante ». D'autres pensent que l'énigmatique « treizième » pourrait être le crâne retrouvé en mars 2011 dans le grenier d'un village de Bavière, et qui aurait fait partie de la collection personnelle du chef nazi Heinrich Himmler…

Nous reviendrons plus tard vers l'Allemagne pour connaître le fin mot du « mystère » des crânes de cristal. En attendant, il convient de redescendre sur terre. Et d'abord au Belize, où il s'avère qu'Anna Mitchell-Hedges n'a jamais mis les pieds, du moins avant la Première Guerre mondiale.

Loin d'avoir été arraché par elle à un temple perdu dans la jungle, le « crâne du Destin » a plus prosaïquement été acheté par son baroudeur de père lors d'une vente aux enchères chez Sotheby's, à Londres, le 15 octobre 1943, pour la somme de quatre cents livres. Celui-ci évoque d'ailleurs son emplette dans une lettre à son frère, quelques semaines plus tard. La pièce avait été détenue auparavant par un marchand d'art du nom de Sidney Burney, et fait l'objet d'une référence dans la revue d'anthropologie *Man*, en juillet 1936. La belle odyssée de la jeune aventurière n'était donc qu'un habile mensonge…

Lorsque Anna Mitchell-Hedges décède, en 2007, le pot-aux-roses est révélé depuis déjà longtemps. Le crâne de provenance inconnue offert à la Smithsonian Institution a soulevé une vague de scepticisme. Dès 1992, il a été soumis à une étude approfondie, menée par une spécialiste des civilisations méso-américaines, Jane MacLaren Walsh. Celle-ci discerne d'abord des traces infimes de polissage d'une régularité linéaire indiquant l'usage de fraises mécaniques – inconnues des Aztèques ou des Mayas. Un meulage manuel aurait laissé des rainures aléatoires. D'autre part, la substance abrasive employée – le carborundum ou carbure de silicium – n'a été synthétisée qu'en 1824 par le chimiste suédois Berzelius. Jane MacLaren Walsh souligne pour conclure que le crâne du Smithsonian est « très proche d'une réplique du crâne du British Museum, avec presque exactement la même forme, mais plus de détails dans la modélisation des yeux et des dents ». Selon elle, il s'agirait donc d'un faux, et même d'une copie tardive, probablement réalisée vers les années 1950.

L'experte américaine ne s'arrête pas là. Poursuivant son enquête dans les archives, elle réaffirme l'implication trouble de l'antiquaire André Eugène Boban-Duvergé dans la genèse des crânes de Paris et de Londres. L'exemplaire du British Museum est analysé en 1996, puis à nouveau en 2004. Le microscope électronique et la cristallographie aux rayons X confirment, dans ce cas également, l'utilisation de disques rotatifs utilisant de la poudre de diamant ou de corindon. Les cavités coniques des yeux, comme la perforation cylindrique qui traverse la sculpture verticalement, par leur précision technique, trahissent l'emploi d'instruments de lapidaires, inconciliables avec l'art précolombien. Par ailleurs, la méthode de datation par l'hydratation du quartz donne une fourchette de fabrication entre 1770 et 1920. Enfin, la spectroscopie Raman met en évidence des inclusions de chlorite, typiques du quartz brésilien.

Les résultats de ce programme d'investigation, publiés en 2008 dans le *Journal of Archaeological Science*, confirment que le crâne britannique et celui de Washington « ne sont pas anciens, mais d'une facture relativement moderne ». La même année, le Centre de recherche et de restauration des musées de France arrive à des conclusions similaires au sujet du crâne offert par Alphonse Pinart. L'objet mythique, désormais conservé dans les collections du musée du quai Branly, n'est « certainement pas précolombien. Il montre des traces de polissage et d'abrasion par des outils modernes ».

Le dernier acte se joue aux Etats-Unis. A la requête de Bill Homann, veuf d'Anna Mitchell-Hedges, le « crâne du Destin » est soumis au même protocole scientifique que les trois autres artefacts de Washington, Londres et Paris. Les constatations sont identiques, et le verdict tombe. Il s'agit aussi d'une contrefaçon contemporaine.

De leur côté, les archéologues américanistes n'ont jamais cru à l'authenticité des crânes de cristal, car aucun objet de ce type n'a jamais été mis au jour lors de campagnes de fouilles. D'ailleurs, de telles pièces ne correspondent en rien aux critères esthétiques des civilisations aztèque, mixtèque ou maya. Certes, le crâne humain y est parfois représenté, mais sous la forme de masques rituels en mosaïque turquoise ou d'éléments d'architecture, en basalte ou en calcaire. Jamais de crânes transparents.

Alors qu'en est-il de l'origine véritable des « crânes de cristal » ? Ils n'arrivent ni d'une autre galaxie, ni même d'Amérique latine... Mais sans doute d'Idar-Oberstein, une riante bourgade de Rhénanie-Palatinat. Depuis le Moyen Age et pendant plusieurs siècles, les artisans du lieu ont travaillé les pierres semi-précieuses et les cristaux des mines voisines du Steinkaulenberg. Dans la seconde moitié du XIXe siècle, à court de matière première, ils ont commencé à importer des blocs de quartz du Brésil et de Madagascar. La mode est alors au spiritisme, et la bonne société victorienne se plaît à utiliser des boules et des crânes de cristal pour invoquer les âmes défuntes.

Récemment, Michael Peuster, descendant d'une lignée de graveurs et de sculpteurs de la région, a retracé le parcours de ses ancêtres. Ceux-ci s'étaient rendus à Milan et à Paris pour apprendre les nouvelles méthodes de gravure et de polissage du cristal de roche. De retour en Allemagne, ils avaient œuvré dans la discrétion pour satisfaire les commandes des amateurs étrangers. On soupçonne que l'un d'eux était le fameux André Eugène Boban-Duvergé.

En 2010, Michael Peuster a réalisé en moins d'une année la reproduction à l'identique d'un crâne de cristal de quatre kilos, dans le cadre d'une exposition à Mannheim. L'histoire ne dit pas s'il possède les vertus magiques de ses devanciers...

### *Références et bibliographie*

Denis Biette, *L'Enigme des crânes de cristal*, Sophia Antipolis, Book-e-book, 2012

Stéphane Crussol, *Les Pouvoirs magiques des crânes de cristal*, Paris, Editions Cristal, 2008

F. A. Mitchell-Hedges, *Des ruines mayas aux repaires de la flibuste*, Paris, France-Empire, 1957

## Les Juifs viennent de l'espace

*Les théories les plus loufoques foisonnent autour de l'histoire du peuple hébreu, généralement teintées de racisme. Les uns donnent les Juifs pour des descendants directs des Néanderthaliens, les autres pour des démons venus de la mystérieuse planète Vulcain, des mutants télépathes, une espèce particulière de « reptiliens »... Beaucoup s'inspirent des élucubrations de Marc Dem.*

Certes, il y a une spécificité sociologique du peuple juif. Comment un groupe humain, sans assise territoriale permanente, dispersé depuis deux millénaires, a-t-il pu préserver si longtemps son identité ? Car celle-ci ne repose pas sur une appartenance ethnique, et les études échouent à définir un patrimoine génétique commun aux Séfarades et aux Ashkénazes. Sur une langue commune ? Oui et non, car l'hébreu, d'usage liturgique, n'a retrouvé que récemment un statut d'idiome vivant. Sur une tradition religieuse, alors ? Certes, le judaïsme enserre le croyant dans un carcan de prescriptions rituelles, encore renforcé par la ségrégation dont beaucoup d'israélites ont été victimes au cours de l'Histoire. Comme le souligne justement Ernest Renan :

« La physionomie particulière et les habitudes de vie sont bien plus le résultat de nécessités sociales qui ont pesé sur eux pendant des siècles qu'elles ne sont un phénomène de race. »

La spiritualité ne suffit pas à définir une réalité impalpable. Car l'on peut être Juif et agnostique, Juif et athée – voire Juif et chrétien, à l'image des « Juifs messianiques ». D'ailleurs, *a contrario*, il n'est pas impossible de devenir juif par conversion. C'est pour marquer cette ambiguïté que l'usage français distingue le mot « Juif » avec une majuscule, qui désigne les membres d'un peuple, du mot « juif » sans majuscule, qui qualifie les fidèles d'une religion. « Judaïté » et « judéité » ne sont pas synonymes.

A cette énigme insoluble, un certain Marc Dem offre une réponse hallucinante, développée dans un ouvrage publié en 1974 sous le titre *Les Juifs de l'espace*, publié chez Albin Michel.

La quatrième de couverture donne le ton :

« Pourquoi le peuple juif a-t-il réussi à garder sa personnalité propre à travers les brassages de l'Histoire ? Pourquoi a-t-il été sans cesse rejeté et persécuté par les autres ? Qui sont les Juifs en définitive ? [...] les Juifs ne sont pas originaires de notre terre. Ils y ont été placés par une puissance étrangère à notre monde qui poursuivait – et poursuit toujours – un objectif bien précis. Vue de l'esprit ? Fiction séduisante ? [...] Le problème traité dans *Les Juifs de l'espace* ne se situe pas seulement dans le passé ; il concerne aussi l'avenir prochain, aussi bien des Juifs que de l'ensemble des populations du globe. Car, si la théorie de Marc Dem est exacte, le plan conçu par la puissance extérieure qu'on a longtemps confondue avec Dieu met notre planète en danger. »

A y regarder de près, cette hypothèse abracadabrante n'est qu'une variante particulièrement improbable de la théorie des « Anciens Astronautes », imaginée par Robert Charroux et Erich von Däniken – que nous avons déjà croisés au fil des chapitres de ce livre. Plus grave, cette « solution inattendue et saisissante » pourrait bien être l'un des avatars, parmi les plus récents, d'une calomnie qui poursuit les fils d'Israël depuis l'Antiquité. On serait en droit de le croire d'emblée s'il n'était précisé, en avertissement, que « les intentions de l'auteur ne sont pas de fournir quelque aliment que ce soit à l'antisémitisme. [...] Le présent ouvrage [...] est conduit avec une sympathie délibérée à l'égard du peuple juif, qui est au centre de cette énigme ».

Dont acte. Mais certains épigones de Marc Dem se montreront beaucoup moins prudents que lui...

Qui est donc cet étrange théoricien, évoluant aux marges indécises de la théologie, de l'ésotérisme et de l'archéologie ? De son vrai nom Marc Demeulenaere, d'ascendance flamande, il voit le jour en 1926. Il est tour à tour séminariste, professeur de latin et de grec au Liban, au Sénégal et en Colombie, auteur de romans policiers parus au Masque sous le pseudonyme de Marc Demwell. A partir des années 1980, il rédige des articles pour *Le Figaro Magazine*, *Valeurs actuelles* et *Le Spectacle du monde*. Polygraphe fécond, il collabore à l'Encyclopædia Universalis, et prête sa plume à plusieurs célébrités du monde politique et artistique. On lui doit aussi quelques essais, portant principalement sur la critique de l'Eglise conciliaire. Revenu à la tradition catholique de sa jeunesse, il publie une lettre confidentielle hebdomadaire, *Iota Unum*, de 1990 jusqu'à sa mort, en 1997.

« Pourquoi les Juifs, pendant des millénaires, ont-ils toujours été haïs, méprisés, persécutés ? » Telle est la première question que se pose Marc Dem, avant de convenir de son échec à trouver une définition satisfaisante du sujet qui l'occupe :

« Nous devons nous rendre à l'évidence, ne considérant que les faits : la qualité de Juif est indéfinissable, elle ne correspond pas non plus à un comportement commun en dépit des traits caractéristiques que l'on s'accorde ordinairement à donner pour spécifiques. Et pourtant cette qualité détermine un clivage profond dans l'humanité qui est la nôtre. Il y a les Juifs et les Autres. » Cet a priori est lui-même fort discutable. Mais nous verrons que Marc Dem n'est jamais à court d'affirmations péremptoires.

Troisième énigme : la persistance de la Bible, dont le destin « ne ressemble à celui d'aucun autre livre. Comme le peuple juif, elle a franchi toutes les vicissitudes de l'Histoire, du fond des âges jusqu'à l'heure présente ». Partant de ce constat, Marc Dem est certain de découvrir dans l'Ancien Testament la clef qu'il recherche. Un détail retient son attention. Les premières pages de la Genèse dessinent le portrait d'un Etre suprême, grand horloger de l'univers, créateur infiniment bon. Puis, brusquement, entre en scène un autre dieu, désigné par le tétragramme YHWH – souvent vocalisé en Yahvé ou Jéhovah. « Il ne semble plus s'agir de la même personne. [...] le Dieu du second récit n'est pas le même que celui du premier. »

YHWH – comme continuera de l'écrire Marc Dem – aménage en effet une planète déjà créée et fabrique Adam avec la « poussière du sol ». Il ne semble pas omnipotent, ni omniscient. « YHWH pourrait se définir comme un humanoïde infiniment supérieur à l'homme. Il n'est pas Dieu. La confusion qui a été faite avec Dieu a notamment pour origine que, comme Lui, il descend du ciel.

[…] YHWH ressemble étrangement à l'habitant d'une autre planète parvenue à un stade de civilisation assez avancé pour nous envoyer des éclaireurs à travers l'espace. »

Cette cosmogonie pioche dans de vagues réminiscences d'un courant dualiste qui mène du mazdéisme au catharisme en passant par le manichéisme, le marcionisme et le paulicianisme. Pour Marc Dem, YHWH est bel et bien une divinité de pacotille, une sorte d'aventurier du cosmos atteint de mégalomanie. Adam et Eve sont son œuvre particulière, conçue à partir des matériaux préexistants sur la planète, auxquels il a insufflé son « haleine de vie » :

« Le couple ainsi formé ne correspond pas à un stade d'évolution naturelle, comme les hommes déjà mis par Dieu sur la Terre au cours de la création des six jours, après les végétaux, après les animaux. YHWH a procédé à une manipulation biologique selon un plan et en vertu de connaissances qu'il avait apportées avec lui. Adam et Eve peuvent, par conséquent, être considérés comme une souche "importée" par le voyageur de l'espace dans un dessein précis. »

Suivons Marc Dem dans son raisonnement délirant. Il existait déjà des hominidés sur terre – créés par le vrai Dieu – avant que YHWH ne s'avise de concocter en laboratoire une nouvelle espèce, plus performante :

« YHWH veut être adoré par les habitants de la Terre, surgis à la suite des animaux le sixième jour, selon le plan de l'Eternel. Or ces habitants se révèlent passablement décevants. Le pithécanthrope à la mâchoire volumineuse et au crâne étroit n'est pas un sujet bien prédisposé à l'endoctrinement. [...] Fabriquons-nous, dit YHWH, un homme selon notre goût, "à notre image", qui nous devra tout, sur lequel notre domination aura par conséquent une base métaphysique. Faisons-le intelligent, pour qu'il nous débarrasse des hominiens velus, fasse table rase sur la planète et s'y installe. Nous posséderons sur la Terre un peuple d'adorants et nous serons leur Dieu. »

Ce peuple élu, distinct, ce « prince des peuples », il ne s'agit ni plus ni moins – selon Marc Dem – que des fils d'Israël :

« Les Juifs ne sont pas de cette terre et c'est pourquoi ils ont toujours été opprimés par les autres hommes, comme il arrive dans les greffes d'organes, en vertu d'un phénomène de rejet. La Bible n'est pas la chronique d'une petite peuplade parmi d'autres ; l'intense vie qui s'en dégage et force l'attention des hommes depuis des millénaires vient du message qui s'y trouve contenu, caché, et sur lequel nous allons essayer de jeter quelque lumière. Qu'est-ce qu'un Juif ? Le produit d'une sélection poursuivie d'âge en âge suivant des méthodes que nous nous emploierons aussi à définir. Les Juifs viennent de l'espace et ils y retourneront. »

Dans cette perspective, les Ecritures saintes doivent contenir de nombreux indices confirmant la visite d'extraterrestres. Pour Marc Dem, YHWH désigne non seulement le chef de l'expédition galactique, mais également le vaisseau à bord duquel il voyage : « C'est le contenant et le contenu. » Bien plus, il pourrait s'agir d'un terme générique désignant les capitaines des différentes missions d'intervention qui se sont succédé : « [...] Ce n'était pas forcément toujours le même personnage qui se présentait au peuple d'Israël ou plutôt à ses guides. » Et les « anges » de YHWH seraient les membres de leurs équipages...

Ainsi, les paroles de YHWH rapportées par Isaïe prennent tout leur sens : « J'ai requis mes troupes sacrées, pour ma colère j'ai convoqué mes preux, mes fiers triomphateurs. [...] Ils arrivent d'un pays lointain, de l'extrémité des cieux. » Ou encore : « [YHWH] trône au-dessus du disque terrestre, dont il voit les habitants comme des sauterelles. » Et lorsque Josué, affrontant les Amorrhéens, semble arrêter la course du soleil, c'est en réalité l'astronef de YHWH qui éclipse l'astre du jour. Enfin, si le prophète Daniel affirme que « mille ans sont à [ses] yeux comme le jour d'hier quand il passe et comme une veille de la nuit », c'est que YHWH utilise la relativité du temps afin de circuler dans l'hyper-espace.

De la sorte s'explique aisément l'ouverture de la mer Rouge devant les Hébreux conduits par Moïse : « Le vaisseau YHWH était doté de moyens pneumatiques dont nous ignorons les spécifications techniques mais qui relèvent d'une mécanique des fluides que nous avons nous-mêmes aujourd'hui appris à maîtriser. » Le tout-puissant maître des étoiles dispose d'un arsenal terrifiant, comme en atteste Isaïe : « L'herbe sèche et la fleur se fane quand le souffle du Seigneur passe sur elles. » Sodome et Gomorrhe ? Elles ont été incendiées par une redoutable substance chimique. Et les chars de Pharaon ont été détruits par des salves de rayons laser !

Samuel décrit en termes imagés le décollage de la fusée de YHWH :

« La terre s'agita et trembla, les fondements des cieux frémirent, ils s'agitèrent, car il était en colère. Une fumée montait à sa narine et un feu dévorant jaillissait de sa bouche, des charbons en sortaient embrasés. Il inclina les cieux et descendit, un épais nuage sous ses pieds. Il monta sur un chérubin et vola. Il apparut sur les ailes du vent. »

Quant au prophète Elie, il monte aux cieux grâce à « un char et des chevaux de feu ». Autrement dit, dans une navette spatiale...

« La colère de YHWH peut prendre des dimensions cosmiques. Sa puissance est réellement immense. YHWH est un seigneur de l'espace pour qui sans doute la Terre ne représente qu'une possession parmi d'autres. [...] Il est par conséquent permis d'imaginer qu'il existe des Juifs non seulement sur la Terre, mais en maintes autres planètes habitables. Les successeurs de Gagarine, si un jour ils dépassent les limites du système solaire, en rencontreront. »

Entre deux apparitions de son terrible protecteur, le peuple juif va connaître d'âpres vicissitudes, telle la captivité en Egypte, qui durera plus de quatre cent trente années. Mais, pour qu'il puisse garder le contact, lui est révélée l'Arche d'Alliance, « un dispositif permettant à YHWH de correspondre avec le chef de son peuple afin de lui donner des ordres et d'entendre ses appels au secours ».

Chapitre après chapitre, Marc Dem ressasse ses affirmations, quitte à accumuler les contradictions, jusqu'à sombrer dans la plus totale confusion. A le lire, on finit par ne plus savoir qui est juif et qui ne l'est pas ! Ses créatures ayant fauté avec « les filles des hommes », YHWH anéantit la race bâtarde sous les eaux du Déluge :

« Noé et les siens seront soumis à une ou plusieurs opérations destinées à remplacer les gènes indésirables de leurs cellules reproductrices, à purifier leur "sang" afin qu'il n'y ait plus rien de mauvais dans leur cœur. L'arche dans laquelle on a accoutumé de ne voir que la nef du salut est aussi et surtout un navire-hôpital. »

Cependant, le Déluge n'a pas tué tous les autochtones. Survit « une humanité aguerrie par la sélection naturelle, rendue robuste par les difficultés climatiques » :

« Sem est le nouveau père des Juifs. Cham et Japhet sont les ancêtres des *Goyim*. Leurs enfants s'ajouteront aux *Anaqim* survivants du cataclysme pour former la masse des non-Juifs, les peuples que YHWH ne couvre pas de son aile protectrice. »

Plus tard, le même YHWH procédera à une procréation médicalement assistée afin de permettre à Sarah, la femme d'Abraham, d'enfanter Isaac : « D'où vient l'ovule qu'il y dépose ? Non de la Terre, où n'existe pas de donneur recommandable. Il faut bien l'admettre, il vient d'"ailleurs", de la planète de YHWH ou de celle où Elie fut transporté.

Dès lors, les héritiers d'Abraham « forment, d'une façon plus évidente encore que les descendants d'Adam, une humanité importée ». Ils n'en continueront pas moins de s'accoupler avec les hommes « ordinaires », ne gardant que la circoncision, « marque indélébile, signifiant l'appartenance au troupeau du Seigneur » :

« Tandis que s'instaure chez les fils d'Israël une mosaïque de caractères ethniques, le peuple restera différencié par son allégeance au suzerain des étoiles. Les fins de celui-ci sont de toute façon respectées : il possède sur la Terre sa colonie d'adorants brachycéphales ou dolichocéphales, bruns ou blonds, aux yeux noirs ou bleus, à la peau mate, laiteuse ou d'ébène. »

YHWH n'est décidément pas un dieu d'amour ni de paix ! Son plan initial était que « les Juifs, sortis de ses mains, remplaceraient sur la surface du globe la population indigène ». Pour renforcer leur cohésion, il ne leur a pas ménagé les épreuves et les persécutions, qui « contrebalancent efficacement les effets dissolvants de la dispersion aux quatre coins du monde ». Mais son but n'est toujours pas atteint. Aussi YHWH reviendra-t-il bientôt « à visage découvert, dans tout son éclat », afin de détruire l'humanité, en ne préservant que son peuple :

« Toute l'histoire juive, ses mystères et ses paradoxes, sa durabilité sans exemple reposent sur le pacte scellé entre l'extraterrestre et son peuple : vous êtes des exilés sur cette planète ; de même que je vous y ai déposés pour servir mes desseins au début des temps, de même je vous recueillerai quand ceux-ci seront révolus pour vous ramener dans la vraie terre que je vous destine. Vous êtes détestés des nations, on vous persécute et on vous méprise. Mais vous êtes supérieurs à vos persécuteurs, car ils disparaîtront dans le feu et le soufre, tandis que vous serez exaltés et que vous vivrez. »

Que faire, face à « l'opération Planète morte », à l'Apocalypse qui s'annonce ? Que faire, le jour où « la face de YHWH, le vaisseau terrible, [...] l'instrument de la destruction et de la mort », viendra planer au-dessus de la Terre ?

« La folle tentative de Jésus » – né d'une fille de David et d'un légionnaire romain –, « trait d'union entre la race artificielle et la race naturelle », a échoué. Il avait tenté de spiritualiser le message ancestral, de substituer au terrible YHWH un père attentif et aimant, « le Dieu de la première Création », d'étendre le salut à tous les hommes, Juifs comme *Goyim*, en leur offrant l'immortalité de l'âme et le bonheur éternel.

Les réactions d'intolérance antisémitiques sont iniques et stupides, car la communauté juive, « en dépit des circonstances de son implantation sur terre, fait partie intégrante de la famille humaine. [...] Les extraterrestres qui amenèrent les Juifs sont des hommes semblables à nous, issus d'un autre canton du cosmos ». Ne reste qu'une solution : négocier avec YHWH pour éviter l'anéantissement et obtenir l'autorisation de partir à la conquête de l'univers. Or l'humanité contemporaine, suite au développement des sciences, a renié ses croyances traditionnelles. « Dieu n'existe pas, mais il nous fait grand défaut. »

L'invraisemblable ouvrage de Marc Dem s'achève sur une suggestion encore plus étrange :

« La place restée vacante ne pourrait-elle être remplie par un Dieu intermédiaire, compatible avec la technique et assumant les fonctions d'une Providence, par YHWH en d'autres termes, que nous voyons parfaitement apte à devenir un Dieu pour les ingénieurs ? Le missionnaire de l'espace aurait ainsi atteint son but sur terre : conquérir le cosmos en se faisant reconnaître par les planètes où son vaisseau aborde. »

Est-il nécessaire de souligner l'inanité des théories de Marc Dem ? Leur incohérence apparaît à leur seul énoncé. Les travaux récents des archéologues et des exégètes permettent de mieux comprendre la saga du peuple de la Bible, et de séparer les éléments historiques de la trame légendaire. Ainsi, dans l'histoire égyptienne, on ne trouve mention d'Israël que sur une stèle du XIII$^{e}$ siècle avant J.-C., qui célèbre les victoires du pharaon Mérenptah sur les peuples de Canaan. Les péripéties mythiques de l'Exode semblent n'avoir laissé aucun souvenir sur les rives du Nil...

En réalité, c'est vers cette époque reculée, à l'âge du fer ancien, que des tribus nomades se sédentarisent sur les monts du Néguev et les hautes terres dominant le Jourdain. Dans leur panthéon, elles adorent un certain Yahvé, figure guerrière, divinité de l'orage et de la fertilité. Il semble qu'il ait longtemps été associé à une parèdre, la déesse Ashéra. Et jusqu'à l'exil à Babylone, au VIe siècle, il partagera avec Baal les prières de ses sectateurs. Avec la conscience nationale, les Juifs découvriront alors les vertus d'un monothéisme intransigeant.

### *Références et bibliographie*

Salo Wittmayer Baron, *Histoire d'Israël*, tome I, *Des origines au début de l'ère chrétienne*, et tome II, *Les Premiers Siècles de l'ère chrétienne*, Quadrige, PUF, 1986

Mauro Biglino, *La Bible comme vous ne l'avez jamais lue – Les dieux sont-ils venus des étoiles ?*, Jouy-en-Josas, Editions Atlantes, 2014

Marc Dem, *Les Juifs de l'espace*, Paris, Albin Michel, 1974

Shlomo Sand, *Comment le peuple juif fut inventé*, Paris, Fayard, 2008

## Louis XVII est mort sous les tropiques

*On connaît les orléanistes, partisans du comte de Paris, et les alfonsistes, favorables aux Bourbons d'Espagne. La faune des royalistes français compte également une espèce plus rare : celle des survivantistes. Pour eux, le fils de Louis XVI a survécu et peut-être a-t-il encore des héritiers ! Ainsi, plus d'une centaine de « prétendants » se sont manifestés... dont l'un aux Seychelles.*

Pendant plus de deux siècles, on n'a cessé de se demander qui était réellement l'enfant mort dans le donjon du Temple, à Paris, le 8 juin 1795, et enterré sous le nom et le titre de « Louis Charles Capet, fils du dernier roi des Français ». Etait-ce Louis XVII ou seulement une victime anonyme, un malheureux substitut ? Dans ce cas, le petit prince aurait-il échappé à son destin funeste et survécu sous une identité d'emprunt ?

Ces points d'interrogation resteront longtemps plantés au cœur de l'histoire de la Révolution, jusqu'à ce que, récemment, des analyses génétiques apportent la solution. Plus de huit cents livres, des milliers d'articles auront été consacrés à la question. Pourtant, à de rares exceptions près, aucun d'entre eux ne soumet le problème aux outils d'une critique objective.

Né sous les ors de Versailles, le 27 mars 1785, titré duc de Normandie en tant que second fils de Louis XVI et de Marie-Antoinette, Louis Charles devient dauphin à la mort de son frère aîné, le 4 juin 1789. « C'est un vrai enfant de paysan », s'extasie sa mère devant sa bruyante vitalité. Mais les affres de la Révolution, et surtout l'emprisonnement dans la sinistre prison du Temple, auront raison de cette bonne santé.

Enfermé avec sa famille le 13 août 1792, Louis Charles devient « Louis XVII », roi de France de droit, lorsque son père est exécuté, le 21 janvier 1793, place de la Révolution – l'actuelle place de la Concorde. Le 3 juillet suivant, le petit prince est enlevé à la reine et placé sous le « préceptorat » du cordonnier Simon. Elevé à coups de taloches, à la manière d'un jeune sans-culotte, habitué à boire et à beugler des chansons révolutionnaires, Louis Charles est aussi contraint de signer une déclaration mensongère contre sa mère. Dix jours plus tard, le 16 octobre 1793, Marie-Antoinette monte sur l'échafaud.

Après le départ de Simon et de sa femme, en janvier 1794, commence pour le captif de huit ans la période dite de l'emmurement. Pendant six mois, alors que la France sombre dans la Grande Terreur, que les têtes tombent par milliers dans le panier de la guillotine, l'enfant est cloîtré dans une pièce obscure et sale, sans contact avec l'extérieur, sans la moindre assistance. Chaque jour, ses geôliers lui déposent une écuelle de nourriture et un broc d'eau. La chambre n'est jamais nettoyée, le petit prince stagne dans sa crasse et ses excréments.

L'exécution de Robespierre et de ses complices, le 28 juillet 1794, permet un adoucissement relatif de ce calvaire. Le nouveau maître de la Convention, Barras, rend visite au jeune prisonnier. Il découvre un spectacle qui le fait frémir d'horreur : un être rachitique aux articulations gonflées par l'infection, incapable de proférer une parole, sinon pour pleurer de douleur.

Barras donne des ordres pour que sa cellule soit nettoyée, qu'il reçoive des vêtements neufs et qu'une nourriture convenable lui soit servie. Un créole de la Martinique, Laurent, est nommé gardien de Louis XVII et de sa sœur, Marie-Thérèse, enfermée à l'étage supérieur. En outre, chaque jour, des délégués différents, désignés par l'une des sections de la Commune, se relaient pour surveiller le petit roi. Ainsi, jusqu'à sa mort, plus de deux cents Parisiens défilent devant l'ancien dauphin, que beaucoup connaissent pour l'avoir vu aux Tuileries. Ce détail seul suffit à rendre invraisemblable une substitution pratiquée au moment du départ des Simon, comme l'ont suggéré certains auteurs.

Hélas, sans parler des séquelles de l'emmurement infligé à l'héritier des rois de France, la tuberculose qu'il a contractée dès le printemps de 1793 accomplit son œuvre. En mai 1795, les gardiens de Louis XVII signalent une « indisposition et des infirmités qui paraissent prendre un caractère grave ». Malgré les efforts du docteur Desault, médecin-chef de l'Hôtel-Dieu, puis du docteur Pelletan, le malheureux prisonnier ne tarde pas à s'éteindre. Voilà ce que révèle la pitoyable histoire de Louis XVII.

Cependant, dès que sa mort est annoncée, court le bruit d'une évasion. L'année suivante, un adolescent, Jean-Marie Hervagault, se fait passer pour le petit roi. On saura plus tard qu'il était en fait le fils bâtard d'un prince… de Monaco. Tout au long du premier tiers du XIX^e siècle, les aventuriers vont, par dizaines, prétendre être Louis XVII échappé aux griffes des révolutionnaires. Un roman à succès d'un certain Regnault-Warin, paru en 1800, *Le Cimetière de la Madeleine*, imaginant l'enlèvement du jeune roi, est leur principale source d'inspiration. Les plus connus sont Mathurin Bruneau, soi-disant baron de Richemont, et surtout le Prussien Karl Wilhelm Naundorff, dont les descendants portent légalement le nom de Bourbon et forment une curieuse dynastie parallèle servie par une poignée d'irréductibles partisans.

En réalité, le mythe de la survivance de Louis XVII s'inscrit dans le cadre de ce que le psychiatre Carl Gustav Jung nommera un « archétype », c'est-à-dire un schéma profondément inscrit dans l'inconscient collectif. Il s'agit en l'occurrence de l'archétype du « Grand Monarque », ou du « Roi caché ».

Dans toutes les civilisations, il existe des légendes de ce type : un souverain s'est éclipsé, en feignant de mourir, mais il reviendra à la fin des temps pour rétablir l'Age d'or et la félicité sur terre. Au XIXe siècle, en France, cet archétype du Grand Monarque a pris la forme de Louis XVII miraculeusement échappé des grilles des révolutionnaires, et qui devait revenir pour restaurer un Ancien Régime fantasmé.

Les faux dauphins ne se limitent pas à quelques individus remarquables. On en retrouve un à New York, un autre à Zadar en Dalmatie, un troisième aux Açores, sous le nom portugais de Capeto. Faut-il évoquer Pierre Benoit, disparu à Buenos Aires en 1852 dans des conditions singulières ? Ou encore le pasteur Eleazar Williams, un métis iroquois qui revendique son ascendance royale ?

Sur l'île Mahé, aux Seychelles, route de la Misère, à Zig Zag Ward, Mme Micheline Georges, propriétaire de l'auberge Louis XVII, perpétue aujourd'hui encore la mémoire de son ancêtre, Louis Poiret, le prince évadé du Temple, selon la légende familiale.

C'est par un article du *Gaulois*, en date du 25 juillet 1906, que les Français ont appris rétrospectivement l'existence de cet énigmatique « Monsieur Louis », l'improbable prétendant des Seychelles. L'auteur, Louis de Meurville, rapporte le témoignage d'un de ses amis qui, en 1865, séjournait à Mahé, la principale des îles de cet archipel de l'océan Indien, alors sous juridiction anglaise. Avec un missionnaire capucin, celui-ci avait assisté à l'agonie d'un vieux colon d'origine française. Après s'être confessé, le moribond avait balbutié quelques paroles, « moitié prières, moitié plaintes » :

« Il parlait de la France, de la famille royale, de la Révolution, du trône dont il était l'héritier légitime, de sa mort prochaine en exil, et il ajoutait : "Mon Dieu, que votre volonté soit faite !" »

Incrédule, le capucin exhorte son pénitent à dire la vérité – on sait bien que le dauphin est mort au Temple… Louis de Meurville poursuit ainsi :

« A ces mots, le vieillard parut bouleversé. Ses traits se contractèrent et, rassemblant le peu de forces qui lui restaient, il essaya vainement de se soulever sur son lit. Il retomba impuissant et, levant alors vers le ciel ses mains décharnées, il dit, d'une voix entrecoupée de hoquets : "Mon Dieu, mon Dieu, est-ce possible ? Vous permettez cette dernière humiliation ! Vous permettez qu'un Français vienne, en ce moment où je vais mourir, me jeter l'insulte à la face et me dire que je ne suis qu'un imposteur !... Que votre sainte volonté soit faite !" »

Puis il répète au prêtre venu l'administrer :

« Eh bien, je n'ai plus que quelques instants à vivre, et je jure, devant mon souverain maître qui est là et qui va me juger, que je suis le fils du roi Louis XVI et de la reine Marie-Antoinette, assassinés tous les deux par la Révolution ! »

Ce curieux personnage rend l'âme au cours de la nuit. Dans son armoire, on retrouve alors quelques pièces d'argenterie aux armes de France, ainsi que quatre miniatures représentant Louis XVI, Marie-Antoinette, le dauphin et Madame Royale. Répondant au nom de Louis Poiré – ou Poiret –, le défunt « était poli et affable avec tous et, très réservé, ne se laissait pas interroger, et montrait en tout une extrême dignité ». Et Louis de Meurville de conclure par une bordée de questions sans réponses :

« Qui était ce nouveau Masque de fer ? Etait-ce un simple maniaque pris d'une folie spéciale et ayant réussi à se procurer quelques pièces d'argenterie aux armes de France, avec les miniatures de la famille royale ? On comprendrait que le gouvernement anglais l'ait mis hors d'état de troubler quelques cervelles. Mais alors pourquoi ce lointain exil ? Il eût suffi d'enfermer cet illusionné dans une maison de fous. »

L'article du *Gaulois* sera repris trois mois plus tard par Numa Morel, rédacteur en chef du *Réveil de Mahé*. Il en corrige quelques erreurs de détail, en particulier la date du décès de « Monsieur Louis », qui se trouve être 1856 et non 1865. De fait, les Archives nationales des Seychelles gardent trace, au 25 septembre 1856, du décès d'un certain « Louis Poiret », âgé de soixante-dix ans, né à Dunkerque et professant la religion « catholique romaine ».

Un rapport conservé dans les Archives provinciales des missionnaires capucins, à Annecy, permet d'en connaître davantage sur les circonstances de cette « mort de Louis XVII à Port-Victoria de l'île Mahé, Seychelles, en 1856 » :

« Louis Poiret, dit Flamand, était venu aux Seychelles sur un vaisseau de guerre, quelques années après la colonisation de ces îles par les colons des îles Maurice et de Bourbon. Il se disait être Louis XVII, prince héritier de Louis XVI. Il passait comme tel aux yeux de toute la colonie. Atteint d'une grave maladie vers la fin de 1856, il fit aussitôt appeler un père missionnaire. En l'abordant, le père lui dit : "Monsieur, en votre qualité d'Européen et de Français, vous êtes sans doute baptisé ? — Oui, dit-il, j'ai été baptisé à Versailles, le 12 avril 17… mais malheureusement je ne connais pas ma religion, veuillez avoir la bonté de m'instruire."

« Le prêtre, après l'avoir préparé et entendu sa confession, allait l'administrer lorsqu'une crise nerveuse s'opéra chez le malade, qui lui dit, sans doute sans le reconnaître : "Ce poignard que vous portez (le crucifix) et que je vois briller sur votre poitrine, serait-il pour m'assassiner ? Aux armes ! Aux armes !"

« Il se croyait derrière les barricades de Paris. Un instant après, ayant repris sa connaissance, il reçut l'extrême-onction et mourut dans le Seigneur. »

On n'en sait guère plus sur ce personnage, sinon qu'il serait arrivé à Mahé entre 1804 et 1808 après avoir transité par La Réunion, probablement déporté politique. Un recensement de 1818 l'indique possesseur d'environ soixante-dix hectares à Cap Ternay et de dix-neuf esclaves. Durant son séjour, Poiret se livre à diverses transactions immobilières consignées dans des actes notariés. Enfin, le 12 mai 1831, « le sieur Louis Poiret dit Flamand » reconnaît devant maître Aimable Lefebure Marcy cinq enfants naturels, issus de deux concubines – Dauphine Virginie Dauphin et Marie Edesse –, « toutes deux femmes de couleur ».

La fable de « Monsieur Louis » ne s'éteint pas avec lui. A la suite de l'article du *Gaulois*, plusieurs auteurs s'attellent à résoudre « l'énigme ». Enfin, le flambeau est repris par Henri Gontier, l'un des arrière-petits-fils de Poiret. Alors planteur au Kenya, il adresse, le 13 novembre 1936, ce courrier à l'*Impartial de Mahé* :

« Quand la Révolution a éclaté, le dauphin n'était qu'un enfant de quatre ans. En 1792, il fut emprisonné. En 1793, après l'exécution de son père, bien qu'il fût reconnu comme successeur de son père par les royalistes, il n'a jamais régné mais était gardé en prison, sous la garde du cordonnier Simon, qui l'a fait évader en 1794 dans la nuit, et un garçon de son âge et lui ressemblant a pris sa place. [...] Il vécut en France quelque temps, sous le nom de Poiret, puis il partit à La Réunion et plus tard aux Seychelles avec sa première femme. Il avait une concession du gouvernement à Cap Ternay, où il a vécu jusqu'à sa mort. A la mort de sa première femme, il est revenu à La Réunion chercher une seconde épouse et s'en est retourné aux Seychelles, où il mourut. Il eut trois fils et quatre ou cinq filles. Un de ses fils fut mon grand-père, Henri Poiret. [...]

« Le dauphin a toujours vécu dans la terreur d'être retrouvé et rapatrié en France. C'est la raison principale pour laquelle il n'a jamais voulu dévoiler son identité plus tôt, mais il attendit que sa mort soit proche pour le faire. [...] J'espère que cette lettre éclairera l'esprit de certaines personnes sur le fait que le dauphin a vraiment vécu et est mort à Mahé aux Seychelles, et qu'il a laissé derrière lui une grande famille qui a le sang des Bourbons et des Habsbourg dans ses veines. »

Rentré sur son île natale, Henri Gontier deviendra un notable respecté et siégera comme conseiller auprès du gouvernement. Accordant, en 1973, une interview à un journaliste de *La Dépêche du Midi*, il lui présentera le brouillon d'une lettre curieusement signée « Louis Capet », à destination de son « cher oncle »... « l'archiduc Charles d'Autriche à Vienne » – sans doute Charles-Louis, duc de Teschen, fils de Léopold II.

Forgerie ou reflet authentique du délire paranoïaque du malheureux Poiret ? Quoi qu'il en soit, ce document abscons et presque incompréhensible laisse entrevoir que Marie-Antoinette se serait tournée vers « le maire de la ville de Dunkerque pour sauver son fils des mains des bourreaux de son père ». L'enfant aurait ensuite été confié à son oncle le futur Louis XVIII, puis maltraité sur l'ordre de ce dernier, abandonné par lui et relégué dans l'océan Indien. Toutes ces élucubrations ne reposent, bien entendu, sur aucun élément probant. Il est hélas vraisemblable que Poiret « n'était qu'un malade avec tous les stigmates de la névropathie à ses dernières limites », pour reprendre le diagnostic de l'un de ses biographes. Une indéniable ressemblance avec le type bourbonien, le nom porté par sa première compagne – Dauphin – ont peut-être nourri sa mythomanie...

Cependant, les extravagances de « Monsieur Louis » revivifiées par son descendant Henri Gontier seront prises pour argent comptant par Jacques Rivière, le plus récent « chercheur » à s'être penché sur le dossier. Dans son livre intitulé *Le Mystère Louis XVII – Histoire secrète de son évasion et de son exil aux Seychelles*, il échafaude un scénario rocambolesque mettant en scène le ci-devant bourgmestre de Dunkerque, Charles Pierre Thiéry de Bonte, un perruquier nommé Poiré – complice présumé du cordonnier Simon –, ainsi que deux homonymes, l'un huissier à la Convention et l'autre soldat déserteur, lesquels finiront d'ailleurs guillotinés...

Certes, l'état civil de Dunkerque fait mention d'un certain François Théodore Poiré – ou Poiret –, maître perruquier originaire d'Auxi-le-Château, près d'Abbeville. Inutile de préciser que l'on ne trouve aucun lien entre le paisible figaro et le terrible gardien du Temple ! Père d'une nombreuse famille, ce Poiré a eu deux fils d'un âge avoisinant celui du dauphin : Louis François Nicolas, né le 24 août 1787, et Jean Louis Marie, le 2 décembre 1788. Or le premier mourut à l'âge de dix-huit mois, et le second, dans la même ville de Dunkerque, le 20 avril 1856, célibataire...

Est-on seulement sûr que le « Louis Poiret » des Seychelles a vu le jour à Dunkerque ? Pour l'affirmer, on n'a que la mention succincte de son acte de décès et, auparavant, le recensement de la population européenne des Seychelles, vers 1818. Or, dans celui-ci, les lieux de naissance apparaissent très approximatifs, et renvoient souvent à de grands ports de mer – Bordeaux, La Rochelle, Saint-Malo, Marseille, etc. En outre, le patronyme de « Poiré » ou « Poiret » est très courant en Flandre, en Artois et en Picardie. Il ne serait donc pas étonnant que le Louis XVII de Mahé ait vu le jour dans quelque village perdu de l'une de ces provinces avant de s'embarquer pour aller vivre son rêve de gloire sous les cocotiers…

### *Références et bibliographie*

Philippe Delorme, *Louis XVII, la biographie*, Versailles, Via Romana, 2015

Maurice Etienne et Jacques Hamann, *Louis XVII et les 101 prétendants*, Paris, Le Sémaphore, 1999

Evelyne Lever et Sabine Melchior-Bonnet, *Marie-Antoinette telle qu'ils l'ont connue*, Omnibus, 2015

Jacques Rivière, *Le Mystère Louis XVII – Histoire secrète de son évasion et de son exil aux Seychelles*, Corps, Les 3 spirales, 2003

# Ron Hubbard contre l'infâme Xénu

*Oubliez tout ce que vous croyez savoir sur la préhistoire et sur les ères géologiques. La vérité est autrement plus palpitante. Il y a sept cent cinquante mille siècles, un tyran venu du fond de l'espace a massacré ses opposants en faisant exploser les volcans de la Terre avec des bombes thermonucléaires…*

« Philosophe, philanthrope, auteur, artiste, éducateur et administrateur, L. Ron Hubbard a apporté sa contribution de nombreuses façons. De ce fait, il est littéralement considéré par des millions de personnes dans le monde entier comme le meilleur ami de l'humanité… »

Quand il s'agit d'évoquer son fondateur, le site officiel « scientologie.fr » sait manier le dithyrambe. Rappelons qu'en 1999 un rapport de la Mission interministérielle de lutte contre les sectes a classé la scientologie comme « secte absolue » et recommandé sa dissolution. Mais sur ses vidéos en ligne, elle se présente comme une bénéfique

« technologie spirituelle » et promet « un monde où la prévisibilité de la science et la sagesse de la religion se combinent », offrant « des outils pour accroître vos aptitudes et atteindre votre plein potentiel dans la vie ». Déjà en 1956, Ron Hubbard faisait miroiter à ses disciples « un voyage à la découverte de soi, une libération sans limites de tous les pièges, de toutes les craintes ». Devant le tribunal correctionnel de Paris, au cours d'un procès intenté en 2009, le député Jean-Pierre Brard a déclaré sans ambages : « La scientologie est l'une des sectes les plus dangereuses, les plus efficaces et les plus âpres au gain. »

La biographie de Ron Hubbard – réécrite pour les besoins de la cause – est elle-même l'objet de polémiques. Né le 13 mars 1911, à Tilden dans le Nebraska, Lafayette Ronald Hubbard aurait lu dès son plus jeune âge « Shakespeare, la philosophie grecque et de nombreux auteurs classiques plus récents ». Toujours selon sa biographie officielle consultable sur Internet, « on le vit rapidement dompter des chevaux sauvages avec les meilleurs cow-boys de la région ». Il est adolescent lorsque les Indiens Pieds-Noirs l'acceptent comme « frère de sang », une pratique qui n'existe que dans les westerns de Hollywood...

En réalité, Ron Hubbard a connu une enfance des plus banales à Helena, capitale du Montana, puis dans différentes villes des Etats-Unis, au gré des affectations de son père, officier de marine. Plus tard, il prétendra avoir été initié à la psychanalyse par un ancien élève de Sigmund Freud dont on ne retrouve aucune trace. Promu « le plus jeune Eagle Scout des Etats-Unis » – selon ses hagiographes –, il serait devenu l'ami intime du fils du président Calvin Coolidge… ce qui reste à prouver. De même, son voyage de cinq années en Asie, où il aurait rencontré, adolescent, des sages chinois et des lamas tibétains, s'est limité à deux brèves incursions en Extrême-Orient, lorsque son père était en poste à la base navale de Guam.

A dix-neuf ans, Lafayette Ronald commence des études de génie civil à l'université George-Washington, mais il les interrompt rapidement à cause de son niveau insuffisant en mathématiques. Ce qui ne l'empêchera pas plus tard, dans *All About Radiation* – « Tout sur le rayonnement » –, de s'affirmer comme « l'un des premiers physiciens nucléaires d'Amérique ».

Au début des années 1930, au plus bas de la crise économique, le jeune homme, féru de navigation, bourlingue dans les Caraïbes, séjourne à Porto Rico, avant de gagner sa vie en rédigeant avec succès des nouvelles fantastiques et de science-fiction pour des revues bon marché – les *Pulp magazines* – comme *Astounding* et *Unknown*. En février 1940, l'Explorers Club de New York charge Ron de préparer « l'expédition radio-expérimentale d'Alaska ». Hélas, son ketch de dix mètres, en panne de moteur, va rester ancré durant quatre mois dans le port de Ketchikan, non loin de la frontière canadienne.

Malgré ses authentiques certificats de la marine marchande, Hubbard est refusé à l'Académie navale à cause d'une vue déficiente. Il obtient cependant une dérogation en juin 1941, et l'US Navy l'enrôle comme réserviste. Enseigne de vaisseau puis capitaine de corvette, il s'enorgueillira d'avoir été « un brillant officier » durant la Seconde Guerre mondiale. Pourtant, un rapport de l'attaché naval américain en Australie indique qu'il « n'est pas qualifié pour exercer indépendamment et assumer des responsabilités. Il parle trop, veut faire l'important et se prétend doué de capacités exceptionnelles dans presque tous les domaines »...

En mars 1942, Hubbard est affecté à New York, à un poste de censure du courrier. Enfin, on lui confie le commandement d'un patrouilleur côtier basé à Boston, puis d'un chasseur de sous-marins, l'*USS PC-815*. Son hagiographie en ligne poursuit :

« [...] Il reprit du service et se distingua dans le Pacifique Nord et dans l'Atlantique Nord, où il commandait des corvettes anti-sous-marines et entraînait des équipages aux débarquements amphibies. Il fut plusieurs fois décoré pour ses actions sous le feu de l'ennemi, mais il était profondément attristé par le carnage et l'inhumanité dont il était témoin. »

En réalité, le capitaine Hubbard se contentera de faire feu sur une petite île mexicaine, heureusement presque inhabitée, où il croyait avoir affaire à des Japonais...

Sans que cette mention figure dans son dossier militaire, Hubbard affirme avoir été blessé grièvement au nerf optique et handicapé à la suite de blessures aux hanches et au dos. C'est durant son hypothétique convalescence, à l'hôpital naval de Oak Knoll, qu'il aurait développé les principes fondamentaux de la « dianétique ». Ce mot, forgé de deux mots grecs – *dia*, à travers, et *noûs*, âme –, désigne une méthode de guérison mentale. A la même époque, Hubbard s'intéresse à l'occultisme et à l'hypnose, dans le sillage du sataniste Aleister Crowley, propagateur d'une « magie sexuelle » sans tabous.

Renouant avec sa carrière d'auteur à succès, le futur prophète de la scientologie publie en 1950 son œuvre maîtresse : *La Dianétique – La puissance de la pensée sur le corps*. Devenu aussitôt un best-seller, le livre se vend à plus de quinze millions d'exemplaires. La cure hubbardienne – ersatz de la psychanalyse – prétend purger le « mental réactif » de ses « engrammes ». Ces empreintes laissées par des traumatismes inconscients sont repérées à l'aide d'un « électropsychomètre », censé détecter les charges émotionnelles, « localiser les zones de détresse et de souffrance spirituelle ». En fait, il s'agit d'un simple ohmmètre mesurant la résistance électrique entre deux électrodes tenues en main par le patient.

Dans une sorte de rêve éveillé – ou « audition » –, celui-ci, dûment guidé, remonte jusqu'au « basique-basique », l'incident fondamental, survenu au cours de la période prénatale. L'élimination de ce premier engramme permet d'atteindre l'état de « clair ». Le malade serait alors délivré de toutes ses névroses et psychoses, voire de certaines pathologies physiques. Il jouirait aussi d'une intelligence décuplée et d'une mémoire presque illimitée. Ainsi la dianétique serait-elle « une science organisée de la pensée qui s'appuie sur des axiomes précis, c'est-à-dire sur des lois naturelles comparables à celles qu'on trouve dans les sciences physiques ».

Un tel jargon pseudo-technologique est bien fait pour séduire un certain public en quête d'épanouissement personnel. Des clubs de dianétique fleurissent à travers le pays. Si bien qu'en mars 1952 Ron Hubbard annonce la découverte d'une discipline nouvelle, la « scientologie », destinée à soigner l'âme, et non plus le corps. Deux ans plus tard, la première église de scientologie ouvre ses portes à Camden, dans le New Jersey. Un rituel est institué, avec ses pasteurs, revêtus d'habits sacerdotaux, ses sacrements et son symbole sacré : la croix barrée...

« Mon père et moi-même avons créé cette "apparence religieuse" dans l'unique but de nous protéger légalement des "plaintes pour escroquerie" et de ne pas payer d'impôts », déclarera sous serment Ronald DeWolf, le fils aîné de Ron Hubbard, devant la cour du Massachusetts, en 1979. Outre-Atlantique, les congrégations religieuses bénéficient en effet d'un statut fiscal très privilégié. Mais cette métamorphose d'une psychothérapie en une « philosophie religieuse appliquée » témoigne également de l'évolution spirituelle du fondateur.

Le dogme scientologique construit en effet une cosmogonie confuse, qui n'est pas sans emprunter certains aspects à la gnose chrétienne. Avant la naissance de l'univers existaient des êtres immortels et tout-puissants : les « thétans ». Piégés dans le monde matériel qu'ils ont créé, les thétans sont condamnés à errer de corps en corps, à travers des millions d'existences. Le thétan constitue le véritable moi individuel, associé à une sorte d'esprit inférieur, l'« entité génétique ». Aussi, désormais, grâce à « l'audition » dianétique, le scientologue découvrira-t-il les racines de ses troubles dans ses vies antérieures, avant de prendre conscience de sa réalité spirituelle. Il deviendra alors « thétan opérationnel » – ou « OT » –, affranchi des limites du temps et de l'espace, doté de pouvoirs surnaturels.

A ce point de sa doctrine, Ron Hubbard emploie son talent d'écrivain d'anticipation pour imaginer un vaste *space opera*, une grandiose fresque interstellaire censée dévoiler la vérité sur les origines très lointaines de l'humanité. Il assure que le récit qu'il a rapporté d'une sorte d'expérience initiatique n'est pas d'ordre mythologique, mais qu'il dépeint la « grande catastrophe » qui a réellement eu lieu, voilà... soixante-quinze millions d'années.

En ces temps reculés, un dictateur du nom de Xénu – ou Xému – gouvernait d'une main de fer la Confédération galactique de Marcab, rassemblant vingt-six étoiles et soixante-seize planètes. Or, cet empire souffrait de surpopulation, chaque planète abritant une moyenne de cent soixante-dix-huit milliards d'individus. Leur apparence était humanoïde et leur civilisation comparable à celle des Etats-Unis de l'après-guerre, trains et automobiles compris.

Menacé dans son pouvoir absolu par une révolte plébéienne, Xénu décide d'éliminer treize mille cinq cents milliards de sujets excédentaires. Convoqués sous prétexte d'une « inspection fiscale », ces malheureux sont paralysés au moyen d'injections d'alcool et de glycol par des psychiatres à la solde du tyran. Congelés et empaquetés, ils sont embarqués à bord de fusées géantes dont l'aspect évoque celui des avions Douglas DC-8, à l'exception des moteurs.

Transférées sur la planète Teegeeack – c'est-à-dire la Terre –, ces cargaisons vivantes, plongées dans un coma artificiel, sont enfouies à la base de grands volcans : les monts Washington, Rainier, Hood, Shasta, et San Giorno, divers volcans au Canada et dans la cordillère des Andes, le mont Saint Helens, le Vésuve, le Kilimandjaro, le Krakatoa, les cratères de Las Palmas, du Japon, de Hawaii, des Philippines, et bien d'autres encore... Inutile de souligner que la plupart de ses formations ignivomes n'existaient pas au Crétacé supérieur – époque du règne du très hypothétique Xénu.

Quoi qu'il en soit, pour parachever sa sinistre besogne, le despote sanguinaire fait exploser des bombes à hydrogène qui atomisent les corps de ses victimes. En 1977, dans *Revolt in the Stars* – « Révolte dans les étoiles » –, le script d'un film à grand spectacle qui ne sera jamais réalisé, Ron Hubbard décrit cette horreur apocalyptique :

« Des explosions atomiques enflaient au-dessus des cratères [...], se déployant de plus en plus haut, s'épanouissant, en d'imposants nuages en forme de champignons, propulsant des déchets de fission avec des éclairs de flammes. De grands vents couraient en tumultes sur la face de la Terre, emportant des relents de destruction... »

Les milliards de « thétans » affranchis de leur enveloppe charnelle sont aussitôt capturés par les « renégats » à la solde de Xénu, au moyen d'un mystérieux « ruban électronique », puis aspirés dans des « zones de vide ». Ces âmes orphelines sont conduites dans deux « stations d'implants » – à Hawaii et aux Canaries, respectivement pour les zones Pacifique et Atlantique. Il s'agit de sorte de salles de cinéma où elles sont contraintes de regarder « une colossale image tridimensionnelle animée », durant trente-six jours d'affilée.

Au terme de cette éprouvante rééducation, les thétans se retrouvent infestés de « diverses données trompeuses » et de croyances erronées. Ils perdent jusqu'à la conscience de leur propre réalité et se rassemblent en myriades, infestant les rares organismes qui ont survécu à l'holocauste et les créatures autochtones. Aujourd'hui encore, ces « corps thétans » continuent d'adhérer aux humains. Ce sont eux les responsables des « engrammes » et de tous les comportements aberrants que seule la scientologie serait capable de traiter avec efficacité.

Ce drame cosmique échevelé connaît une fin morale. Après six années de lutte, des « officiers loyaux, restés fidèles au peuple », parviennent à capturer l'ignoble Xénu et à l'enfermer dans une prison magnétique, sous un massif rocheux – peut-être les Pyrénées. Il s'y morfondrait toujours... En 1968, au cours de sa croisière en Méditerranée sur les traces de ses incarnations antérieures, Ron Hubbard parcourra les montagnes de Corse, en quête d'un ancien relais spatial. Quant à « Teegeeack », ravagée et transformée pour l'heure en désert, elle sera abandonnée à son sort par la Confédération.

Dans le cursus scientologiste, cette fable abracadabrante est désignée sous le nom de code d'« Incident II ». Elle n'est révélée qu'aux « thétans opérationnels » de niveau trois, ou « OT-III » – un grade que l'on n'acquiert qu'après des centaines d'heures d'audition et de cours... et non sans avoir déboursé l'équivalent de plusieurs dizaines de milliers d'euros. Ron Hubbard lui-même, en 1967, aurait été le premier à franchir ce « Mur du Feu » – au prix de quelques contusions – et à en revenir entier. D'ailleurs, le « prophète » est formel : quiconque s'aviserait d'y jeter les yeux avant d'avoir atteint le plein éveil mental risque de périr, terrassé par une pneumonie ou quelque autre affection foudroyante ! Ce qui ne l'a pas empêché d'en tracer les grandes lignes dans le scénario de *Revolt in the Stars*...

On peut s'étonner que de telles billevesées soient prises pour argent comptant par certains de nos contemporains, qui semblent en l'occurrence avoir modérément exercé leur esprit critique. C'est qu'elles ne sont révélées, dans le « catéchisme » scientologique, qu'au terme d'une longue mise en condition, et seulement à un dixième des adeptes. En outre, ce genre de croyances s'inscrit parfaitement dans un type nouveau de religiosité, dite « ufologique ». A bien des égards, ce credo est similaire aux allégations du Français Claude Vorilhon, alias Raël, pour qui, selon son site Internet, « voilà plusieurs milliers d'années, des scientifiques d'une autre planète, les Elohim, ont créé en laboratoire toutes formes de vie, y compris les êtres humains ».

Devenu messie d'une foi nouvelle, Ron Hubbard va poursuivre sa carrière de gourou businessman. En 1959, il a installé son quartier général en Angleterre, à Saint Hill, un magnifique manoir géorgien du Sussex, auparavant propriété du maharadjah de Jaipur. Considéré comme indésirable en raison des controverses suscitées par les pratiques de la scientologie, il transporte ensuite ses pénates en Rhodésie, puis, en 1967, démissionne de son poste de directeur exécutif.

Paré du titre fantaisiste de « commodore », Ron Hubbard décide alors de sillonner les océans à la tête d'une flottille de trois navires. Il fonde la Sea Org – « Organisation de la mer » –, à la fois milice et « ordre religieux fraternel », nimbée d'une aura de mystère. Seuls les « OT » de haut niveau peuvent s'y enrôler. Hubbard navigue ainsi durant sept années, pendant lesquelles il prétend approfondir ses recherches. Le « commodore » exige des « messagers » placés sous ses ordres une obéissance aveugle. Les contrevenants sont passibles de punitions, et sont soumis à un rigoureux régime disciplinaire baptisé « Force de Rédemption ». Quant aux ennemis déclarés de la secte – dénommés « personnes suppressives » –, ils ne doivent s'attendre à aucun ménagement.

Au-delà d'« OT-III », la fine fleur de la scientologie peut s'élever jusqu'au rang d'« OT-VIII », qui ne peut s'obtenir qu'à bord du *Freewinds*, l'un des bateaux du mouvement, et seulement après une très sévère « vérification de sécurité », afin de s'assurer de la loyauté inconditionnelle de l'impétrant. A ce niveau suprême, l'adepte doit se remémorer ses précédentes existences dans des univers parallèles. En reparcourant le moment de sa propre création, il est mené à la réalisation de Dieu et achève ainsi de traverser « le Pont vers la Liberté totale ».

La suite de la biographie de Ron Hubbard est plus prosaïque. A partir du milieu des années 1970, il réside à nouveau aux Etats-Unis, où son fils Quentin, successeur désigné, se suicide dans des conditions mal élucidées. De plus en plus paranoïaque, il lance l'opération « Snow White », dans le but de neutraliser ses ennemis, réels ou imaginaires. Son ancien officier des relations publiques, Robert Vaughn Young, témoignera en 1997, dans le documentaire anglais *Secret Lives* – « Vies secrètes » – consacré à Ron Hubbard :

« Il croyait en l'existence d'une cabale internationale contrôlant l'attaque dirigée contre lui dans le monde, et contrôlant les attaques dans tous les pays. "Snow White" était censé identifier la cabale, les connections entre ses groupes instigateurs, et les exposer au grand jour, puis les détruire. [...] C'était du pur renseignement militaire. »

En 1977, le FBI lance une enquête contre le fondateur de la scientologie, l'accusant d'espionnage et de conspiration contre le gouvernement. Si lui-même sera seulement mentionné comme « coconspirateur non poursuivi », la Cour fédérale condamnera plusieurs cadres de l'Eglise à des peines de prison et à de lourdes amendes.

Renouant avec son métier d'écrivain, Ron Hubbard rédige des scénarios et publie, en 1982, *Battlefield Earth*, paru en France sous le titre *Terre champ de bataille*, qui servira de trame à l'un des plus mauvais films de science-fiction de l'histoire du cinéma. L'intrigue, située en l'an 3000, met en scène une humanité soumise à l'esclavage d'extraterrestres féroces, les Psychlos. Un héros courageux – joué par le scientologue John Travolta – parvient à leur voler leur technologie et à libérer ses frères...

Cloîtré dans son luxueux ranch de Tiny Creston, en Californie, Ron Hubbard sombre dans une sorte de démence, comme le rapporte Robert Vaughn Young dans *Secret Lives* :

« Il s'était laissé pousser la barbe, les cheveux, les ongles. [...] Il avait très peur des gens, il était terrorisé à l'idée de rencontrer des inconnus. Il disparaissait peu à peu dans son monde étrange. L'ironie suprême, c'est que cet homme ait voulu révolutionner le monde par ses diktats, ses technologies et ses idées annonçant qu'on pouvait devenir de plus en plus grand, immense... et le voilà disparaissant, terré jusqu'à la fin. »

Le pionnier de l'« étude de la connaissance » ne verra pas la sortie en librairie de sa dernière œuvre, une monumentale décalogie intitulée *Mission Earth* – « *Mission Terre* » –, satire de la société moderne, étudiée à travers le regard d'envahisseurs d'une autre planète. Le 24 janvier 1986, Lafayette Ronald Hubbard, richissime et souffrant d'une pancréatite alcoolique, meurt foudroyé par une attaque cérébrale, à l'âge de soixante-quatorze ans. Les instances de l'Eglise de scientologie, sans verser une larme, se contentent d'annoncer « qu'il a quitté son corps pour continuer ses recherches sur un autre niveau ».

## ***Références et bibliographie***

Julia Darcondo, *La Pieuvre scientologique*, Paris, Fayard, 1998

Serge Faubert, *Une secte au cœur de la République*, Paris, Calmann-Lévy, 1993

Russell Miller, *Ron Hubbard, le gourou démasqué*, Paris, Plon, 1993

L. Ron Hubbard, *La Dianétique – La puissance de la pensée sur le corps*, Glostrup, New Era Publications, 1989

L. Ron Hubbard, *Terre champ de bataille*, Paris, Presses de la Cité & New Era Publications, 1988 (3 tomes)

*Qu'est-ce que la scientologie ?*, Glostrup, New Era Publications, 1993

# Le pape Paul VI est toujours vivant

*Une frange extrême des intégristes catholiques croit que Paul VI a été remplacé par un sosie et que, par conséquent, tous ses successeurs sont des imposteurs et des antipapes. Plus hallucinant encore, le pontife éclipsé vivrait encore. Il réapparaîtra bientôt à Rome pour y restaurer la vraie foi...*

Né le 26 septembre 1897 à Concesio, près de Brescia, Giovanni Battista Enrico Antonio Maria Montini, devenu souverain pontife sous le nom de Paul VI, fêterait bientôt ses cent vingt ans. On sait qu'il est décédé le 6 août 1978, jour de la Transfiguration du Christ, des suites d'une crise cardiaque, dans sa résidence d'été de Castel Gandolfo. Après ses obsèques, célébrées une semaine plus tard, le conclave lui a donné pour successeur le cardinal Albino Luciano, patriarche de Venise, l'éphémère pape Jean-Paul Ier.

Telle est la version officielle des événements. Mais pour les catholiques « survivantistes » la vérité est différente : « Paul VI est toujours en vie, exilé, attendant l'heure de Dieu pour retrouver le siège de Pierre. » Plusieurs blogues et sites Internet prêchent cette thèse surprenante – souvent reprise au mot près –, que l'on peut résumer en quelques lignes...

Paul VI, élu pape en 1963, a d'abord été « complice » des promoteurs du concile Vatican II. Bientôt, éclairé par le Saint-Esprit, il découvre l'existence d'un « complot franc-maçon » en vue de détruire l'Eglise. C'est alors que commence son « martyre » :

« Son fardeau devint plus douloureux du fait qu'il ne pouvait plus rien annoncer ni proclamer à la chrétienté, car ses collaborateurs, prélats félons, neutralisèrent l'exercice de son pouvoir. La route lui fut barrée lorsqu'il voulut annuler la réforme liturgique et toutes les innovations nuisibles du modernisme. »

Dans un premier temps, les ennemis du Saint-Père lui administrent des « drogues neutralisantes ». Puis ils commencent à lui substituer, par intermittence, un sosie qui le remplace définitivement dans le courant de 1975. C'est cet imposteur qui, devenu incontrôlable et menaçant de tout révéler, sera éliminé trois ans plus tard. Les conteurs de cette étrange histoire précisent que « photos, vidéos, témoignages de prélats, exorcismes, études scientifiques, ouvrages, prophéties médiévales et contemporaines viendront corroborer la thèse de la survie ». On les attend toujours...

En dignes héritiers de la scolastique médiévale, les « survivantistes » assoient leur effarante théorie sur le syllogisme suivant – qui fleure bon le paralogisme. Prémisse majeure : les papes, depuis Jean-Paul Ier, ne sont pas légitimes. Prémisse mineure : le droit canonique enseigne que le Saint-Siège ne saurait être vacant. Donc le dernier vrai pape, Paul VI, n'est pas mort. La réalité doit ployer la nuque devant cette démonstration infrangible.

« L'objection liée à l'âge de Paul VI n'est pas valable », assure l'auteur de *La Survie de Paul VI et le Secret de Fatima,* Jean-Baptiste André, qui s'explique : « Si vous êtes catholiques, vous croyez en l'existence de Moïse et saint Simon, morts à cent vingt ans. En l'occurrence, l'âge du Saint-Père a précisément un rapport avec celui de Moïse. Cet âge est aussi celui auquel Dieu a réduit notre longévité depuis le Déluge. » L'auteur du blogue *Paul VI, pape martyr de la Fin des Temps,* donne des exemples : « Saint Paul Ermite a vécu jusqu'à l'âge de... cent treize ans ! La religieuse Eugénie Blanchard vient de mourir à l'âge de... cent treize ans ! Jeanne Calment, la doyenne des Français, morte à plus de cent vingt-deux ans ! »

Les premières rumeurs de substitution de Paul VI sourdent déjà dans les dernières années de son pontificat. En comparant des photographies et des enregistrements sonores, le Munichois Theodor Kolberg parvient à la conclusion qu'un comédien a remplacé le véritable pape. Ainsi, il affirme que les formules de bénédiction *urbi et orbi* de Pâques et de Noël 1975 n'ont pas été prononcées par la même personne.

Dans son livre, *L'Imposture du siècle*, Kolberg comparera plusieurs portraits. Selon lui, les uns sont du vrai Paul VI, les autres du « pape imposteur ». A ses yeux, les dissemblances sont flagrantes. Paul VI a le « visage allongé, ovale, la bouche fine, les yeux animés ». Son sosie a « le visage plus court, plus large, plus rempli et paraît ainsi rond. Par l'éclairage d'en haut, le front paraît plus haut qu'il n'est. Le nez est court en comparaison de la mâchoire et des oreilles. Les oreilles sont plus fortement décollées dans leur moitié supérieure. Expression laide des yeux et de la bouche. [...] Le nez du pape imposteur est crochu et nettement plus petit par rapport à l'oreille et à la mâchoire. Le menton est plus faiblement marqué que chez le pape Paul VI. [...] La dernière phalange du pouce est fortement recourbée vers l'extérieur, alors que le pouce du pape Paul VI est droit ».

On pourrait multiplier à l'envi les exemples sans rien démontrer sinon la subjectivité de leur auteur. D'ailleurs, Theodor Kolberg, à l'instar des « survivantistes » actuels, considère ces éléments comme secondaires. Les preuves essentielles sont pour eux d'ordre surnaturel et prennent la forme de messages délivrés directement par l'au-delà.

En 1970, une jeune New-Yorkaise, Veronica Lueken, habitant le faubourg de Bayside, prétend avoir bénéficié d'une visite de la Vierge Marie. Jusqu'à sa mort, en 1995, la voyante extatique transmet des « révélations » de Notre Dame, de Jésus, des archanges et des saints, traitant de l'Apocalypse, de la Grande Tribulation, du deuxième avènement du Christ et de la Grande Ere de Paix qui s'ensuivra. Relayées par le mouvement québécois des Pèlerins de Saint-Michel – ou « Bérets blancs » –, les prophéties de Bayside sont largement diffusées dans la sphère catholique intégriste.

Or, le numéro d'automne de 1975 de *Vers demain*, le bulletin des Pèlerins, s'ouvre sur ce titre choc : « Un imposteur gouverne à la place de Paul VI ». Le 27 septembre 1975, Veronica Lueken a reçu en effet cette communication bouleversante :

« Mon enfant, je vous apporte une triste vérité, une vérité qui doit être révélée au monde... Notre cher et très aimé Vicaire, le pape Paul VI, souffre beaucoup à cause de ses proches. Mon enfant, crie-le sur les toits : il n'est pas en état de remplir sa mission. Ils l'ont renversé. Mon enfant, il est malade, il est très malade. Il y a maintenant quelqu'un qui gouverne à sa place, un imposteur, créé par l'esprit des agents de Satan. La chirurgie plastique, mon enfant, les meilleurs chirurgiens ont été employés pour fabriquer cet imposteur. Crie-le sur les toits ! Il faut qu'il soit démasqué et chassé ! [...] Votre Vicaire est prisonnier ! »

Au cœur de la machination – dénoncent les voix célestes – il y a le secrétaire d'Etat, le cardinal Jean Villot, et deux de ses proches collaborateurs, les archevêques Giovanni Benelli et Agostino Casaroli : « Ces trois hommes ont trahi leur maître Paul VI exactement comme Judas a trahi Jésus. Ils ont usurpé le contrôle de l'Eglise, et ils cherchent maintenant à chasser Paul VI comme pontife suprême de l'Eglise catholique romaine. »

Le 29 juin 1972, en ouverture de son homélie, le pape a prononcé ces mots prémonitoires : « Devant la situation de l'Eglise d'aujourd'hui, nous avons le sentiment que par quelque fissure la fumée de Satan est entrée dans le peuple de Dieu. » Date cruciale qui, semble-t-il, scelle le sort de Paul VI, et qui serait visible sur un cliché Polaroïd « miraculeux » pris à Bayside...

C'est ici que les « survivantistes » appellent l'enfer à la rescousse. Plus exactement le témoignage d'une « possédée expiatrice » suisse, Rita Biedermann. Les nombreux exorcismes qu'elle subira à partir de 1975 feront l'objet de deux volumes – *Avertissements de l'au-delà à l'Eglise contemporaine* et *Aveux de l'enfer* – dans lesquels

« des démons, sous la contrainte de la Sainte Trinité, par l'intercession de la Sainte Vierge, font des révélations sur la situation actuelle de l'Eglise et sur le pape Paul VI, "homme des douleurs" ».

Neutralisé, nous l'avons vu, au moyen d'un puissant narcotique, le pape serait resté inconscient durant un jour et demi. « Quand il se réveilla et revint à lui, se tenaient autour de son lit son sosie ou son futur sosie et plusieurs cardinaux francs-maçons, qui lui dirent : "Oh, petit curé, tu ne nous auras pas, tu es dans notre main ! Ose encore..." Au milieu de cette chambre trônait Lucifer avec sa terrifiante bannière. »

Qu'en est-il de ce mystérieux imposteur ? Là encore, les esprits diaboliques, par la bouche de l'exorcisée suisse, se montrent loquaces :

« Vous devez dire, au nom de Dieu, qu'il existe à Rome un sosie. Il a un visage quelque peu différent de celui du vrai pape ; ses yeux ne sont pas si enfoncés dans les orbites que chez ce dernier. Le vrai pape est faible et souffreteux. Ses yeux sont bleus, ceux du faux sont verts. [...] Le sosie était auparavant un prêtre zélé. Mais par curiosité il s'était trop intéressé à la franc-maçonnerie et à la magie noire. Celui qui pénètre très avant dans ces connaissances, les hauts frères des Loges ne le lâchent plus et il faut qu'il marche dans leur jeu. On agit alors sur lui sans scrupule, par chantage. Excellent comédien, il lui fallut subir des opérations du visage, en rapport avec son rôle, pour remplacer ensuite, en tant qu'acteur, le pape qu'on écarta. »

Assassiné avec du poison à action lente, l'usurpateur – « la marionnette de Satan » – sera enterré dans les cryptes de la basilique Saint-Pierre, sous le nom de Paul VI. Quant au pape authentique, il demeure prisonnier au Vatican jusqu'en 1981. Il s'enfuit alors en Crète, là même où saint Paul s'était réfugié pour se protéger de la tempête.

Entre-temps, un nouvel « imposteur » aura été élu par le conclave. A peine plus d'un mois après, le 29 septembre 1978, Jean-Paul I^er^ est retrouvé mort sur son lit, terrassé durant la nuit par une crise cardiaque. La disparition subite de cet homme de soixante-cinq ans, apparemment en bonne santé, déclenche les rumeurs, d'autant plus que, maladroitement, la Curie refuse l'autopsie. Le pape a-t-il été victime des réseaux mafieux qui gravitaient autour de la banque du Vatican, des ténébreux agissements de la pseudo-loge maçonnique P2, ou encore des services secrets soviétiques ? Pour leur part, les « survivantistes » incriminent encore la conspiration des « cardinaux félons ». A nouveau, ils se tournent vers les exorcismes suisses :

« Villot, Benelli, Casaroli – il y en a d'autres encore mais surtout ces trois-là – ont tout tramé avec la Pologne. Ils savaient parfaitement qu'avec

Luciani, la première demi-lune, les choses pouvaient mal tourner. Ils savaient parfaitement à quoi s'en tenir et avaient tout programmé à l'avance avec subtilité. [...] Luciani ne connaissait pas tout le tragique de la situation. Il ne savait pas que le faux pape (le sosie) avait été assassiné et que le vrai Paul VI vit encore. »

D'où vient la curieuse expression « demi-lune », accolée à Luciani, le nom du pape Jean-Paul Ier ? Elle renvoie à la célèbre prophétie dite « de saint Malachie », document qui mérite d'être détaillé. C'est en 1595, chez un imprimeur de Venise, que sortit un curieux livre intitulé *Lignum Vite Ornamentum, & Decus Ecclesiae* – « Arbre orné et décoré de la vie de l'Eglise » –, œuvre d'Arnoult de Wion, un bénédictin flamand originaire de Douai. Cinq pages y sont consacrées à une étrange « prophétie de saint Malachie, archevêque, sur les souverains pontifes ». Cinq pages qui ont fait couler des flots d'encre et déchaîné les exégèses les plus échevelées ! Car cette prédiction prétend attribuer une devise à chaque pape, non seulement à ceux qui ont précédé l'année 1595 depuis Célestin II, mort en 1144, mais aussi à ceux qui vont suivre jusqu'à la fin des temps – au total cent onze pontifes ! Si, évidemment, les devises qui qualifient les règnes antérieurs à la fin du XVIe siècle conviennent parfaitement, la plupart des suivantes restent sibyllines et interchangeables, même si certaines « collent » d'une manière stupéfiante.

Mais d'abord, qui était ce saint Malachie – qu'il ne faut pas confondre avec le prophète de l'Ancien Testament ? Ami de saint Bernard, cet Irlandais s'était éteint à l'abbaye de Clairvaux en 1148. Il était réputé pour ses talents de clairvoyance, mais le texte qui lui est attribué fait aussi preuve de connaissances alchimiques et cabalistiques étrangères au prélat irlandais. Et pourquoi aurait-il fallu attendre la Renaissance pour que la prophétie réapparaisse, comme par miracle ? A cette époque, devins et astrologues pullulent, dans le sillage de Nostradamus, symptômes de la résurgence d'une angoisse millénariste, dans la hantise du Jugement dernier.

Les historiens estiment généralement que la « prophétie de saint Malachie » a été forgée à l'occasion du conclave de 1590 par un partisan du cardinal Girolamo Simoncelli. Le faussaire avait attribué à ce dernier la devise *De antiquitate urbis* – « De l'antiquité de la ville » –, car Simoncelli avait été évêque d'Orvieto, *Urbs Vetus*, soit « vieille ville » en latin. Malgré cela, l'élu sera Niccolo Sfondrati – Grégoire XIV –, originaire des environs de Milan, autre cité très ancienne...

Beaucoup d'historiens sérieux ont témoigné de leur étonnement devant la justesse de certaines de ces sentences oraculaires. Voici quelques-unes des plus significatives :

Pie VI, pape en 1775, se voit attribuer pour devise *Peregrinus apostolicus* – « le Voyageur apostolique ». Or, contrevenant à la tradition de sédentarité des papes, il s'est d'abord rendu à Vienne auprès de Joseph II pour défendre les droits de l'Eglise avant d'être conduit comme prisonnier jusqu'à Valence par les armées républicaines. Son successeur Pie VII est *Aquila rapax.* Emprisonné à Fontainebleau par Napoléon I$^{er}$, il sera bel et bien la victime de l'empereur des Français, cet « Aigle rapace ». A Grégoire XVI est associée la formule *De balneis Etrurie.* Avant de coiffer la tiare, Mauro Cappellari appartenait à l'ordre des Camaldules, fondé à Bagni Etruria en Toscane.

Le pontife suivant, Pie IX – qui règne de 1846 à 1878 –, est *Crux de cruce.* Cette « Croix venant de la croix » ne symbolise-t-elle pas la spoliation des Etats du Saint-Siège par la maison de Savoie, dont les armoiries arborent une croix blanche ? Pour le pape de la Première Guerre mondiale, Benoît XV, saint Malachie évoque *Religio depopulata* – « la Religion dépeuplée ». Expression stupéfiante lorsque l'on se souvient des neuf millions de victimes militaires et civiles de cette inutile boucherie…

*Pastor et nauta* – « Pasteur et pilote » –, Jean XXIII saisira fermement la barre de l'Eglise pour la conduire sur la voie du renouveau, avec Vatican II. Quant à Paul VI, *Flos florum* – « Fleur des fleurs » –, il portait un lys dans son blason. Après lui, saint Malachie n'indique plus que trois pontifes, précédant un mystérieux « Pierre le Romain », qui « dans l'extrême persécution de la sainte Eglise romaine, paîtra ses brebis au milieu de nombreuses tribulations. Celles-ci étant passées, la ville aux sept collines sera détruite et le Juge terrible jugera son peuple ».

Si l'on s'en tient à la nomenclature de Malachie, l'actuel pape François serait donc ce *Petrus Romanus*. Or, rien ne laisse présager l'imminence de la Parousie… Les « survivantistes » s'en tirent par une pirouette habile. Pour eux, la cent neuvième devise – *De mediatate lunae*, « De la moitié de la lune » – aurait concerné à la fois Jean-Paul I^er^ et Jean-Paul II, les « antipapes antéchristiques ». Pour cela, ils appellent encore les « exorcismes suisses » à leur rescousse :

« Les autres papes ne portaient qu'un nom. Les deux, Luciani et Wojtyla, s'octroyèrent deux noms, un peu de chacun et jamais un entier. C'est pourquoi ils sont tous les deux des demi-lunes. C'est pourquoi aucun ne brille complètement… »

La voyante de Bayside n'a-t-elle pas qualifié Jean-Paul II d'« homme aux noirs desseins » ? Sur quoi les démons renchérissent : « Le faux pape, le renard, le misérable, le ténébreux, l'homme d'esprit ténébreux, le précurseur de l'Antéchrist ou son partisan… »

Quant à Joseph Ratzinger et Jorge Mario Bergoglio – Benoît XVI et François –, l'auteur de *La Survie de Paul VI* explique qu'eux aussi partagent une seule et même formule, la cent dixième, *De labore solis* :

« Or le terme *labore* peut certes signifier "le travail", mais il peut aussi signifier "l'éclipse". Aussi, une traduction correcte [aide] à comprendre que cette devise, *De labore solis*, prédisait l'exil du vrai pape, tenu dans l'ombre par le faux pape […]. La devise de l'éclipse du soleil signifierait alors que la lune Ratzinger cache le soleil Bergoglio, symbole d'ailleurs présent dans les armoiries de ce dernier. Mais cette légende a un deuxième sens, plus profond et plus important, qui annonce le retour de Paul VI sous ce règne : lorsque la lune – l'antipape – cessera de faire écran au soleil, ce dernier réapparaîtra, répandant à nouveau la lumière de la foi sur la terre. »

Enfin, après la restauration de Paul VI, lui succédera *De Gloria olivae* – « de la Gloire de l'olivier » –, l'ultime pontife qui régnera brièvement avant « Pierre le Romain »…

Au-delà de saint Malachie, les « survivantistes » trouvent leur pitance dans le cycle prophétique pluriséculaire qui annonce, avec le chaos de la fin des temps, le retour d'un « Grand Monarque » et d'un « pape souffrant ». Déjà, en 1523, un recueil de prophéties, le *Liber Mirabilis,* prédisait leur double avènement :

« Après avoir posé son siège en la ville pontificale, le roi de Blois relèvera la tiare royale sur la tête du saint Pontife abreuvé par l'amertume des tribulations, qui obligera le clergé à vivre selon la discipline des âges apostoliques. Tous les deux unis de cœur et d'âme, ils feront triompher la réformation du monde. »

Après les deux petits bergers de La Salette auxquels la Vierge Marie serait apparue en 1846, saint Jean Bosco dépeint dans l'un de ses *Songes*, en 1870, ce pape persécuté, mais finalement triomphant :

« Maintenant, celui-ci est vieux, croulant, désarmé, dépouillé. Cependant, avec sa seule parole, il fait trembler le monde. [...] La puissance du Seigneur est dans ses mains. Elle disperse ses ennemis comme les nuages et revêt le vénérable vieillard de tous ses anciens ornements. »

On pourrait aussi évoquer le troisième secret de Fatima – dont l'Eglise moderne aurait dénaturé la véritable teneur – et d'autres révélations de même acabit. Au long du XXe siècle, d'innombrables « voyants » se manifestent en Italie, en Belgique, en Croatie ou ailleurs, exhortant les pécheurs au repentir, à l'expiation et au sacrifice.

Ainsi, Marie-Julie Jahenny, paysanne bretonne stigmatisée qui, elle aussi, parle dans ses extases d'un « auguste pontife » promis à « toutes sortes de tourments » :

« Au pied de la montagne, dans un rocher, je vois comme une prison solitaire où est enfermé un vieillard à cheveux blancs dont les traits sont resplendissants. Il porte une croix sur la poitrine. Jésus le reçoit et l'embrasse. Il sèche ses larmes et lui dit : "Depuis longtemps tu portes la croix, mais bientôt je te rendrai tous tes droits ravis et ta liberté !" »

D'ores et déjà, l'interminable exode de Paul VI aurait duré presque aussi longtemps que celui de Moïse dans le désert du Sinaï. Où se cache-t-il à présent ? Peut-être au Portugal, suggèrent certains « survivantistes ». Mais, les exorcismes le confirment, son retour à Rome est imminent :

« [Ses adversaires] se mettront à trembler aux paroles d'un vieillard frêle qu'ils auraient préféré mort, mais qu'ils n'ont pas pu tuer. Ces paroles du vrai pape Paul VI qui vit réellement et qui doit dire au monde ce qu'est la vérité, ce qu'est et doit être clairement et inviolablement l'Eglise véritable, qui se relèvera ainsi à la vue des mauvais et des bons. En présence du Vatican en flammes, ceci apparaîtra comme le symbole des flammes du Jugement final où le Très-Haut apparaîtra sous le signe de la Croix pour séparer les bons des mauvais. Ainsi, ce sera semblable en miniature alors à Rome, quand le pape Paul VI apparaîtra... »

Il serait grand temps pour Paul VI, aujourd'hui dans sa cent-vingtième année, de sortir de l'ombre... en dépit du manque de piété de nos contemporains.

### *Références et bibliographie*

Jean-Baptiste André, *La Survie de Paul VI et le secret de Fatima*, Raleigh, Lulu Press, 2014

Eric Faure, *Le Pape martyr de la fin des temps*, Argentré-du-Plessis, Editions DFT, 1999

Theodor Kolberg, *L'Imposture du siècle*, traduction française de l'ouvrage *Der Betrug des Jahrhunderts*, paru en 1977, s. l. Jean-Baptiste André, 2014

Jean Marty, *Avertissements de l'au-delà à l'Eglise contemporaine, aveux de l'enfer*, Sherbrooke, Editions Saint-Raphaël, 2013

Jacques Delacroix, *L'Affaire Paul VI, une hypothèse non dénuée d'intérêt*, Châteauneuf, Editions Delacroix-LIESI, 2010-2011 (3 fascicules)

## Les Anglais ont volé Napoléon

*Suivant les tenants de cette étrange théorie, les restes mortels reconduits en France en 1840, à l'occasion du fameux « retour des Cendres », n'étaient pas ceux de l'Empereur. Depuis lors, un imposteur repose aux Invalides, tandis que le vrai Napoléon est toujours captif par-delà le trépas... sous une dalle de Westminster.*

En 1969, alors que la France fête en grandes pompes le bicentenaire de la naissance de l'Empereur, paraît un ouvrage qui sonne comme une fausse note au milieu du concert des commémorations. L'auteur, un certain Georges Rétif, agrémente son nom de plume d'un « de la Bretonne », en référence au prolifique auteur du siècle des Lumières. Journaliste et photographe des célébrités, il compte parmi ses relations Sacha Guitry, Fernandel, Arletty ou encore Michel Simon. Mais il se passionne surtout pour l'épopée impériale et possède une riche collection de souvenirs, dont le lit de mort présumé du Petit Caporal.

Le livre de ce nouveau Rétif de la Bretonne se veut un cri d'indignation : « Anglais, rendez-nous Napoléon ! » La thèse qu'il y développe est des plus baroques. La Couronne britannique ne s'est pas contentée de faire périr l'Aigle sur le rocher de Sainte-Hélène :

« [...] mais non, car l'oligarchie anglaise veillait ! Non satisfaite d'avoir détruit Napoléon, elle s'arrogea le droit de s'emparer subrepticement de sa dépouille et de la remplacer par celle d'un autre Français mort dans l'île en 1818, opérant ainsi une "substitution de cadavres" réputée à crime par le Code. Et ce crime est d'autant plus odieux que le nouveau gisant de la Tombe impériale était un traître à l'Empereur à la solde des Anglais ! »

Comment les choses se seraient-elles donc passées ? En 1827, six ans après la mort de l'Empereur, on aurait exhumé du cimetière de Plantation House le corps du majordome Jean-Baptiste Cipriani Franceschi, décédé à Longwood le 27 février 1818, à Sainte-Hélène, dans des circonstances douteuses, sans doute victime d'une gastro-entérite foudroyante. Ce Corse, compagnon d'enfance de Napoléon, enrichi dans la carrière d'armateur, s'était adonné à l'espionnage en Méditerranée, avant de rejoindre l'Empereur à l'île d'Elbe. Selon Rétif, Cipriani, personnage trouble, soudoyé par les Anglais et sur le point d'être découvert, s'est suicidé à l'arsenic...

Toujours selon le scénario développé dans *Anglais, rendez-nous Napoléon...*, le cadavre du maître d'hôtel serait apparu singulièrement bien conservé, en dépit de son séjour de neuf années dans la terre. Placé dans un nouveau cercueil en fer-blanc, on l'aurait auparavant revêtu d'un uniforme saisi dans la voiture de l'Empereur au soir de Waterloo et expédié secrètement à Sainte-Hélène. Quelques mois plus tard, l'ancien gouverneur Hudson Lowe, de retour de Ceylan, fera escale à Sainte-Hélène. Il y aurait récupéré la véritable dépouille de Napoléon, en même temps que le corbillard utilisé à ses obsèques...

Rétif achève son conte macabre :

« C'est dans ce tabernacle, dont on ferma soigneusement les rideaux pour éviter toute indiscrétion, que fut glissé le triple cercueil, cependant que, pour éviter tout déplacement au cours de son embarquement et pendant le transport, on cala la lourde bière de chaque côté par des tasseaux en bois cloués sur la plate-forme du char. [...] Et c'est ainsi que, par une nuit noire, dans le brouillard de Londres, le corbillard de l'Empereur déposa à Westminster son glorieux fardeau qui repose, anonyme, depuis cette époque, sous une dalle de l'abbaye. »

L'accusation est magistrale, mais sur quoi s'appuie-t-elle véritablement ? Pour l'essentiel, nous le verrons, sur l'anglophobie viscérale de

Georges Rétif, avide de « pouvoir hurler [son] dégoût à la face du pays perfide dans lequel l'Empereur croyait pouvoir être admis à vivre comme un simple citoyen ».

Quant à l'idée saugrenue que Napoléon ait pu être enterré dans le panthéon des souverains et des célébrités britanniques, c'est le réalisateur des premiers James Bond, Terence Young, qui l'aurait soufflée à Rétif. Un jour où il visitait la crypte de Westminster avec sa grand-mère, celle-ci lui aurait confié que l'ennemi juré de l'Angleterre reposait sous leurs pieds. Elle le savait parce qu'elle était une descendante directe du sergent John Young, gardien du tombeau impérial à Sainte-Hélène…

En 2000, un juriste de La Rochelle, passionné d'Histoire, Bruno Roy-Henry, relèvera la théorie substitutionniste, tombée en déshérence après la disparition de Georges Rétif l'année précédente. Dans sa continuité, le film d'Antoine de Caunes, *Monsieur N.*, sorti sur les écrans en février 2003, imagine le captif de Sainte-Hélène s'évadant vers la Louisiane pour y filer le parfait amour… Aujourd'hui encore, avec son livre *Napoléon : l'énigme de l'exhumé de 1840*, par le biais de nombreux articles et interviews, ainsi que d'un forum Internet, Roy-Henry continue de proclamer que « selon toute probabilité l'occupant réel du sarcophage de porphyre des Invalides n'est autre que Cipriani. Hypothèse sacrilège et pourtant avérée ».

A vrai dire, il ne s'agit pas de la première légende tissée autour de l'exil de Napoléon à Sainte-Hélène. Mais revenons d'abord aux certitudes historiques…

Dans son testament, le conquérant déchu avait exprimé le désir « que [ses] cendres reposent sur les bords de la Seine, au milieu de ce peuple français [qu'il a] tant aimé ». En 1840, le roi Louis-Philippe, souhaitant honorer l'ensemble du passé de la France, mandate l'un de ses fils, François, prince de Joinville, pour convoyer les cendres de l'Empereur. Partie de Toulon le 7 juillet, sa frégate la *Belle-Poule,* flanquée de la *Favorite,* rejoint le brick l'*Oreste* en rade de Sainte-Hélène le 8 octobre.

Une semaine plus tard, on procède à l'exhumation. Le quadruple cercueil de Napoléon est ouvert : « En ce moment solennel, à la vue des restes si reconnaissables de celui qui fit tant pour les gloires de la France, l'émotion fut profonde et unanime », se souviendra François d'Orléans.

Le 15 décembre 1840, la Seine charrie des glaçons sous le pont de Neuilly, près de l'endroit où se dressent aujourd'hui les tours de la Défense. Après avoir traversé l'Atlantique, les cendres, transportées depuis Rouen sur le vapeur la *Dorade,* sont accueillies par les vétérans de la Grande

Armée, qui ont bivouaqué toute la nuit autour de grands feux. Le char funèbre, surchargé de statues, de faisceaux d'armes, de drapeaux, de draperies, d'aigles, de palmes et de lauriers, remonte lentement jusqu'à l'Arc de triomphe. Puis, par les Champs-Elysées, le pont de la Concorde et le quai d'Orsay, le cortège gagne l'esplanade des Invalides, au milieu d'une immense foule, rassemblée là depuis des heures malgré la température glaciale. A l'entrée de la nef, le prince de Joinville présente le cercueil à son père. « Je le reçois au nom de la France », répond simplement le roi. Une crypte, imaginée par l'architecte Ludovico Visconti, abritera un imposant tombeau de quartzite rouge de Carélie, achevé sous le Second Empire.

Dès la monarchie de Juillet, le bruit court que les bières rapportées de Sainte-Hélène ne contiendraient que de la terre. Plus tard, on prétendra que les Communards, en 1871, auraient sorti Napoléon de son sarcophage pour le placer en un lieu ignoré. Le journal *Le Gaulois* s'interroge, dans son numéro du 25 septembre 1887 : « Profanation ou mystification ? [...] Le tombeau des Invalides serait vide. Les restes de l'empereur Napoléon Ier auraient été enlevés par des mains sacrilèges et jetés au vent. »

Il est vrai que dix-huit Français seulement sont présents à l'ouverture du tombeau, dans la vallée du Géranium, au grand dam de certains autres membres de l'expédition. Même le prince de Joinville – retenu peut-être par une certaine réserve dynastique – n'a pas souhaité y assister. Cette circonstance protocolaire autorisera Georges Rétif et ses suiveurs à faire toutes les suppositions, en pointant à l'excès les divergences apparentes entre les descriptions du cadavre de Napoléon en 1821 et les constatations de 1840.

Alité depuis près de deux mois, souffrant de violents maux de ventre, l'Empereur expire le 5 mai 1821, à 5 h 49 de l'après-midi. Le lendemain, sir Hudson Lowe constate officiellement le décès du « général Bonaparte », qui est autopsié par le docteur François Antommarchi, entouré de sept médecins britanniques. Ses observations permettent aujourd'hui de poser un diagnostic de carcinome gastrique – ou tumeur maligne de l'estomac –, sans qu'il soit nécessaire de suspecter un quelconque empoisonnement.

A cause de l'état de décomposition du corps, celui-ci est enseveli dès le soir du 7 mai. Dans combien de cercueils ? Leur nombre constitue la pierre de touche de la « démonstration » de Georges Rétif et de ses épigones. A les en croire, il y en aurait eu trois en 1821, mais quatre lors de l'exhumation...

Le procès-verbal d'ensevelissement, signé par les exécuteurs testamentaires, les généraux comtes de Montholon et Bertrand, et le valet de chambre Louis Marchand, mentionne en effet trois cercueils :

« [...] un cercueil de fer-blanc doublé de satin blanc, oreiller et matelas de même étoffe. [...] Ce premier cercueil ayant été soudé en notre présence a été placé dans un autre en plomb, lequel après avoir été également soudé a été renfermé dans un troisième cercueil de bois d'acajou. »

Or, dans l'« acte d'exhumation et de remise des restes de Napoléon », en 1840, le commissaire du roi Philippe de Rohan-Chabot et le capitaine anglais Charles Corsan Alexander énumèrent quatre cercueils :

« Conformément à des arrangements déjà arrêtés à l'avance, nous avons fait enlever avec précaution le premier cercueil, dans lequel nous avons trouvé un cercueil de plomb en bon état, que nous avons fait placer dans celui qui était envoyé de France. [...] On a coupé alors et soulevé avec le plus grand soin la partie supérieure du cercueil de plomb, dans lequel on a trouvé un nouveau cercueil de bois lui-même en très bon état, et répondant aux descriptions et aux souvenirs des personnes présentes qui avaient assisté à la sépulture. Le couvercle du troisième cercueil ayant été enlevé, il s'est présenté une garniture de fer-blanc légèrement oxydée. »

Rohan-Chabot précisera dans ses *Mémoires* :

« [...] A 9 h 26, la dalle de fermeture est retirée. Nous nous découvrons, les militaires saluent réglementairement. Je suis rassuré : le cercueil est intact ! De bois d'acajou, humide mais sain [...]. Des soldats scient par le côté le coffre d'acajou épais de deux centimètres. Ils en retirent avec vénération le cercueil de plomb, et le déposent dans le sarcophage d'ébène. [...] Trois caisses restent à déclore ; celle de plomb, une de bois, une de fer-blanc. Je constate qu'elles n'ont pas souffert de l'enfouissement. »

Les autres personnes présentes à l'exhumation sont unanimes à dénombrer quatre cercueils. En cela, ils ne font que confirmer, en réalité, les témoignages de 1821. On peut lire ainsi, dans les *Mémoires* de Marchand :

« L'Empereur [fut] placé dans un cercueil de fer-blanc, garni de satin blanc ouaté [...]. Ce cercueil fut mis dans un autre en acajou qu'on mit dans un troisième en plomb qui fut lui-même soudé et déposé à son tour dans un quatrième en acajou qu'on ferma avec des vis de fer à têtes d'argent. »

Antommarchi, médecin personnel de l'Empereur, fait le même décompte :

« [...] on le plaça dans la caisse de fer-blanc [...]. On ferma la caisse, on la souda avec soin, et on la passa dans une autre en acajou qu'on mit dans une troisième, faite en plomb, qui fut elle-même disposée dans une quatrième d'acajou, qu'on scella et ferma avec des vis de fer. »

Dès lors, pourquoi le procès-verbal d'ensevelissement semble-t-il n'indiquer que trois cercueils ? Les *Souvenirs* de Louis Etienne Saint-Denis – alias le « mamelouk Ali » – apportent un début d'explication :

« Dans la soirée, le 7 mai, on apporta le cercueil ou, pour mieux dire, les cercueils, car il y en avait trois, un en fer-blanc, matelassé en satin blanc, un second en acajou et un troisième en plomb. Un quatrième, en acajou, qui devait renfermer les trois premiers, ne fut apporté que le lendemain matin. »

Le *Journal* du tapissier Andrew Darling, chargé des apprêts funéraires, confirme les propos du mamelouk Ali :

« [Dimanche 6 mai] Les cercueils devaient être le premier en fer-blanc, garni de satin rembourré de coton, avec au fond un petit matelas et un oreiller faits des mêmes matières ; le second en bois ; le troisième en plomb ; et enfin un cercueil d'acajou recouvert de velours pourpre, si on pouvait s'en procurer. Je leur dis que j'en avais cherché quelques jours plus tôt et qu'il n'y en avait pas sur l'île. Il fut alors convenu que le cercueil extérieur serait du plus bel acajou que l'on puisse trouver sur l'île, ce qui fut fait. [...] Nous avons terminé le cercueil de fer-blanc, celui en bois et celui en plomb vers 1 heure du matin, avec les garnitures comme demandé.

« [Lundi 7 mai] Je fis transporter les cercueils par les Chinois et quittai la ville vers 11 heures pour Longwood avec les hommes chargés de fermer les cercueils. »

Quant au quatrième cercueil, Darling ne pourra le livrer que le jour suivant, le mardi 8 mai. En effet, faute de mieux, il a dû employer à cet usage une grande table de salle à manger, offerte par un certain capitaine James Bennett, du régiment de Sainte-Hélène.

L'ensemble de ces documents d'archives démontre à l'évidence que la dépouille mortelle de Napoléon a bien été placée dans les quatre cercueils que l'on retrouvera en 1840. Reste une zone d'ombre. Le procès-verbal d'ensevelissement est-il vraiment erroné ? Sans doute pas, si l'on considère qu'il a été dressé le 8 mai, après l'arrivée du cercueil en acajou. Dans ce cas, la première enveloppe, « en fer-blanc », doit être comprise comme la paroi intérieure d'un cercueil en bois que les deux généraux et le valet de chambre ont omis de décrire. N'aurait-il pas été étrange de placer un cercueil de fer-blanc directement dans un cercueil de plomb, sans une caisse intermédiaire ? Au demeurant, la tôle étamée est un matériau ductile, qui doit être renforcé par un coffrage de planches.

Hypothèse hasardeuse ? Non point, car elle correspond parfaitement aux termes du rapport secret adressé par le gouverneur Hudson Lowe au secrétaire d'Etat lord Bathurst : « Primo un cercueil ordinaire doublé de fer-blanc, secundo un cercueil de plomb, tertio un cercueil d'acajou. »

Rappelons que c'est également ce que révèlent les propos de Rohan-Chabot en 1840 :

« [...] on a trouvé un nouveau cercueil de bois, lui-même en très bon état, et répondant aux descriptions et aux souvenirs des personnes présentes qui avaient assisté à la sépulture. Le couvercle du troisième cercueil ayant été enlevé, il s'est présenté une garniture de fer-blanc légèrement oxydée. »

A ses yeux, comme à ceux de Hudson Lowe, le premier cercueil et sa doublure métallique ne font qu'un. Dès lors, tout devient logique.

Les objections annexes des « substitutionnistes » ne résistent pas davantage à un examen sérieux, comme le souligne justement Thierry Lentz, sur le site de la Fondation Napoléon – napoleon.org –, dont il est directeur :

« Les énigmes historiques donnent l'occasion de rappeler qu'il n'y a pas d'Histoire, même la plus élémentaire et simplifiée, sans un minimum de recul et de méthode historique. La théorie de la substitution du corps de Napoléon en offre un exemple d'école : elle tient à un seul document et se dissout d'elle-même dès lors qu'on analyse ce document de façon critique.

« On remarquera ici que la mort, l'autopsie, l'inhumation (1821) et l'exhumation (1840) de Napoléon sont des événements qui sont très "documentés" : procès-verbaux, lettres, mémoires des témoins et même croquis réalisés sur place. Aucun de ces documents ne laisse planer le moindre doute sur la présence de l'Empereur aux Invalides. »

Il n'est pas possible ici d'énumérer – ni de réfuter – tous les arguments censés plaider en faveur du remplacement du cadavre de Napoléon. La moindre apparence de contradiction est montée en épingle. Ainsi Rétif puis Roy-Henry pointeront tour à tour l'emplacement du chapeau – sur les cuisses ou aux pieds de l'Empereur –, ainsi que des vases renfermant les viscères, les couleurs de l'uniforme, le nombre et la nature des décorations, l'état des bas et des bottes, la présence éventuelle d'éperons, la valse-hésitation des masques mortuaires...

Aucun de ces éléments ne résiste à une étude attentive, et les différences de détails qu'on relève entre certaines relations sont inhérentes à l'imprécision et à la faillibilité du témoignage humain.

Ne prenons que deux exemples. Dans son rapport officiel, Rémy Julien Guillard, le chirurgien de la

Marine chargé en 1840 des constatations médico-légales, note que « les membres inférieurs [sont] légèrement fléchis ». Georges Rétif en conclut aussitôt : « Le fait que les membres soient fléchis et que les talons des bottes butent contre le fond du cercueil indique assez qu'un cadavre d'une taille plus grande que celle de Napoléon reposait dans le cercueil en fer-blanc ouvert en 1840. »

Or, le 9 mai 1821, le corbillard parti de Longwood n'est pas descendu jusqu'à l'emplacement de la tombe, dans la vallée du Géranium. A partir d'un certain endroit de la route, le cercueil a été porté à dos d'hommes par huit grenadiers anglais le long d'un chemin creusé à flanc de coteau. Quatre jours après le décès, le corps avait perdu sa *rigor mortis* – ou rigidité cadavérique. Il n'est donc pas étonnant qu'il ait glissé à l'intérieur de la bière, et que les jambes aient ployé sous son poids.

Le second point porte sur les lambourdes placées au fond de la fosse, dont Louis Marchand atteste l'existence en 1821 : « Les mesures étaient prises pour que l'humidité n'arrivât pas même avec les siècles jusqu'au cercueil d'acajou qui devait reposer lui-même sur deux morceaux de bois. » Longtemps, les substitutionnistes ont utilisé ces deux poutres pour appuyer leur raisonnement, car ni Rohan-Chabot ni les autres acteurs du retour des Cendres ne les évoquent, semble-t-il. Hélas pour eux, le mamelouk Ali leur a apporté récemment un démenti formel. Dans son *Journal*, publié seulement en 2003, il écrit : « La pierre fut enlevée et laissa voir le cercueil placé dans une auge en pierre de taille et isolé du fond par des madriers. »

Envers et contre tous, Bruno Roy-Henry continue pourtant de marteler le credo énoncé jadis par Georges Rétif : « Ce n'est pas l'Empereur qui se trouve aux Invalides, mais probablement son serviteur corse Cipriani, que l'on soupçonne d'avoir été l'espion des geôliers anglais. J'en suis intimement convaincu. Il faut ouvrir le cercueil pour en avoir le cœur net. » Et d'en appeler à des tests génétiques...

Mais pour que cela soit vrai, il faudrait que tous ceux qui ont assisté à l'ouverture du tombeau de Sainte-Hélène aient menti, y compris les plus fidèles compagnons de l'Empereur : Bertrand, Gourgaud, Marchand, Saint-Denis, le valet Noverraz, le piqueur Achille Archambault, le cuisinier Pierron. Tous auraient reconnu Cipriani, et tous se seraient tus, afin d'éviter un incident diplomatique ?! Or, les témoins sont unanimes à rapporter leur extrême émotion devant la figure de Napoléon, miraculeusement préservée par un phénomène de momification naturelle.

Ainsi Rohan-Chabot : « [...] le corps entier de Napoléon a paru. Les traits avaient assez peu souffert pour être immédiatement reconnus. Les divers objets déposés dans le cercueil ont été remarqués dans la position exacte où ils avaient été placés, les mains singulièrement bien conservées, l'uniforme, les ordres, le chapeau, fort peu altérés. Toute la personne, enfin, semblait attester une inhumation récente. »

On encore le baron Gourgaud : « Le docteur toucha les mains qui paraissaient fort bien, quoiqu'un peu gonflées. Il dit que le corps était passé à l'état stéarique. La main gauche était un peu plus haute que l'autre parce que le général Bertrand, lorsqu'on avait fermé le cercueil en 1821, l'en avait tirée un moment pour la baiser. La tête, à l'exception du nez qui paraissait avoir été comprimé par le dessus du cercueil, était en parfait état, seulement un peu gonflée. Mais cela n'altérait que très peu les traits, et il aurait suffi d'avoir vu une seule fois l'Empereur pour le reconnaître en ce moment. »

Le dernier mot revient à l'abbé Félix Coquereau, l'aumônier de la *Belle-Poule* :

« Nos regards interrogeaient tour à tour les nobles témoins de sa mort, et leurs yeux noyés de larmes nous disaient assez qu'ils avaient retrouvé leur maître. »

## ***Références et bibliographie***

Thierry Lentz et Jacques Macé, *La Mort de Napoléon – Mythes, légendes, mystères*, Paris, Perrin, 2009

Georges Rétif de la Bretonne, *Anglais, rendez-nous Napoléon...*, Paris, Jérôme Martineau éditeur, 1969

Bruno Roy-Henry, *Napoléon – L'énigme de l'exhumé de Sainte-Hélène*, Paris, L'Archipel, 2003

Louis Etienne Saint-Denis (dit le mamelouk Ali), *Souvenirs sur l'empereur Napoléon*, Paris, Arléa, 2000

Louis Etienne Saint-Denis (dit le mamelouk Ali), *Journal inédit du Retour des Cendres*, Paris, Tallandier, 2003

## La fin du monde était pour demain

*Qui n'a pas ressenti un léger frisson le 21 décembre 2012 ? Date à laquelle aurait dû se produire une terrible catastrophe prétendument annoncée par les Mayas... Depuis vingt siècles, on n'a jamais cessé de scruter le passé pour tenter de percer les secrets de l'avenir.*

« 22 décembre 2012. Si vous regardez cette vidéo, cela signifie une chose : le monde n'a pas pris fin hier. »

C'est avec une semaine d'avance que la NASA a diffusé ce clip antidaté du lendemain de l'échéance fatidique. Sur un ton mi-figue mi-raisin, astronomes et archéologues s'évertuent une ultime fois à rassurer les Américains. L'apocalypse n'aura pas lieu ! L'avenir leur a donné raison...

Pourquoi précisément ce vendredi 21 décembre 2012 ? La faute en incombe aux Mayas, ou plutôt à ceux qui ont cru s'en faire les interprètes. Héritière des Olmèques, cette civilisation brillante a prospéré en Amérique centrale durant plus d'un millénaire, jusqu'au X^e siècle de notre ère, avant de subir une lente décadence. Les Mayas, férus d'observations célestes et de mathématiques, possédaient des systèmes d'écriture et de numérotation fort élaborés. Ils combinaient ainsi plusieurs calendriers, décrits dans le Codex de Dresde, un manuscrit précolombien de trente-neuf feuillets en papier végétal.

Le Tzolkin comprend deux cent soixante noms de jours différents, tandis que le Haab, calqué sur l'année solaire, est composé de trois cent soixante-cinq jours. Une date s'obtient par l'adjonction de ces deux références. Un même nom de jour ne peut revenir que tous les cinquante-deux ans, mais, afin d'éviter tout risque de confusion, on y surajoute un troisième comput : un long cycle de treize *baktuns* de cent quarante-quatre mille jours chacun – soit un million huit cent soixante-douze mille jours, un peu plus de cinq mille ans.

La mythologie maya, résumée dans le *Popol Vuh*, raconte que la terre aurait déjà connu trois cycles complets, qui se seraient achevés par autant de destructions universelles. Selon une stèle du site de Quiriguá, au Guatemala, le quatrième cycle aurait débuté à une date correspondant au 11 août 3114 avant J.-C. Une autre inscription, sur l'un des monuments de la cité de Tortuguero, non loin de Palenque au Mexique, confirme que le dernier jour du treizième *baktun* tombe un

« 4 *ahau* 3 *kankin* », c'est-à-dire le 21 décembre 2012. C'est du moins ce qu'affirment certains archéologues. D'autres, utilisant un mode de calcul différent, repoussent cette date à l'an 2220 du calendrier grégorien...

Quoi qu'il en soit, il semble que la fin d'un grand cycle ne renverrait pas nécessairement à une apocalypse, mais au « retour d'une divinité qui remet le temps en marche, [...] plutôt un message de reconstruction que de destruction », comme l'explique Jean-Michel Hoppan, spécialiste des glyphes mayas. D'autre part, la découverte, en 2010, d'un nouveau calendrier lunaire, dans les ruines de Xultún, montre que les Mayas se projetaient encore bien plus loin dans l'avenir. Une stèle du site de Cobá, dans le Yucatán, évoque même une date ahurissante de quarante et un quadrilliards d'années !

Il n'empêche qu'à partir du milieu des années 1970 les oiseaux de malheur se sont emparés de la « prophétie maya ». Sylvanus Morley, archéologue et épigraphiste de renom, n'a-t-il pas soutenu que le dernier volet du Codex de Dresde représente « en images l'engloutissement final » ?

Dans son ouvrage *Le Facteur maya, la voie par-delà la technologie*, publié en 1987, José Argüelles confirme, dans un style assez abscons, qu'un changement dans la conscience collective – sinon la disparition de l'humanité – se produira effectivement le 21 décembre 2012 : « Le corps de résonance de la Terre, l'infrastructure vibratoire qui tient littéralement ensemble le corps de la terre perceptible par les sens, est dans un état de “fièvre” intense appelé dissonance résonnante. En se souvenant que les planètes fonctionnent comme des gyroscopes qui maintiennent le modèle de fréquence de leurs orbites particulières, nous voyons que les événements touchant l'environnement depuis 1945 ont effectivement mis en mouvement une onde vibratoire dissonante affectant la rotation globale de la planète.

« Si la dissonance n'est pas enrayée, le résultat final, semblable à une réaction nucléaire incontrôlée, serait alors le développement d'une oscillation dans la rotation et l'éclatement consécutif de la forme planétaire. La Terre pourrait être divisée en plus petits corps, non sans rapport avec la ceinture d'astéroïdes. »

Historien de l'art et ténor de la contre-culture, José Argüelles est l'un des inspirateurs de la mouvance du Nouvel Age. Des messages télépathiques lui ont enseigné que les « Mayas galactiques » sont venus des Pléiades, il y a de cela cinq mille ans. Afin de préparer leur retour, il décide de réunir cent quarante-quatre mille personnes, les 16 et 17 août 1987, en divers lieux sacrés du monde. Par la prière et la méditation, ils amorceront une « convergence harmonique », prélude à un « changement radical de paradigme », à l'avènement d'une ère nouvelle, transcendant le règne de la science et du matérialisme.

Mais à mesure que s'égrène le compte à rebours, les prédictions pour 2012 vont prendre un aspect de plus en plus cataclysmique – effaçant presque l'émoi qu'aurait pu provoquer l'entrée dans le troisième millénaire de l'ère chrétienne. De pseudo-savants, relayés par les médias et les réseaux Internet, agitent à l'envi les spectres d'une inversion du champ magnétique, d'éruptions solaires ou de séismes dévastateurs, de funestes conjonctions planétaires, d'une collision avec une comète ou une planète inconnue, d'une sanglante invasion extraterrestre...

Le scénario catastrophe du film *2012*, de Roland Emmerich, sorti en 2009, exploite tous les ressorts de cette angoisse existentielle qui, heureusement, ne touchera qu'un très faible pourcentage de l'humanité. Comme l'écrit, également en 2009, l'archéo-astronome Anthony Aveni dans *The End of Time : The Maya Mystery of 2012* – « La fin du temps, le mystère maya de 2012 » – :

« Incapables de trouver les réponses spirituelles aux grandes questions de la vie en nous-mêmes, nous nous tournons vers des entités très éloignées dans l'espace ou le temps qui seraient en possession d'une connaissance supérieure. »

L'an de grâce 2013 a succédé sans heurt à 2012. Au reste, pourquoi les Mayas – qui n'avaient pas su anticiper l'effondrement de leur propre civilisation – auraient-ils été capables de prédire l'extinction de l'espèce humaine ?

Dans *Le Mythe de la fin du monde*, Luc Mary a recensé quelque cent quatre-vingt-trois annonces de ce genre depuis la chute de l'Empire romain. Car la crainte d'un anéantissement général a toujours été ancrée dans les tréfonds de l'inconscient collectif. Les dieux du panthéon nordique, les géants et la plupart des humains devaient disparaître au cours du Ragnarök, décrit ainsi dans la *Volüspá* – le « Dit de la voyante » – au cœur de l'*Edda poétique* :

« Temps des haches, temps des épées. / Les boucliers sont fendus, / Temps des tempêtes, temps des loups. / Avant que le monde s'effondre, / Personne n'épargnera personne. »

Les traditions de l'hindouisme, principalement les *puranas*, récits mythologiques populaires, prédisent également la disparition de notre actuel « âge de fer », le Kali Yuga, « quand la fausseté de la tromperie, la léthargie, l'assoupissement, la violence, le découragement, la colère, l'illusion, la peur et la pauvreté prévaudront ». Viendra alors un Seigneur de gloire pour rétablir l'âge d'or : « Il instaurera la droiture sur la terre et les esprits des gens deviendront aussi purs que le cristal. »

La figure d'un sauveur ou d'un rédempteur est souvent associée au mythe eschatologique. C'est le bienveillant Maitreya des bouddhistes, le Mahdi des musulmans ou encore le Machia'h – le Messie – des Juifs. Celui-ci est censé apparaître à l'issue de guerres violentes opposant Israël aux nations impies, précédé par la manifestation du prophète Elie. Les morts se lèveront ensuite de leurs tombeaux avant d'être jugés pour l'éternité.

Ce récit biblique a inspiré l'auteur de l'Apocalypse de saint Jean, le dernier livre du Nouveau Testament. Pour les premiers chrétiens, juifs convertis, Jésus-Christ n'est autre que le Messie promis par les Ecritures. Il va revenir sans tarder. Le monde, tombé en consomption, sera traduit devant le tribunal de Dieu. Dans une vision poétique au symbolisme puissant, l'Apocalypse dépeint ces bouleversements tout proches, qu'annonceront sept cavaliers, aux sons de sept trompettes. Entouré de cent quarante-quatre mille élus, l'Agneau sans tache – le Christ – enchaînera Satan et ses affidés, avant de régner en personne durant mille ans sur la terre. Puis le diable, libéré, fera une ultime tentative, vouée à l'échec :

« Et l'enfer et la mort furent jetés dans l'étang de feu qui est la seconde mort. [...] Après cela, je vis un ciel nouveau et une terre nouvelle. Car le premier ciel et la première terre étaient passés, et la mer n'était plus. Et moi, Jean, je vis la ville sainte, la nouvelle Jérusalem, qui venant de Dieu descendait du ciel, parée comme une épousée qui se pare pour son époux. »

Jésus avait averti ses disciples que Dieu seul connaît « le jour et l'heure » de son retour. Pourtant, il y a toujours eu des curieux pour s'efforcer de percer cet insondable mystère. Si les chrétiens vivent en permanence dans la perspective de la Parousie, il semble que la « grande peur de l'an mille » n'ait fermenté que dans les cerveaux inquiets de quelques moines. Il faut attendre le XVIe siècle pour que le « millénarisme » vienne irriguer différentes branches dissidentes du protestantisme, tels les mennonites ou les baptistes. Certains iront jusqu'à déterminer la date précise de l'Apocalypse…

Né le 15 février 1782, à Pittsfield, dans le Massachusetts, William Miller est l'aîné d'une famille de seize enfants. Ses parents, de modestes fermiers, appartiennent à l'Eglise baptiste, et c'est dans la Bible qu'il apprend à lire. Cela ne l'empêche pas de sombrer dans le scepticisme sous l'influence de Voltaire et de Thomas Paine. Lors de la guerre anglo-américaine de 1812-1814, où il combat avec le grade de capitaine, Miller s'inscrit comme « incroyant ». Cependant, de retour dans son village, il ne tarde pas à se convertir. A partir de 1816, il étudie les textes sacrés avec un zèle désordonné d'autodidacte. Le but qu'il s'est assigné est rien moins que de calculer la date exacte du Jugement et du Règne millénaire du Seigneur ! Après deux ans de recherche acharnée, Miller croit avoir trouvé la réponse : « En 1818, je fus ainsi amené à la conclusion solennelle que dans vingt-cinq années environ toutes les affaires de notre monde actuel seraient parvenues à leur terme. »

Comment l'exégète amateur en est-il arrivé à une certitude aussi définitive ? En s'appuyant sur un seul verset du livre du prophète Daniel, ainsi libellé : « Deux mille trois cents soirs et matins, puis le sanctuaire sera purifié. » Selon Miller, la « purification du sanctuaire » désigne le déluge de feu avant-coureur de l'Apocalypse. Il convient de savoir, d'autre part, qu'un « soir et un matin », en langage prophétique, équivalent à une année. En outre, Miller adopte 457 avant J.-C. – date de la reconstruction de Jérusalem par le roi perse Artaxerxés – comme point de départ. Une simple addition permet alors de vérifier que les deux mille trois cents ans de Daniel s'achèveront en 1843.

Durant dix-sept ans, William Miller n'ose confier à quiconque son redoutable secret. Néanmoins, la voix de sa conscience se fait de plus en plus impérieuse. Si la fin est pour demain, n'est-il pas essentiel que le monde le sache ? En 1833, il se décide enfin à révéler sa découverte dans un livre dont le titre peut être ainsi traduit : *Preuves tirées de l'Ecriture et de l'Histoire de la seconde venue du Christ vers 1843 et de son règne personnel de mille ans*.

Pour se consacrer entièrement à sa mission, Miller abandonne sa ferme à ses fils. Il achète une vaste toile de tente, et, avec une poignée de disciples, parcourt les campagnes. A chaque étape, il déroule une gigantesque banderole qui récapitule les grands événements de l'Histoire, jusqu'au retour annoncé du Christ. A ses compatriotes ébahis et inquiets, il déclare que les temps sont proches et les invite à faire pénitence. Un pasteur baptiste de Boston, le révérend Josuah V. Himes, le rejoint, rameutant les foules que Miller enveloppe dans les filets de son éloquence.

En 1840 est fondé à Boston le journal *Signs of the Times* – « Signes des temps » –, suivi bientôt d'innombrables brochures, revues et prospectus au ton de plus en plus pressant. Car l'*Advent* – l'avènement – du Christ est imminent. Des paysans n'en distinguent-ils pas déjà les signes précurseurs dans le ciel : des pluies d'étoiles ou de croix mystérieuses ? Au cours des mois d'été de 1842 et 1843, Miller et ses associés organisent plus de cent vingt *camps meetings* réunissant un total d'un demi-million d'auditeurs. Certains rassemblements comptent plus de dix mille participants. Cependant, l'année 1843 se passe sans que quoi que ce soit se produise. Miller refait son compte en se basant sur le calendrier juif. Sans déterminer une date précise, il évoque maintenant le printemps de 1844...

En mai de cette année-là, la Terre tourne toujours paisiblement autour du Soleil. Dans une lettre lue publiquement devant ses fidèles de Boston, le prophète malheureux avoue alors qu'il s'est trompé :

« Je confesse mon erreur, et je reconnais ma déception. Pourtant, je crois toujours que le jour du Seigneur est proche, à la porte, et je vous exhorte, mes frères, à être vigilants et à ne pas permettre que ce jour vienne sur vous à l'improviste. »

William Miller, malade, rentre alors dans l'ombre. Il mourra l'année suivante. Toutefois, sa prédication a fait lever une fièvre qui ne peut si vite retomber. Un de ses disciples, Samuel Snow, n'a aucun mal à ranimer la flamme. Il refait ses calculs et pointe la prochaine fête du Yom Kippour, le « jour des expiations » dans la religion israélite. Et c'est ainsi que des milliers d'âmes vivent le mardi 22 octobre 1844 dans un mélange d'effroi et d'espérance…

Recueillies, extatiques, des foules montent à l'assaut des collines du Massachusetts. A travers tous les Etats-Unis, mais aussi au Canada et en Grande-Bretagne, plus de cent mille personnes attendent fébrilement. Car le Christ va revenir sur terre ! Cette nuit même ! Sa seconde venue inaugurera un règne glorieux de mille ans. Après quoi les justes ressusciteront pour une félicité éternelle et les méchants seront précipités dans les flammes de l'enfer. Les plus convaincus ont abandonné leur travail, offert leurs bijoux et dispersé tous leurs biens.

Qu'importent les richesses matérielles lorsque le Royaume de Dieu est à portée de la main. Certains ont gagné les hauteurs – ou simplement grimpé dans un arbre ! – afin de se rapprocher du ciel et de se mettre à l'abri du déluge de feu qui doit purifier la terre. D'autres se sont rassemblés dans des temples ou des maisons particulières. Tous prient, méditent ou entonnent des cantiques.

Au petit matin, c'est le *Great Disappointment*, la Grande Désillusion. Exclus de leurs Eglises, en butte à la raillerie voire à l'hostilité de leurs voisins, souvent ruinés, les « millérites » ne savent plus à quel saint se vouer. C'est alors que l'un d'entre eux, Hiram Edson, déclare avoir bénéficié d'une révélation divine. Au cours de la fameuse nuit du 22 octobre, il a vu le Christ passer d'une pièce à l'autre du sanctuaire céleste – du « Saint » dans le « Saint des saints » –, où il a entrepris la purification du monde. Ainsi donc, William Miller n'avait pas entièrement tort. Le second avènement a bien eu lieu… mais au ciel ! La psychologie sociale discerne, dans une telle attitude, la recherche d'une diminution de la « dissonance cognitive » : face au désarroi causé par le désaveu d'une conviction antérieure, le fidèle met en place une nouvelle croyance pour la justifier.

Les adventistes comptent aujourd'hui plus de neuf millions d'adultes baptisés dans le monde et une vingtaine de millions de sympathisants. La plupart d'entre eux se distinguent par l'observance du repos du « sabbat » – le samedi, septième jour de la Création –, ainsi que par l'abstinence de l'alcool, du tabac et de tous les narcotiques. Quant au retour et au règne glorieux du Christ, les adventistes l'espèrent toujours avec ferveur. Mais leurs théologiens affirment désormais prudemment qu'il s'agit d'un « secret de Dieu », et que tous les calculs humains tendant à le déterminer sont voués à un échec inévitable.

Le pasteur Charles Taze Russell s'est montré plus téméraire. Adepte d'un millénarisme radical, il est à l'origine des Témoins de Jéhovah. L'avènement du Christ, que ces derniers ont prédit successivement pour 1914, 1918, 1925 puis 1975, se fait toujours attendre. Aujourd'hui, les successeurs de Russell se gardent bien, eux aussi, de hasarder un nouveau pronostic. Ainsi peut-on lire, dans *Qu'enseigne réellement la Bible ?* :

« Le monde est, d'année en année, toujours plus dangereux. Il est infesté d'armées en guerre, d'hommes politiques malhonnêtes, de chefs religieux hypocrites et de criminels endurcis. Dans son ensemble, il est irréformable. La Bible révèle que Dieu va bientôt éliminer le monde méchant, au cours de la guerre d'Har-Maguédôn. Ce monde sera remplacé par un monde nouveau et juste. »

En France, ce sont les fameuses *Centuries* de Nostradamus, astrologue favori de la reine Catherine de Médicis, qui ont servi de base à une tradition prophétique dont l'apogée a eu lieu au XIXe siècle, après les soubresauts de la Révolution et de l'Empire.

L'un des quatrains du mage de Salon-de-Provence assure que « l'an mil neuf cent nonante-neuf, sept mois / Du ciel viendra un grand roi d'effrayeur ». Ces deux vers ont suffi au créateur de mode extralucide Paco Rabanne pour se convaincre qu'un terrible danger menaçait Paris. Le 11 août 1999, jour d'une éclipse solaire, à 11 h 22 très exactement, les débris de la sonde spatiale russe Mir devaient s'écraser sur le château de Vincennes, noyant la capitale sous un déluge de feu et de plutonium. Non sans humour, deux cents sceptiques se sont réunis à l'heure dite devant la boutique parisienne du couturier, pour partager un joyeux « apéritif des survivants »...

### *Références et bibliographie*

José Argüelles, *Le Facteur maya, la voie par-delà la technologie*, Outremont, Ariane, 2010

Arthur Andrew Demarest, *Les Mayas, grandeur et chute d'une civilisation*, Paris, Tallandier, 2011

Richard Lehmann, *Les Adventistes du septième jour*, Turnhout, Editions Brepols, 1996

Luc Mary, *Le Mythe de la fin du monde*, Escalquens, Trajectoires, 2009

Paco Rabanne, *1999 – Le Feu du ciel*, Paris, Michel Lafon, 1999

Eugen Weber, *Apocalypses et Millénarismes, prophéties, cultes et croyances millénaristes à travers les âges*, Paris, Fayard, 1999

# Epilogue

*Le lecteur pourrait être choqué de voir figurer dans un livre intitulé* Les Théories folles de l'Histoire *un développement sur le « négationnisme ». C'est, certes, la moins plaisante des falsifications du passé. Les divagations de ses artisans, pour qui les six millions de victimes juives du nazisme n'ont jamais existé, sont en effet essentiellement choquantes. Mais sans doute convient-il d'achever cet ouvrage, où le cocasse l'a disputé à l'absurde, par cette note grave. Un épilogue, en quelque sorte, en forme d'apologue. Car le négationnisme d'un Rassinier ou d'un Faurisson reprend l'ensemble des méthodes de déformation de la vérité que nous avons rencontrées au cours des précédents chapitres. Cette péroraison tragique confère à l'étude de tous ces délires bizarres une utilité pratique. En fin de compte, il apparaît que les thèses nocives des négationnistes n'ont pas davantage de consistance que celles – beaucoup moins coupables – des illuminés qui soutiennent que le Christ est mort au Japon ou que les sculpteurs de l'île de Pâques débarquaient de la planète Vénus…*

Le 28 octobre 1978, *L'Express* publiait une interview explosive. L'ancien commissaire général aux Questions juives du régime de Vichy, organisateur de la rafle du Vél' d'Hiv', Louis Darquier de Pellepoix, caché en Espagne depuis 1944, s'y livrait sans retenue, l'antisémitisme chevillé à l'âme comme au premier jour.

L'extermination de six millions de Juifs par les nazis ?

« Ce chiffre est une invention pure et simple. Une invention juive, bien sûr. Les Juifs sont comme ça : ils sont prêts à n'importe quoi pour se faire de la publicité. [...] Vous ne voulez pas comprendre que les Juifs n'ont qu'une idée en tête : mettre la pagaille partout. Et dans quel but ? Vous le savez bien : faire de Jérusalem la capitale du monde. »

Déroulant son fantasme, Darquier invoque le spectre de « la progression tentaculaire des Juifs » depuis le Moyen Age. Et sans se rendre compte qu'il contredit ainsi sa dénégation de l'Holocauste, il poursuit ses imprécations délirantes :

« Il fallait à tout prix se débarrasser de ces étrangers, de ces métèques, de ces milliers d'apatrides qui étaient à l'origine de tous nos maux. Ils avaient voulu la guerre. Ils nous l'avaient amenée. Il fallait qu'ils s'en aillent. Le plus vite possible, le plus loin possible. »

Jusqu'à la mort, « la solution finale » ?

« C'est encore cette satanée propagande juive qui a répandu et entretenu cette légende. Je vous répète que les Juifs sont toujours prêts à tout pour qu'on parle d'eux, pour se rendre intéressants, pour se faire plaindre. Je vais vous dire, moi, ce qui s'est exactement passé à Auschwitz. On a gazé. Oui, c'est vrai. Mais on a gazé les poux. [...] Je veux dire que lorsque les Juifs sont arrivés au camp on les a fait déshabiller, comme il est normal, avant de les conduire à la douche. Pendant ce temps-là, on désinfectait leurs vêtements. »

Dans la France de Giscard d'Estaing, à peine sortie des Trente Glorieuses, de telles déclarations font l'effet d'une bombe. Des voix s'élèvent, jusqu'alors souterraines, pour soutenir l'auteur du scandale, tandis que d'autres s'indignent, rappelant les documents et les témoignages irréfutables attestant de l'indicible...

« A Auschwitz, on n'a gazé que les poux. » On n'a peut-être pas assez perçu l'ironie mortifère de cette phrase. En la prononçant, Darquier ne se mentait pas à lui-même. Car, à ses yeux, comme à ceux de tous les nazis, les Juifs n'étaient pas même des *Untermenschen* – des « sous-hommes » –, mais une espèce particulièrement pernicieuse de parasites. Comment, dès lors, éprouver remords ou compassion ? L'usage du mot « poux » n'est d'ailleurs pas innocent. Le 2 novembre 1941, Joseph Goebbels notait dans son *Journal* : « Les Juifs sont les poux de l'humanité civilisée. Il faut les exterminer d'une manière ou d'une autre. » Le ministre de la Propagande du Reich se faisait ainsi l'écho des principes développés dans *Mein Kampf*. Dès 1924, Hitler y expose son racisme biologique – forme extrême de darwinisme social –, en termes de pathologie et de prophylaxie. Il pose, par exemple, ce « diagnostic » des maux de la société allemande :

« Sitôt qu'on portait le scalpel dans un abcès de cette sorte, on découvrait, comme un ver dans un corps en putréfaction, un petit youpin tout ébloui par cette lumière subite. » Hitler assure qu'il est devenu « l'adversaire impitoyable des Juifs [...] [car] c'était une peste, une peste morale, pire que la peste noire de jadis, qui, en ces endroits, infectait le peuple. Et en quelles doses massives ce poison était-il fabriqué et répandu ! »...

Pour Hitler, le péril qu'incarne le Juif surclasse la plus grave des épidémies. Il l'expose en termes apocalyptiques :

« [S'il] remporte la victoire sur les peuples de ce monde, son diadème sera la couronne mortuaire de l'humanité. Alors notre planète recommencera à parcourir l'éther comme elle l'a fait il y a des millions d'années : il n'y aura plus d'hommes à sa surface. » C'est pourquoi, décrète-t-il, « avec le Juif, il n'y a point à pactiser, mais seulement à décider : tout ou rien ! ».

Dès l'aube du national-socialisme, *Mein Kampf* révélait ainsi son programme en matière de pureté raciale. Les Juifs sont le « bacille dissolvant de l'humanité », les « ferments de décomposition des peuples et des races ». « Cette contamination pestilentielle de [son] sang [par] ces parasites aux cheveux noirs », l'Allemagne régénérée devra la combattre, « comme une étoile annonciatrice des temps nouveaux qui montrera aux autres peuples la voie où ils doivent s'engager pour le salut d'une humanité aryenne militante ».

Face à cet adversaire fatal, aucun compromis n'est possible. Il doit être détruit, sans miséricorde, ni plus ni moins que de la vermine : « L'homme qui croit pouvoir se lier par traités à des parasites ressemble à l'arbre qui essaierait de conclure à son profit un compromis avec le gui. » Après s'être persuadé que le Juif aspire à la domination universelle, Hitler poursuit :

« [On] ne peut écarter cette main de sa gorge autrement que par le glaive. Seule la force rassemblée et concentrée d'une passion nationale peut, d'un sursaut, braver les menées internationales qui tendent à réduire les peuples en esclavage. Mais un tel geste ne saurait aller sans effusion de sang. [...]

« Une race plus forte chassera les races faibles, car la ruée finale vers la vie brisera les entraves ridicules d'une prétendue humanité individualiste pour faire place à l'humanité selon la nature, qui anéantit les faibles pour donner leur place aux forts. Le monde n'appartient qu'aux forts qui pratiquent des solutions totales, il n'appartient pas aux faibles, avec leurs demi-mesures. Le poison n'est vaincu que par le contrepoison et seuls des bourgeois insipides peuvent s'imaginer que des procédés juste milieu les conduiront au royaume des cieux. »

C'est un fait que Hitler, dans sa folie homicide, n'a jamais caché ses intentions. Encore fallait-il vouloir l'entendre. Et il était bien peu de Français, à la veille de la guerre, à avoir lu *Mein Kampf*, non plus sans doute qu'aujourd'hui. Aussi convenait-il d'en extraire ces longues citations...

Le 30 janvier 1939, devant les députés du Reichstag, le Führer lancera un ultime avertissement :

« Aujourd'hui, je serai encore un prophète : si la finance juive internationale en Europe et hors d'Europe devait parvenir encore une fois à précipiter les peuples dans une guerre mondiale, alors le résultat ne serait pas la bolchevisation du monde, donc la victoire de la juiverie, au contraire, ce serait l'anéantissement de la race juive en Europe. »

Dans un discours radiodiffusé, prononcé à Innsbruck le 10 mai suivant, Robert Ley, directeur du Front du Travail, insiste : « Le Juif ne saurait être anéanti seulement dans notre peuple, au contraire, nous ne trouverons aucun repos avant que le Juif ait été anéanti dans le monde entier. »

La funeste métaphore de l'insecte nuisible est filée également par le journaliste parisien Paul Riche, qui, possédé d'une haine obsessionnelle, martèle dans le numéro du 14 mars 1941 de l'hebdomadaire collaborationniste *Au pilori* :

« Mort au Juif ! Mort à la vilenie, à la duplicité, à la ruse juive ! Mort à l'argument juif ! Mort à l'usure juive ! Mort à la démagogie juive ! Mort à tout ce qui est faux, laid, sale, répugnant, négroïde, métissé, juif ! C'est le dernier recours des hommes blancs, traqués, volés, dépouillés, assassinés par les sémites, et qui retrouvent la force de se dégager de l'abominable étreinte. Mort au Juif ! C'est l'appel ultime d'un peuple d'aryens qui est tombé dans le piège gluant de la générosité et que les fauves judaïques ont assailli. [...] Mort ! Mort au Juif ! Oui. Répétons-le ! Mort ! M.O.R.T. AU JUIF ! Là ! Le Juif n'est pas un homme. C'est une bête puante. On se débarrasse des poux. On combat les épidémies. On lutte contre les parasites. On monte à l'assaut des invasions microbiennes. On se défend contre le mal, contre la mort – donc contre le Juif ! [...] [Les Juifs] veulent nous faire définitivement crever ! Eh bien ! Ils crèveront avant nous ! Mort au Juif ! [...] Ecrasons les poux ! Mort au Juif ! Mort ! Mort à tout ce qui est juif ! »

Après cela, comment douter de la réalité génocidaire du système hitlérien, pivot central de sa doctrine ? Au reste, il figure l'instant paroxystique d'un antijudaïsme qui ponctue l'histoire de l'Europe, et particulièrement des terres germaniques. En 1543, dans son traité *Von den Jüden und iren Lügen* – « Des Juifs et de leurs mensonges » –, Martin Luther prononce une terrible diatribe contre cette « portée de vipères et d'enfants du diable, [...] ces gens misérables et maudits [qui] ne cessent de nous berner, nous chrétiens ». Le réformateur préconise que les synagogues soient brûlées, les biens des israélites confisqués, et que ces « fripons paresseux », interdits des métiers d'argent, soient contraints de travailler la terre ou, mieux, expulsés. Et Luther poursuit : « Nous devons les chasser comme des chiens enragés, eux qui ont répandu le sang innocent du Seigneur et de tant de chrétiens. Nous sommes fautifs de ne pas les tuer. Au contraire, nous leur permettons de vivre librement au milieu de nous, en dépit de tous les meurtres, leurs damnations, leurs blasphèmes, leurs mensonges et diffamations... ».

Classé par commodité à l'extrême droite, le Parti national-socialiste des ouvriers allemands d'Adolf Hitler plonge également ses racines dans le terreau des théories révolutionnaires qui ont prospéré depuis le XVIII$^{e}$ siècle. Les Conventionnels français de 1789 prônaient l'éradication de la « race impure » des ennemis du peuple. Il ne s'agissait pas là encore d'un groupe ethnique désigné à la vindicte populaire, mais de l'ensemble indistinct des aristocrates, des royalistes ou des « brigands » de la Vendée et d'ailleurs, suppôts de l'Ancien Régime. Leur destruction rendrait possible l'éclosion d'un citoyen républicain régénéré par le sang de la guillotine.

Les penseurs socialistes ambitionneront à leur tour de créer un homme nouveau, en éliminant les oisifs et les profiteurs capitalistes, au rang desquels beaucoup d'entre eux placent les fils d'Israël. Ainsi Pierre-Joseph Proudhon note-t-il dans ses *Carnets*, en date du 26 décembre 1847 :

« Juifs. Faire un article contre cette race, qui envenime tout, en se fourrant partout, sans jamais se fondre avec aucun peuple. [...] Ce n'est pas pour rien que les chrétiens les ont appelés déicides. Le Juif est l'ennemi du genre humain. Il faut renvoyer cette race en Asie, ou l'exterminer. [...] Par le fer ou par le feu, ou par l'expulsion, il faut que le Juif disparaisse... »

Pour sa part, le socialiste républicain Pierre Leroux, dans *Les Juifs rois de l'époque*, prévient ses camarades : « Quand nous parlons des Juifs, nous voulons dire l'esprit juif : l'esprit du profit, du lucre, du gain, de la spéculation ; en un mot, l'esprit du banquier. » Enfin, Karl Marx, quoique lui-même petit-fils de rabbins, écrit en 1844, dans *Sur la question juive* : « L'essence du judaïsme et la racine de l'âme juive sont l'opportunité et l'intérêt personnel ; le Dieu d'Israël est Mammon, qui se manifeste dans la soif de l'argent. Le judaïsme est l'incarnation des attitudes antisociales. »

A bien des égards, l'antisémitisme apparaît comme l'un des avatars de l'anticapitalisme de la fin du XIX^e siècle. Le Juif y est communément assimilé au ploutocrate, exploiteur avide du prolétariat, détenteur de cette « fortune anonyme et vagabonde » dont parlera plus tard Charles Maurras.

La Révolution russe de 1917 réfutera en principe toute discrimination raciale – de nombreux cadres bolcheviques étaient juifs. Comme au temps de la Terreur, les « ennemis du peuple » sont définis selon des critères sociaux. Le processus de collectivisation s'accompagne d'une élimination massive de « traîtres » désignés, et d'abord des koulaks, les paysans propriétaires, assimilés à la « bourgeoisie » honnie. C'est ainsi qu'en Ukraine et dans le Kouban entre trois et cinq millions d'hommes, de femmes et d'enfants vont périr des suites d'une disette programmée par Staline, quand ils ne seront pas simplement massacrés ou déportés...

L'idéologie hitlérienne, procédant à la fois d'un volontarisme utopique et d'un nationalisme revanchard, va substituer à cette « lutte des classes » une impitoyable « lutte des races ». Sa spécificité essentielle réside enfin dans l'aspect de froide technicité du processus de destruction massive, d'une extermination conçue à l'échelle industrielle. Avant d'évoquer ceux qui nient l'historicité de ce drame crucial du XXe siècle, rappelons quelques faits...

Dès sa conquête du pouvoir, en 1933, Hitler commence à réciter son « bréviaire de la haine », selon l'expression de l'historien Léon Poliakov. Eviction de la fonction publique, boycottage et saccage des magasins tenus par des israélites, brimades, humiliations, pogroms, extorsions et intimidations se multiplient tandis qu'en 1935 les lois de Nuremberg « sur la protection du sang allemand et de l'honneur allemand » déterminent un statut racial et prohibent les mariages mixtes au nom de l'« aryanisation ». Longtemps, les nazis hésiteront quant au moyen le plus efficace pour se défaire des Juifs d'Allemagne, puis des territoires occupés. En 1940, ils envisageront leur déportation massive vers Madagascar. Auparavant, ils auront favorisé l'implantation sioniste en Palestine par le biais de l'accord Haavara, permettant le transfert volontaire d'hommes et de capitaux.

Dans son numéro du 24 novembre 1938, *Das Schwarze Korps* – « Le corps noir » –, organe officiel de la SS, s'interroge : « Les Juifs, et maintenant ? » L'article explique qu'il conviendrait dans un premier temps de les parquer dans des ghettos, puis « à ce stade d'une telle évolution nous nous trouverions en face de la dure nécessité d'éradiquer les bas-fonds juifs de la même façon que nous avons l'habitude d'éradiquer les criminels dans notre Etat : par le fer et par le feu. Le résultat en serait la disparition effective et définitive de la juiverie en Allemagne, son anéantissement total ».

L'invasion de la Pologne, en septembre 1939, précipite les événements. Les Juifs, qui constituent un dixième de la population, sont regroupés et assignés à résidence dans des conditions de survie précaire, soumis à l'arbitraire des troupes d'occupation. Après la rupture du pacte germano-soviétique, en juin 1941, la Wehrmacht déferle sur la Russie occidentale, la Biélorussie, les Pays baltes et l'Ukraine, flanquée d'Einsatzgruppen, des unités mobiles chargées d'éliminer partisans et communautés juives. Ces « commandos de la mort » emploient soit la fusillade collective, soit l'intoxication au monoxyde de carbone dans des camions trafiqués. Mais ces méthodes manquent d'efficacité et de discrétion…

Le 31 juillet 1941, le feld-maréchal Hermann Goering, ministre de l'Aviation, l'un des hiérarques du nazisme, donne à Reinhard Heydrich, directeur du RSHA – l'Office central de sécurité du Reich –, mission d'entamer les préparatifs pour mettre en œuvre « la solution finale de la question juive ». L'ordre, produit au procès de Nuremberg, précise :

« [...] je vous enjoins par la présente d'entreprendre tous les préparatifs d'ordre matériel, économique et financier concernant une solution définitive du problème juif dans ceux des territoires européens qui se trouvent sous l'influence de l'Allemagne. [...] Je vous charge en outre de me soumettre dès que possible un résumé indiquant les mesures déjà prises en vue de l'exécution de la solution finale de la question juive, telle qu'elle a été envisagée. »

Six mois plus tard, le 20 janvier 1942, une quinzaine de hauts fonctionnaires et officiers SS se réunissent dans une villa cossue sur les bords du Wannsee, dans la banlieue de Berlin, afin d'organiser la déportation vers les camps de Pologne. Le procès-verbal de cette conférence, estampillé « ultrasecret », a été conservé. Heydrich y expose les modalités de cette « évacuation vers l'est ». Il dresse le décompte minutieux des Juifs d'Europe, pays par pays, et arrive au nombre total de onze millions. Puis il évoque l'aspect logistique de son projet :

« Au cours de la solution finale, les Juifs de l'Est devront être mobilisés pour le travail avec l'encadrement voulu. En grandes colonnes de travailleurs, séparés par sexe, les Juifs aptes au travail seront amenés à construire des routes dans ces territoires, ce qui sans doute permettra une diminution naturelle substantielle de leur nombre.

« Pour finir, il faudra appliquer un traitement approprié à la totalité de ceux qui resteront, car il s'agira évidemment des éléments les plus résistants, puisque issus d'une sélection naturelle, et qui seraient susceptibles d'être le germe d'une nouvelle souche juive, pour peu qu'on les laisse en liberté... »

Abattu par un résistant tchèque, Heydrich succombe des suites de ses blessures, le 4 juin suivant. C'est donc le Reichsführer SS Heinrich Himmler, l'un des principaux hommes liges de Hitler, qui va mettre en application le plan génocidaire. Au cours de cette Shoah – « catastrophe », en hébreu –, trois millions de Juifs seront exterminés dans les camps de Belzec, Sobibor, Treblinka, Maidanek, Chelmno, et surtout Auschwitz-Birkenau. Au total, ce sont près de six millions de Juifs qui tomberont sous les coups de la barbarie nazie, que ce soit par les gaz, les balles ou les traitements inhumains.

S'il n'existe aucun document officiel portant la signature de Hitler, aucun décret édictant l'anéantissement des Juifs, l'évidence de cette tragédie est attestée par des centaines de milliers de pièces, par les témoignages des survivants comme les aveux des bourreaux, par des correspondances, des discours, des publications d'époque. Grâce aux travaux des historiens, on connaît les détails de l'organisation de ladite « solution finale », les techniques employées, le nombre approximatif des victimes...

Il est impossible ici de reproduire ne serait-ce qu'une part des éléments du dossier, mais les ouvrages abondent – ainsi que les sites Internet – qui étudient de façon scientifique le processus et les conséquences de la Shoah. Il suffit de citer quelques déclarations pour en démontrer la réalité. Ainsi l'appel du Nouvel An de Hitler, le 1er janvier 1942 : « [...] le Juif n'exterminera pas les peuples européens, c'est lui qui sera la victime de sa propre machination. » Encore, le 24 février : « Ma prophétie s'accomplira, ce n'est pas l'humanité aryenne qui sera anéantie par cette guerre, mais bien le Juif qui sera exterminé. Quoi que ce combat apporte, quelle que soit sa durée, c'est cela qui en sera le résultat final. »

Le 18 février de la même année, Joseph Goebbels confie à son *Journal* :

« Il est encore une fois évident que la race juive est la plus dangereuse de celles qui peuplent le globe terrestre et que l'on ne doit avoir pour elle aucune pitié ni aucune complaisance. Cette racaille doit être complètement exterminée, sans quoi il ne sera pas possible de rétablir la paix dans le monde. »

Enfin, dans le numéro de mai 1942 du magazine *Volk und Rasse* – « Peuple et race » – : « Une bonne compréhension de la juiverie doit exiger son anéantissement total. »

Le 4 octobre 1943, Himmler s'exprime sans détour devant un parterre d'officiers supérieurs de la SS, à Poznan. Voici la traduction en français de l'enregistrement de cette allocution, conservé par les National Archives, dans le Maryland :

« Je désire aussi vous parler en toute franchise d'un sujet particulièrement grave [...]. Entre nous, il est possible d'en parler, mais nous n'en parlerons jamais en public. [...] Je parle de l'évacuation des Juifs, de l'éradication du peuple juif. C'est une chose aisée à exprimer : "Le peuple juif est en train d'être éradiqué, déclare chaque membre du Parti. Effectivement, c'est une partie de nos plans, l'élimination des Juifs, l'éradication, nous l'accomplissons." [...] La plupart d'entre vous savent ce que c'est que de voir un monceau de cent cadavres, ou de cinq cents, ou de mille. Etre passés par là, et en même temps, sous réserve des exceptions dues à la faiblesse humaine, être restés corrects, voilà ce qui nous a endurcis. C'est là une page de gloire de notre histoire, une page non écrite et qui ne sera jamais écrite. »

Deux jours plus tard, Himmler revient sur le même sujet :

« Je vous demande avec insistance d'écouter simplement ce que je dis ici en petit comité et de ne jamais en parler. La question suivante nous a été posée : “Que fait-on des femmes et des enfants ?” Je me suis décidé et j'ai là aussi trouvé une solution évidente. Je ne me sentais en effet pas le droit d'éradiquer les hommes – dites, si vous voulez, de les tuer ou de les faire tuer – et de laisser grandir les enfants, qui se vengeraient sur nos enfants et nos descendants. Il a fallu prendre la grave décision de faire disparaître ce peuple de la terre. »

Refuser l'irréfutable évidence. C'est la tâche obscène à laquelle vont s'atteler une poignée de nostalgiques, surtout en France, dès le lendemain de la Libération. A tort, on les qualifie souvent de « révisionnistes ». Le révisionnisme, en effet, est une démarche légitime consistant à réexaminer les données du passé en utilisant les outils de la méthodologie historique. Ici, au contraire, il s'agit d'anti-histoire et de « négationnisme ». Le mot a été inventé en 1987 par l'universitaire Henry Rousso, spécialiste de la Seconde Guerre mondiale, pour définir ce qui est un déni, ou négation de la réalité, inspiré par un système idéologique, et non point une critique scientifique des sources.

En 1948, Maurice Bardèche publie *Nuremberg ou la Terre promise*, un pamphlet où il accuse les Juifs d'avoir entraîné la France dans l'abîme : « Ils l'ont payé du prix qu'on paie toutes les guerres. Nous avons le droit de ne pas compter leurs morts avec nos morts. » Beau-frère de l'intellectuel collaborationniste Robert Brasillach, il se définit lui-même comme un « écrivain fasciste ». Durant trente ans, avec sa revue *Défense de l'Occident*, Bardèche s'efforcera d'euphémiser les crimes nazis, d'abord en prétendant « élucider » le « mystère », puis le « mythe », des chambres à gaz.

Cependant, le véritable père fondateur du négationnisme est Paul Rassinier, mort en 1967. Militant communiste, puis socialiste, munichois en 1938, cet instituteur belfortain flirtera avec la Collaboration avant de s'engager dans la Résistance. Arrêté, il sera déporté à Buchenwald et à Dora. Brièvement député à la Constituante, il fait paraître en 1949 *Le Mensonge d'Ulysse*, qui dédouane largement les nazis des exactions commises au sein de l'appareil concentrationnaire. Les persécutions contre les Juifs, s'il les admet encore, ne seraient le fait que de quelques SS fanatiques, voire de certains détenus préposés à la gestion des camps.

Exclu de la SFIO en 1951, Rassinier adhère à la Fédération anarchiste tout en se rapprochant des milieux antisémites. En 1962, Maurice Bardèche édite un autre de ses livres, sous le titre *Le Véritable Procès Eichmann ou les Vainqueurs incorrigibles*. L'Obersturmbannführer SS Adolf Eichmann, l'un des principaux artisans du génocide, vient d'être pendu à Ramla, près de Tel-Aviv, au terme d'un procès très médiatisé. Bien avant son arrestation – en 1945 semble-t-il – il avait écrit cette phrase souvent citée depuis, dans diverses traductions : « Je descendrai dans la tombe le sourire aux lèvres parce que la pensée d'avoir cinq millions d'êtres humains sur la conscience me procure une extraordinaire satisfaction. » Ce qui n'empêche pas Rassinier de soutenir que la Shoah est « la plus tragique et la plus macabre imposture de tous les temps ». Il réitérera deux ans plus tard, en affirmant que le drame des Juifs européens n'est « pas que six millions d'entre eux ont été exterminés comme ils le prétendent, mais seulement dans le fait qu'ils l'aient prétendu ».

Il faut attendre 1978 pour qu'un successeur prenne la relève de ce triste sire. Il s'agit en l'occurrence d'un certain Robert Faurisson, maître de conférences en littérature à la faculté de Lyon-II, spécialiste de Rimbaud et de Lautréamont – dont il prétendait déjà dévoiler les « supercheries » et les « mystifications ». L'interview choc de Darquier de Pellepoix lui offre l'occasion de diffuser les « conclusions des auteurs révisionnistes ». Il envoie aux grands journaux un polycopié censé contrer la version « exterminationniste » de l'Histoire. Depuis près de quatre décennies, Faurisson ressasse la même antienne, résumée en sept points :

« 1) les "chambres à gaz" hitlériennes n'ont jamais existé. 2) le "génocide" ou la "tentative de génocide" des Juifs n'a jamais eu lieu : en clair, jamais Hitler n'a donné l'ordre (ni admis) que quiconque fût tué en raison de sa race ou de sa religion. 3) les prétendues "chambres à gaz" et le prétendu "génocide" sont un seul et même mensonge. 4) ce mensonge, qui est d'origine essentiellement sioniste, a permis une gigantesque escroquerie politico-financière dont l'Etat d'Israël est le principal bénéficiaire. 5) les principales victimes de ce mensonge et de cette escroquerie sont le peuple allemand et le peuple palestinien. 6) la force colossale des moyens d'information officiels a, jusqu'ici, assuré le succès du mensonge et censuré la liberté d'expression de ceux qui dénonçaient ce mensonge. 7) les artisans du mensonge savent maintenant que leur mensonge vit ses dernières années ; ils déforment le sens et la nature des recherches révisionnistes ; ils nomment "résurgence du nazisme" ou "falsification de l'Histoire" ce qui n'est qu'un juste retour au souci de la vérité historique. »

Tant il est vrai que les extrêmes se rejoignent, le « professeur Faurisson » va dénicher ses meilleurs soutiens dans les milieux de l'ultra-gauche, en particulier auprès de l'activiste Pierre Guillaume, issu du courant conseilliste, marxiste anti-léniniste. Celui-ci, gérant de la librairie La Vieille Taupe, au Quartier latin, avait republié en 1970 un article intitulé « Auschwitz ou le grand alibi », attribué au communiste italien Amedeo

Bordigha. L'antifascisme serait un leurre capitaliste destiné à duper les prolétaires au détriment de l'élan révolutionnaire. La négation de la Shoah fournit un socle justificatif à cette hypothèse, serait-ce au prix d'une déréalisation théorique.

Pierre Guillaume contacte donc Faurisson, dont il va se faire le propagandiste zélé. Il met à sa disposition son savoir-faire d'agitateur professionnel. Il imprime et distribue ses tracts et ses brochures. Il publie également des *Annales d'histoire révisionniste*, tandis que Serge Thion, chercheur au CNRS, spécialiste de l'Asie du Sud-Est, fonde en 1996 l'Aaargh, l'Association des anciens amateurs de récits de guerre et d'holocauste...

Pour une fraction notable de la gauche, acquise à la cause palestinienne, l'attitude conquérante d'Israël – « l'impérialisme sioniste » – tend à contrebalancer les malheurs passés du peuple juif. A l'autre extrémité du spectre politique, Jean-Marie Le Pen, président du Front national, lâche, lors d'une émission de radio en 1987, que l'Holocauste est « un point de détail de l'histoire de la Deuxième Guerre mondiale ». Au journaliste qui s'étonne, il rétorque : « Voulez-vous me dire que c'est une vérité révélée, à laquelle tout le monde doit croire, que c'est une obligation morale ? »

Parallèlement, le négationnisme se banalise en Allemagne, en Grande-Bretagne ou encore aux Etats-Unis. Depuis 1978, l'Institut pour la révision historique – Institute for Historical Review – de Los Angeles diffuse les idées développées entre autres par Arthur R. Butz, un professeur d'informatique, auteur en 1976 de *The Hoax of the Twentieth Century* – traduit en français en 2002 sous le titre *La Mystification du XX^e siècle* –, référence dans le monde anglo-saxon. Au fil de la revue de l'IHR, on peut lire cette pétition de principes, sous la plume d'Austin J. App :

« Le III^e Reich voulait l'émigration des Juifs, non leur liquidation. [...] Pas un seul Juif n'a été "gazé" dans un camp de concentration. Il y avait dans ces camps des fours crématoires pour brûler les cadavres de ceux qui étaient morts pour une raison quelconque et, particulièrement, à la suite des raids génocidaires des bombardiers anglo-américains. La majorité des Juifs qui moururent dans les pogroms, de ceux qui ont disparu et dont la trace n'a pas été retrouvée, sont morts dans des territoires contrôlés par l'URSS, non par l'Allemagne. La majorité des Juifs qui sont supposés avoir été tués par les Allemands étaient des éléments subversifs, des partisans, des espions et des criminels et aussi, souvent, des victimes de représailles malheureuses, mais conformes au droit international. »

Cependant, c'est dans le terreau de l'Islam que le négationniste va le mieux prospérer au cours de ces vingt dernières années, d'abord comme une arme morale contre Israël. En 1996, Roger Garaudy, ancien dirigeant du PCF devenu musulman, consacre un chapitre de son texte polémique, *Les Mythes fondateurs de la politique israélienne*, au « mythe des “six millions” ».

Depuis lors, les prises de position négationnistes se sont multipliées dans une partie de la communauté islamique. Ainsi, en décembre 2006, au cours d'une conférence sur l'Holocauste réunissant à Téhéran le gratin négationniste, le président iranien Mahmoud Ahmadinejad qualifie l'extermination des Juifs de « mythe » et de « fabrication ». La même année, le politologue Robert Satloff affirme dans le *Washington Post* que « l'Egypte, le Qatar et l'Arabie saoudite encouragent tous la négation de la Shoah et protègent les négationnistes de l'Holocauste ». En France, les provocations antisémites d'un Dieudonné M'Bala M'Bala, sur fond de conspirationnisme, glissent sur la même pente. Et « l'humoriste » sombre dans l'abjection lorsque, pendant l'un de ses sketchs, Faurisson apparaît coiffé d'une kippa et salué comme « le président de l'Association des beaux-frères et belles-sœurs de déportés ».

Faut-il répondre aux « arguments » des négationnistes ? Entamer le débat présente un risque évident, celui de cautionner en quelque sorte un discours qui ne respecte aucune règle de la méthode historique ni même de la décence intellectuelle. Les outils ordinaires des négationnistes sont en effet le mensonge, l'omission, la falsification des documents et des citations, l'examen hypercritique, et surtout l'« obstination dans l'incrédulité », selon la formule de Henri Irénée Marrou. Toute discussion avec eux apparaît donc vaine, voire pernicieuse.

Doit-on pour autant légiférer sur le sujet, comme l'a fait la République française avec la loi Gayssot du 13 juillet 1990, sanctionnant « la contestation des crimes contre l'humanité définis par le statut du tribunal de Nuremberg » ? Au risque d'élever en dogme religieux – auquel on peut donc croire ou non – ce qui relève de l'analyse objective ? Un millier d'historiens – dont l'auteur de ces lignes – ont répondu non, en signant cet appel de l'association Liberté pour l'Histoire, lancé par Pierre Nora à Blois, en 2008 :

« Inquiets des risques d'une moralisation rétrospective de l'Histoire et d'une censure intellectuelle, nous en appelons à la mobilisation des historiens européens et à la sagesse des politiques. L'Histoire ne doit pas être l'esclave de l'actualité ni s'écrire sous la dictée de mémoires concurrentes. Dans un Etat libre, il n'appartient à aucune autorité politique de définir la vérité historique et de restreindre la liberté de l'historien sous la menace de sanctions pénales.

« Aux historiens, nous demandons de rassembler leurs forces à l'intérieur de leur propre pays en y créant des structures similaires à la nôtre et, dans l'immédiat, de signer individuellement cet appel pour mettre un coup d'arrêt à la dérive des lois mémorielles.

« Aux responsables politiques, nous demandons de prendre conscience que, s'il leur appartient d'entretenir la mémoire collective, ils ne doivent pas instituer, par la loi et pour le passé, des vérités d'Etat dont l'application judiciaire peut entraîner des conséquences graves pour le métier d'historien et la liberté intellectuelle en général.

« En démocratie, la liberté pour l'Histoire est la liberté de tous. »

## *Références et bibliographie*

Alain Finkielkraut, *L'Avenir d'une négation, réflexions sur la question du génocide*, Seuil, 1982

Anne Grynberg, *La Shoah, l'impossible oubli*, Découverte Gallimard, 1995

Rudolf Höss, *Le commandant d'Auschwitz parle*, La Découverte, 2005

Valérie Igounet, *Histoire du négationnisme en France,* Seuil, 2000

Henry Rousso, *Le Syndrome de Vichy*, Seuil, 1990

Pierre Vidal-Naquet, *Les Assassins de la mémoire*, Seuil, 1987

MIXTE
Papier issu de sources responsables
FSC™ C003309

Composition et mise en pages
Nord Compo à Villeneuve-d'Ascq

Imprimé en France par CPI Firmin Didot
Dépôt légal : septembre 2016
N° d'impression : 136927